承懋　著

盛宣懷

我的曾祖父

文匯
出版
社

衷心感谢苏州科技大学 2004 届校友王磊先生对本书出版的全力支持和资助！

大清國欽差商務大臣太子少保工部左侍郎盛宣懷贈

我的曾祖父盛宣懷

我的父亲盛毓常

我的母亲王碧芙

父亲领养的女儿美丽姐姐（盛愉）　　　　父亲领养的女儿爱娜姐姐（顾文英）

盛家兄妹，前排左起：盛琪、盛承志、盛瑛、盛玮，
后排左起：盛承懋、盛珏、盛承宪（1993年）

盛承志（左二）与女儿盛馨妮

我与夫人陈秀

盛承宪之女盛幸（左一）和张强（左二）新婚，
我的儿子盛大（左三）与之合影留念

我与清华大学土木水利学院朱宏亮教授在留园

前言

1840 年鸦片战争后的中国，处在外国资本主义侵略下剧变空前的"非常之世"。在这个"非常之世"中，我的曾祖父盛宣怀是奋力探索新的"非常之路"人群中的佼佼者。

盛宣怀出生在江苏常州，他所诞生的年代，距盛氏远祖盛庸公（平燕将军）之长子延一公，于 1403 年（明永乐元年）自山东历城（今济南市历城区）迁徙江南常州地区，已逾 400 年。其间盛氏家族多经磨难，至盛氏十二世盛隆公、十三世盛康公这两代，开始进入常州地方精英之阶层，并形成了"经世致用，业精于勤"的家风。

清代常州教育发达，文魁闪耀，科第蝉联，人才辈出。当地百姓都很重视对子孙的教育。我的曾祖父盛宣怀在其祖父盛隆、父亲盛康的精心培养下，受到了良好的教育，懂得了为人处世的道理，锻炼了坚强的人格，学会了经世致用的本领。1870 年 10 月，他有幸进入李鸿章幕府，可谓生逢其时。

从 19 世纪 70 年代初到 90 年代中后期，在创办实业的近 30 年中，盛宣怀先后涉足了轮船、电报、矿务、铁厂、铁路、纺织、银行等关系到国民经济命脉的大型实业，这在当时的中国是前所未有的。他意识到只有加快发展实业，才能使国力强盛。他走的是一条"创业"与"创新"的路、一条"实业强国"的路。

甲午中日战争的战败使他开始认识到，中国社会的变革不能仅仅停留在经济领域，中国要走上自强之路，仅仅依靠实业的发展、科学技术的进步是不够的，还必须有政治上和法律上的进步。他清醒地认识到，"自强首在储才，储才必先兴学"，中国必须抓紧培养人才。1895 年和 1896 年，他先后创办了北洋大学堂（今天津大学）与南洋公学（今上海交通大学、西安交通大学前身）。为办好教育，他在学校管理、教师选聘、教材翻译、教学资金、办学场地等各方面，尽心竭力予以支持。

曾祖父盛宣怀一生热心于社会的慈善事业，他对"行善"有自己的认识和追求，他把行善作为自己的归宿，至死也要做善事，追求人生的完美。

本书通过介绍盛氏家族的繁衍与发展、盛宣怀的成长环境（分布在各地的居所）、盛宣怀青少年时代所受到的教育与锻炼，帮助读者了解一位实业家、教育家、慈善家的起步与成长过程；通过叙述盛宣怀所创的实业、所办的高等教育、一生所做的慈善，以及他给后人、给社会留下的极其宝贵的史料，让读者了解他一生在实业、教育、慈善方面的业绩，这也许会给读者带来一些启迪与遐想！

我是盛宣怀的曾孙，我的祖父盛昌颐是他的长子，我的父亲盛毓常是他的长子长孙。尽管我的出生与曾祖父相隔了差不多100年，但是，我感觉与他又那么近。我对曾祖父盛宣怀的了解，最初是来自父亲的只言片语，等到年岁稍长，又自己查阅资料，询问家族亲友，逐步积累而成。

1986年，我应邀参加了上海交通大学90周年校庆，拜访了《盛宣怀传》的作者、华东师范大学夏东元教授，自此我开始关注与搜集曾祖父盛宣怀的书籍与有关资料。2002年，我应邀在中国台湾中华大学讲学期间，顺道访问了"国立交通大学"。2016年，我应邀参加了西安交通大学120周年暨迁校60周年庆典。2018年，我应邀赴天津大学北洋大讲堂讲学与出席新书的出版发行活动；其间我还有幸参加了前后三届"汉冶萍国际学术研讨会"，聆听了许多学者深入研究盛宣怀的报告。

2017年开始，我有幸被聘为常州市盛宣怀研究会顾问、副会长，积极参与了有关盛宣怀研究的项目与纪念活动，先后撰写出版了《盛氏家族·苏州·留园》（文汇出版社）、《盛宣怀与湖北》（武汉大学出版社）、《盛宣怀与"中国的十一个第一"》（西安交通大学出版社）、《中国近代实业家盛宣怀——办实业走遍天下》（天津大学出版社）、《盛宣怀与晚清招商局和电报局》（社会科学文献出版社）、

《盛宣怀与汉冶萍》（武汉大学出版社）、《盛宣怀与近代中国高等教育》（武汉大学出版社）、《盛宣怀与近代中国金融和保险》（武汉大学出版社）、《盛宣怀与近代中国铁路建设》（武汉大学出版社）、《盛宣怀与"中国的十一个第一"（修订版）》（西安交通大学出版社）等书籍，通过持续的学习和研究，我在原先的基础上掌握了较翔实的第一手资料，对盛宣怀所从事的实业、教育、慈善等事业发生的时代背景、具体过程以及取得的成效和影响，有了更深入的了解与认识，从而使本书具有一定的理论性、前沿性和可读性。

本书在编写与出版过程中得到了常州市盛宣怀研究会和许多朋友、学者、学生与亲属的关心和支持。我的挚友、原常州市戚墅堰区政协副主席兼统战部部长董宪先生，对本书的构思及相关内容给予了不少有见地的建议和有益的补充。我的学生江能前为本书的出版尽心尽力。特别是，本书的出版得到了苏州科技大学校友王磊先生的慷慨资助，在此表示衷心的感谢！

2024 年 11 月 4 日，是我的曾祖父，中国近代著名的实业家、教育家、慈善家盛宣怀诞辰 180 周年的纪念日，谨以此书的出版发行表示对他的崇敬与纪念！

盛承懋

2023 年 9 月 30 日

目录

第 4 章　盛宣怀创实业

第 5 章　盛宣怀办教育

第 6 章　盛宣怀做慈善

第 7 章　盛宣怀留史料

参考文献

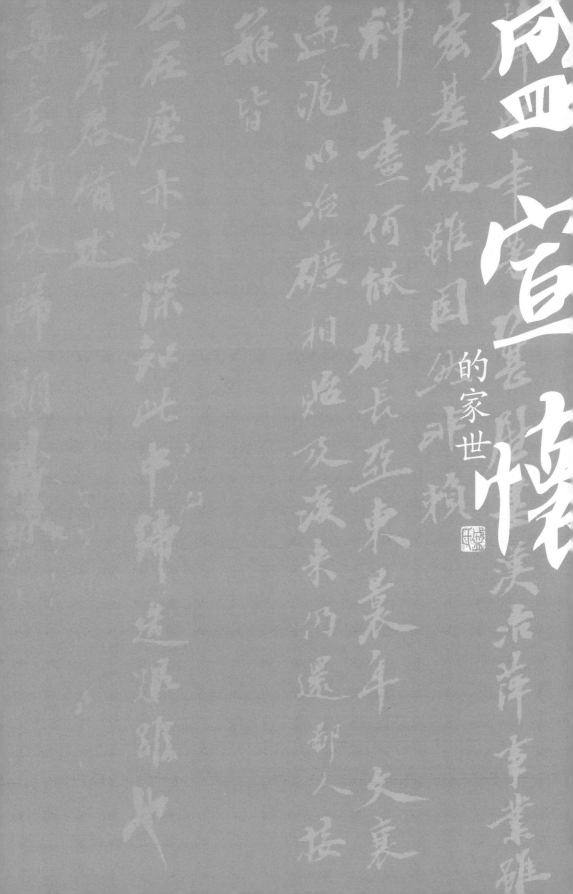

盛宣怀的家世

盛宣怀

第 1 章　盛宣怀的家世

1.1 我的曾祖父盛宣怀

　　我的曾祖父盛宣怀先生是中国近代著名的实业家、慈善家、教育家，我的祖父盛昌颐是盛宣怀的长子，我的父亲盛毓常是盛宣怀的长孙，而我是盛宣怀的曾孙，但我并不是长曾孙。

　　盛宣怀，字杏荪，一字幼勖，号次沂，又号补楼，别号愚斋，晚号止叟；另有思惠斋、东海、孤山居士等字号。1844 年 11 月 4 日（道光二十四年九月二十四日）生于常州盛氏祖居。

　　盛宣怀是中国近代著名的实业家，靠创办洋务实业起家，很长时间内掌控着晚清的重要实业，轮船招商局、中国电报总局、华盛纺织总厂、中国铁路总公司、汉冶萍煤铁厂矿有限公司、中国通商银行……这些开创性的经济实体的创办和发展，奠定了中国近代工业化的基础。这些企业延续了 100 多年，至今仍在发挥着作用。与此同时，盛宣怀也十分热心于社会的慈善事业。从 1871 年开始，他先后参与和组织了数十次赈灾活动。1897 年以后，他更是担负起组织领导全国性的赈灾救荒工作。不仅如此，盛宣怀在探索经济实体的创办和发展过程中，深感发展教育（特别是高等教育）、培养人才的重要性，先后创办了北洋大学堂（今天津大学）与南洋公学（今上海交通大学、西安交通大学前身），为发展我国高等教育奠定了基础。盛宣怀在中国近代实业发展史与中国高等教育发展史上的作用，已被历史所公认。

盛宣怀办事业的可贵之处，首先在于"敢为天下先"。在晚清，无论轮船、电报、矿务、铁厂、铁路，还是银行、学堂等，在中国都是全新的事情，国内没有可以借鉴的先例，国外尽管已经发展到一定的水平，但是限于当时的政治、外交、交通、信息、资金、科技、人才等因素的制约，无法真正从外部得到帮助。但是他肯学习，善于发现与任用于实业、于工程技术有用的人才，这使得他的事业能够不断得以推进。第二，是不怕困难，正如 1912 年盛宣怀在《送儿孙游学箴言》中所说的"我生平好为其难"，表达了他最喜欢迎难而上的精神，在当时办实业遇到的情况是，一无资金、二无人才、三无环境，更不用说朝廷上下的一批保守派人士随时都会冒出来攻击或弹劾，至于交通、通信、科技水平的低下给创业带来的困难，更是不计其数。因此，整个创业的过程是十分艰难的，可以说，没有这种精神是难以持之以恒的。第三，是具有开阔的视野与胸怀，盛宣怀所办的实业之所以能涉及这么多领域和地域，他之所以敢于"铁厂、铁路、银行三者一手抓"，甚至在他年岁已高的时候，又把创办北洋大学堂、南洋公学和发展文化事业当作头等的大事来办理，都与他开阔的视野和胸怀是密切相关的，这是因为他心中有国家、人民，有对社会进步的憧憬。

1916 年 4 月 27 日，盛宣怀因病去世。与盛宣怀共事半个世纪的郑观应（著名实业家、政治家、思想家，《盛世危言》的作者）的挽联为：

忆昔同办义赈，创设电报、织布、缫丝、采矿公司，共事轮船、铁厂、铁路阅四十余年，自顾两袖清风，无惭知己；

记公历任关道，升授宗丞、太理、侍郎、尚书官职，迭建善堂、医院、禅院于二三名郡，此是一生伟业，可对苍穹。

曾祖父一生伟业，足以表明他是盛氏家族最杰出的代表！

1.2 盛氏家族先祖来自山东

我和姐姐、哥哥都出生在上海，在我们稍懂事的时候，父亲就告诉我们，我们祖上是在江苏武进的，填写"籍贯"时就写"江苏武进"，我以为我们远古的祖先就是出自那里的。其实从历史考证，我们这一支"盛氏"的先人盛庸，600 年前是生活在山东历城（今济南市历城区）地区的。

据历史记载，盛氏远祖盛庸公于明初任历城侯平燕将军，奉旨平乱，是靖难之役中央军的主要将领之一。建文年间，盛庸率军与燕王朱棣作战四年，前期多次将朱棣击败，并斩杀朱棣帐下好几个将领，后逐渐不敌。朱棣攻入京师后，盛庸举众投降，朱棣继续任用盛庸。盛庸辞官后，多次遭到弹劾，被指有异心，无奈之下，于永乐元年（1403 年）选择自杀。

盛氏十七世、我的堂兄、中国台湾人士盛承楠先生在《复兴盛氏广仁堂缘起》一文中说："寻燕王即位（即明成祖朱棣）大举杀戮异己，盛庸公家几被诛灭殆尽，庸公四子，传云仅延一公得以幸免。……延一公自鲁逃苏，避居吴县（今苏州市），传二世，复徙江南之常州（今常州市武进区）北门龙溪乡，定居于此，已五百余年，至承楠盖已十七世矣。"这表明，2011 年修订的《龙溪盛氏宗谱》中所记载的族人，均为盛庸公长子延一公的后人，从延一公"盛氏一世"算起，至我们"承"字辈，已为"盛氏十七世"。

关于盛氏的宗别，盛氏十三世盛康（旭人）公于 1874 年（同治十三年）所写的《盛氏家乘初稿》首序中所述："同治九年，康侨寓吴门，始识苏族兆霖、兆麟、钟岐等。钟岐出旧乘以示，乃知盛有二族，一出成叔，一出召公。我成叔之后，又有四宗。汉末有应神童召为五兵尚书讳承赞者，封广陵郡。厥后子孙散居于汴，是为北宗神童之后。唐末有讳珰者，为余杭令，遂家焉，是为南宗。余杭之后有知宿州讳仲南者，复归于汴，是为后北宗。南宋时有扈陛南渡为平江通判讳岫者，隐居湖滨之儒林里，是为后南宗。今浙西之嘉、湖，江南之苏、常、松、太等族，皆后南宗也。康既与兆霖、兆麟及炳等，建复吴中十贤祠。钟岐又有修辑平江家乘之举，是书也，凡后南宗之支派可据者，皆得预于列，而其别有支乘者，弗详焉。"从盛康的文中，我们可以清楚地知道，我们《龙溪盛氏宗谱》中的族人，皆属成叔"后南宗"也。

延一公严格按照先祖盛庸的遗训，要求子孙远离官场，过普通人的日子，直至清道光年间。"延一公既流徙于苏常，懔于庸公诫子孙毋入仕途，以耕读传家之遗训，艰辛谋生，不求闻达，盛氏一族没没于世达三百余年，赀财既绌，食指浩繁，赖撑船以维生计，幸天佑吾族，从此安身立命，家业日隆，其于慈善事业也，倾全力以赴，推衣推食，周济贫困，宁己饥急人之饥而不遑于自救，盛氏后族繁衍昌旺，岂礼佛虔诚，行善无懈，有所格天欤！？"（见盛承楠：《复兴盛氏广仁堂缘起》）

1.3 盛氏家族兴起在常州

清代常州教育发达，文魁闪耀，科第蝉联，人才辈出。当地百姓都很重视对子孙的教育。清代义学是一种较普遍的教育形式，常州府各县及城乡均设有义学，数量众多，学田数额也很大，充分保障了教学经费的来源及义学的正常运转。龙溪盛氏规定："凡大小试年分院内每年举会文课，先期邀订，辰集酉散，掌庄出题，备中饭四簋，早晚点各一次，穷日之力课以一文一诗，不准给烛，次日将课卷送着宿评定甲乙，优者酌与花红。"（见常州市地方志办公室：《常州史稿》，凤凰出版社，2018 年）

　　盛氏家族从九世祖盛时贤公开始，经济上有了初步的实力，由于时贤善于经商，生活相对宽裕，在经商之余喜欢读书，并乐善好施，担任其支的族长，组织和号召族人草修了《盛氏宗谱》，并激励子孙要奋发读书，获得科举功名。

　　时贤的孙子，十一世洪仁公、盛林公在家族兴旺过程中起了关键作用。他们通过经营典当、钱庄积聚了一些钱财，在地方上修祠堂、置祠业、办赈捐。洪仁对幼弟盛林十分关爱，始终未析家产而同居。1797年，洪仁50岁的时候，患病中风，家事归盛林主持，盛林承续洪仁的做法，"凡郡中敬节存仁、育婴赈济等事，为之悉尽力。里党有急告必曲应，常援人于危难中"。洪仁、盛林兄弟齐心协力，培植盛氏家族发达之根基。（见易惠莉：《盛宣怀评传》，江苏人民出版社，2012年）

　　盛氏十二世盛隆公生于1786年，字树堂，号惺予。盛隆是盛林的长子，后成为洪仁的嗣子，洪仁在盛隆幼年时就开始为他聘名师教读，盛林经常教育儿辈："吾祖父最好读书。吾以从事家计不获发名于时，吾常以为恨，后之子孙能以吾祖父之志为志，吾不能亲见其事亦可以无憾矣。"（见盛隆等：《逸帆公行状》，《龙溪盛氏宗谱》，2011年）盛隆在洪仁、盛林的教诲下，刻苦努力，于1810年（嘉庆十五年）应顺天乡试考中举人。

　　1824年（道光四年）盛隆选授浙江安吉县知县，历任安吉、太平、长兴、临海、德清、孝丰、归安、山阴诸县知县及海宁州知州，道光年间三次任浙江乡试同考官。

　　盛隆在浙江任职三十年，勤政爱民，政绩显著，深得民心。如捐三千金修复古桃书院，捐五千金筑乌龙坝，使数千顷民田免遭水患。大灾之年，倡捐千石，并开仓赈粜。盛隆尤重洁己爱民，善听断狱案由，所至有政声。盛隆曾在县府大堂悬联曰："不循情，不爱钱，一副冷面皮，但知执法；勿矜才，勿使气，满腔热心血，总期无刑。"表达了他为官勤勉、清廉、爱民的宗旨与原则。盛隆入仕之时，正值经世致用之思潮于江南初兴，盛隆受此影响，自然闻风而动。对盛隆之为学，后人有"长益研心经史、作文，务求根柢为有体有用之学"的评价。盛隆晚岁归居故里，关怀同族及地方公益，犹好学不倦，嘉惠后学，著《人范须知》六卷行世，卒于1867年（同治六年），享年82岁。（见盛康等：《惺予公行状》，《龙溪盛氏宗谱》，2011年）

盛隆有四个儿子：盛应、盛康、盛廉和盛赓。

长子盛应（1808—1860），字砚存，号彦人。廪贡生。1831年（道光十一年）中举。历任同知、归安知县、知府衔浙江监试。1856年出任浙江归安县令（现归湖州市管辖），之前归安县有一个民间传说："张天师不入归安县"，当地人比喻官员"世人不办人事，连妖怪都看不下去了"。但是盛应在归安任职期间，勤勉、清廉，其"夫人曹氏随夫居杭城，朴俭持家"，有口皆碑。1860年（咸丰十年）太平军进攻杭州城时阵亡。盛应育有三子二女。长子盛宇怀，次子盛赞熙（原名宪怀），三子盛富怀嗣胞弟盛廉。

盛隆次子盛康（1814—1902），字勖存，号旭人，别号待云庵主，晚号留园主人。道光二十年（1840年）中举，道光二十四年中进士。盛康育有六子四女，盛宣怀是他的长子，次子寯怀、三子廷怀、四子寰怀、五子星怀、六子善怀。

盛隆三子盛廉（1818—1846），字镜存，号谨人，别号莲初。国学生。著有《莲初吟草存钞》。育有一子一女。子富怀（嗣胞兄应三子）。

盛隆四子盛赓（1836—1900），字朴人，别号莪园、逸叟。国学生。历署长沙、善化、浏阳、沅江等县知县，道州、桂阳直隶州知州。育有三子五女。长子宙怀、次子实怀、三子麟怀。

盛氏家族到了盛隆、盛康这两代，开始进入常州地方精英之阶层，并形成了"经世致用，业精于勤"的家风。

1.4 盛康，盛氏家族承上启下的人物

在盛氏家族近代的发展中，我的五世祖父盛康是一位关键人物，他在家族的发展中起着承上启下的作用。

盛康（1814—1902），字勖存，号旭人，别号待云庵主，晚号留园主人。道光二十四年（1844 年）进士。初任铜陵令，后任庐州府、宁国府知府，和州直隶州知州。曾在那里治水赈灾。1852年，太平军攻克安庆、江宁，盛康被派往帮办江南大营粮台。退入湖北后，巡抚胡林翼"以全省厘政委之"，然后以布政使衔掌湖北盐法武昌道，竭力为清军筹集军费。

1867 年，我的六世祖父盛隆去世，盛康丁忧，那是祖制，即朝廷官员的父母亲如若去世，无论此人任何官何职，从得知丧事的那一天起，必须回到祖籍守制二十七个月。丁忧后，盛康改任浙江杭嘉湖兵备道按察使，"固防裕饷，辖境晏然"。改任臬台后退休。

在急剧变化的时代里，盛康反对恪守教条，专注制艺，仿照著名思想家魏源编著的《皇朝经世文编》，也从吏政、户政、兵政、工政等八方面收录文选 120 卷，在他儿子盛宣怀、孙子盛昌颐的协助下，编辑了《皇朝经世文续编》，希望用经世致用的实学来治理国家和社会。

盛康一生最突出的是在教育子女的问题上坚持实事求是、因材施教的理念，注重经世致用之学，不强求子女必须走自己走过的路，也不强求子女走大多数人认为"成功"的路。在当时的制度下，科举被认为是唯一通向成功的成材之路。曾祖父的祖父盛隆走的是这条路，中了举，当了官；曾祖父的父亲盛康走得更靠前一些，不仅中了举，还中了进士，然后再当官。对盛康来说，一开始显然认为我的曾祖父也应该走这条路。事实上，曾祖父最早也是被叫去参加乡童子试的，但是三次乡试未过。在这个过程中，盛康既没有强求我的曾祖父一定要在这条路上走下去，也没有责备我的曾祖父，他发现我的曾祖父的兴趣是在经济、管理这样一类的学问及运用上，所以他一方面鼓励我的曾祖父自学经世致用之学；另一方面尽量让他接触社会实际，如让他在湖北参与处理实际事务，在苏州参与置业、房屋装修、经办典当等，锻炼实际才干；最后，他又通过朋友的帮助，让我的曾祖父进入李鸿章幕府，找到了可以发挥他这方面才干的场所。

盛康对其他子女的教育也是如此，例如，他的一个女儿要在常州开米店，他既没有反对，也不认为开店经商与当官有什么贵贱之分。他始终认为，培养教育子女，首先要教会他们具备独立在社会上生存与立足的能力，在此基础上再去发展其他能力，这样人生价值就会提高一大步，如他的第五个儿子盛星怀，在中日甲午战争中能够义无反顾地奔赴朝鲜战场，最后为国捐躯，就与他的教育理念分不开。

五世祖父盛康的另一个突出点是，他很擅长投资理财。他在常州出资与侄儿一起修建老宅。他在苏州等地投资、置业，开办典当、钱庄，都很成功。特别是他经过考察分析，在苏州买下了寒碧庄这一园林产业，又精心修葺，并更名为留园，使其成为吴下名园之冠，流芳百世。

五世祖父盛康十分热心赈灾事业，光绪五年（1879 年），与地方富绅刘云樵、姚彦森、恽光业（字畹香、畹荪，恽毓鼎叔祖）、庄俊甫、董云阶等共同出资白银 25000 两，在常州创办慈善医疗机构长年医局（1879—1937），施诊送药。在苏州他又建立留园义庄，设立盛氏家善堂，开展对族亲、穷人的赈济。

五世祖父盛康以园为伴的退休生活，使他的人生达到了另一种境界。1888 年至 1891 年（光绪十四年至十七年），他在留园又增辟东、西二部，把冠云峰立于园内，又建戏台、鸳鸯厅、待云庵等建筑。园中建筑题名"花好月圆人寿轩""佳晴喜雨快雪之亭""心旷神怡之楼""少风波处便为家"以及五峰仙馆中自题联："历宦海四朝身，且住为佳，休辜负清风明月；借他乡一廛地，因寄所托，任安排奇石名花。"这些都反映了盛康晚年怡然自得的心情。这在以退隐官员宅园为主的苏州园林里是罕见的。盛康常在五峰仙馆中宴请，一面听"清歌唱出回鸾曲"，一面观赏"筵前已尽东南美"的庭院，畅饮"百觞累进意无足"，过着"人生快意赖有此"的生活。留园的建筑经盛康修缮加饰，建筑增多且体量趋大，装修华美，比昔日更增雄丽，一改昔时园中深邃的氛围。

五世祖父盛康先后娶了夫人费氏，侧室冯氏、王氏、姚氏、许氏、刘氏五位，一共生了六个儿子、四个女儿。曾祖父盛宣怀在家中排行老大，兄弟六人，只有他当了高官，做成了大事，且家庭人丁兴旺。二弟寯怀21岁就生病死了，没有留下子嗣，由父亲盛康做主，把曾祖父盛宣怀的第二个儿子和颐过继给了二房，没想到和颐也只活了17年，二房遂至无嗣。三弟廷怀、四弟寰怀均早夭。五弟星怀，1894年参与朝鲜抵抗日本侵略的战争，在平壤一战中中了敌人的枪弹而牺牲，他只留下一个儿子伯颐。六弟善怀，生于1889年，是盛康侧室所生，比盛宣怀小45岁，只生了两个女儿，一个还早夭了。盛康在世时，遗命将盛宣怀尚未出生的第六个儿子过继给善怀，这被称为"虚名待继"。这个儿子就是泰颐，谁知泰颐从小多病，也是幼年夭折。

1902年，87岁的盛康，在潇洒自在地度过晚年，看到儿子盛宣怀也已功成名就之后，无牵无挂地驾鹤西去。（见盛承懋：《盛氏家族·苏州·留园》，文汇出版社，2016年）

1.5 盛宣怀的几房家室

曾祖父盛宣怀一生的简要经历是：1866年中秀才；1870年入李鸿章幕府当机要秘书；1872年拟定《轮船招商局招商章程》，强调官督商办；1875年主持创办湖北开采煤铁总局，经营广济、大冶矿矿务；1880年创办天津电报局、中国电报总局，经营电线电报业务，架设京津沪以及苏、浙、闽、粤、湘、鄂、赣、鲁、东北、西北、西南等20余省区电线；1882年创办山东平度、辽宁金州等地金矿；1885年任轮船招商局第一任督办；1886年任山东登莱青道，创办山东内河小火轮航运公司，倡办张裕葡萄酒厂和缫丝厂等企业；1893年接办失火后的上海机器织布局，成立华盛纺织总厂；1895年创办北洋大学（今天津大学前身）；1896年创办南洋公学（今上海交通大学和西安交通大学前身），开办第一个师范班，督办全国铁路总公司，修筑卢汉铁路；1897年创办中国通商银行；1902年设立中国勘矿总公司；1908年将汉阳铁厂、大冶铁矿、萍乡煤矿合并组成汉冶萍煤铁厂矿有限公司；1910 年担任中国红十字会首任会长，创办第一座民办的图书馆——愚斋图书馆。

此外，曾祖父盛宣怀一生竭力办义赈，功德无量。

从 1870 年至 1910 年这 40 年间，曾祖父差不多平均每三年就要创办一项新的事业，或承担一项新职，而且他一贯事必躬亲，讲究实效。我父亲在回忆曾祖父的时候告诉我，曾祖父虽然办了很多大事，做了大官，但是他所有来往的文书、奏章、信函是亲自动手，不喜欢请人代笔。正式的公文通常要起草三稿，多则五稿。那时候文稿都是用毛笔写的，每写一稿，都要花不少时间，晚上所点的油灯、蜡烛比起现在的电灯亮度差多了，经常要写到深夜，父亲年少时见到曾祖父经常到半夜 12 点多钟还在操劳。曾祖父一生办这么多事业，就得走南闯北，很少能在家乡常州、苏州多待一些时间，他的家室也常常感觉生活过得不大安宁，有时候还要跟着东奔西跑。

曾祖父一生先后娶过两位夫人、五个妾，生有八儿八女。

曾祖父的第一位夫人姓董，名婉贞。她是常州人，也可以说是我嫡亲的曾祖母。其父董似谷，字蓉初，做过江西粮道，可见董氏家族在清朝也是常州大族，与盛家称得上门当户对。董夫人在 1862 年（同治元年）嫁给曾祖父，和他共同生活了 16 年，1878 年（光绪四年）因病去世，当时只有三十来岁。她为曾祖父生了三个儿子：长子昌颐（我的祖父）、次子和颐（嗣旭人公次子寯怀，幼殇）、三子同颐，还有三个女儿，是盛宣怀夫人中生育最多的一位。

董夫人生于大户人家，是典型的大家闺秀。她读过私塾，有文化，会写信，字迹秀丽，上海图书馆收藏的盛宣怀档案中保存了不少董夫人写给曾祖父的亲笔信。

1860 年（咸丰十年），太平军占领了常州，为了躲避战乱，盛宣怀和祖父母合家逃往湖北，在其父盛康任职的湖北粮道衙门暂住。董夫人嫁给曾祖父后，也在湖北与盛家合族生活。结婚后的最初几年，虽然战乱频仍，生活动荡，但夫妻之间你恩我爱，感情甚笃，我的祖父、盛宣怀的长子盛昌颐就是在湖北出生的。

　　1864年（同治三年），太平天国运动失败。第二年，盛康在苏州置办了房产，就让儿子盛宣怀前往苏州，负责房屋修建之事。曾祖父一走就是一年，这是他与董夫人结婚后第一次较长时间的分离。曾祖父到了苏州后，董夫人耐不住相思之苦，不断给他写信。董夫人的信除了问暖嘘寒之外，大抵叙说家事，对夫君的思念之情溢于言表。明清两代，苏州向来是个商业大埠、人文胜地，比常州要繁华得多，董夫人生怕盛宣怀寻花问柳，沾染不良习气，信中不便说出口，又生怕夫君生气，只在信中叮咛了几句。曾祖父为此向夫人发誓。董夫人在回信中自责："前信恐你沾习气，此原我过虑，因听旁人所说，我甚发极（急），故写信与君，望勿见怪，亦不用如此发誓，真令我不安，不胜悔恨心粗，不应惹我主人动气。"曾祖父生怕董夫人不放心，想让她带着儿子到苏州住在一起，董夫人又觉得妇道人家远行不便，最终还是没去苏州。1867年，我的六世祖父盛隆在湖北病故，盛康辞官送棺木回乡，董夫人也和曾祖父回到常州故居。董夫人回常州后，与曾祖父居住在周线巷，那是一栋前后九进的大宅院。此后，曾祖父除了帮着父亲盛康在苏州开办和管理典当、钱庄之外，不少时间还能待在常州家里，倒也过了一段安稳日子。1870年，曾祖父入李鸿章幕府，此后便经常在湖北、河北、天津等地为公差奔波，忙于湖北煤铁矿、轮船招商局的创办，参与赈灾工作，在外的时间多，回家的时候少。董夫人带着几个孩子居住在常州，常感寂寞，但除了写信抱怨一通之外，也无可奈何。1878年，曾祖父在天津任候补道，农历十月，得知董夫人病重后，他急急忙忙请假赶回常州，总算在其临终前见了一面，圆了她生前最后一个愿望。

　　董夫人去世后，遗下三子三女，我的祖父盛昌颐当时最大，也只有15岁，最小的还在襁褓之中，由于养育子女的工作十分繁重，曾祖父的爱妾刁玉蓉承担起了家务。她不辞辛苦，任劳任怨，因此得到了盛康的认可，成了没有正式夫人头衔的准夫人。刁氏出身贫家，年轻漂亮，开朗直爽，又精明能干，深得曾祖父喜爱。那几年，曾祖父在山东、天津一带做官，有时也把刁氏带去陪伴，两人共同生活了15年，直到1889年刁氏去世，曾祖父一直没有续弦。但是刁氏由于出身低微，始终没有得到家族的认同，至死也没有得到一个正式夫人的名分。刁氏只生了一个女儿藕颐（稚蕙，排行第四）。

刁氏去世后，曾祖父十分悲痛，再说那几年正在山东登莱青兵备道任上，忙于小清河水灾的治理，一时也没有心情再找一个夫人。这一耽搁就是两年，五世祖父盛康认为他必须再娶一位正式夫人来主管家务，敦促曾祖父续弦。曾祖父的兄弟姐妹也四处张罗，为他托媒相亲，目标仍是常州门当户对的大户人家，最后相中了常州另一个望族庄家毓莹的女儿，1891年秋天，为盛宣怀办了婚事。庄小姐遂成为曾祖父的第二任夫人。

庄夫人名畹玉，又名德华，生于1866年，比曾祖父小22岁。庄夫人出嫁时，曾祖父已是一方道台，并且是轮船招商局、中国电报局、大冶铁矿等大型企业的督办，事业蒸蒸日上，在号称"远东第一商埠"的上海置办了房产。庄夫人嫁给曾祖父后，住在上海的盛公馆中，接触新鲜事物多，人又聪明，不久就显出与众不同的特点来。

庄夫人生有一儿（恩颐，排行第四子）、一女（爱颐，字瑾如，排行第七）。

此外，曾祖父还娶了四房夫人，秦氏、柳氏、刘氏、肖氏。

秦氏没有生养。

刘氏生有一儿（重颐，排行第五子）、一女（关颐，排行第五）。曾祖父对她的感情并不深。

柳氏生下三儿（六子泰颐、八子钧颐皆早夭，七子昇颐）、一女（静颐，排行第六）。

萧氏生有一女（方颐，排行第八）。

在这些夫人中，庄夫人知书达礼，有主见，有远识，颇有经济头脑，和董夫人性格迥异。她行事果断，有时候有点严厉，是个女强人。庄夫人对外爱用"德华"这个中性化的名字，给曾祖父写信都是如此，很少用"畹玉"署名。由于曾祖父常年在外，庄夫人也常给曾祖父写信，她对含有家族事务特别是与人事有关的信件处置十分谨慎，在信封上特别写明"老爷亲启，旁人莫拆"，不许曾祖父的幕僚代拆信件；有时还在信尾加上一句"此信看过，速付丙丁"，要曾祖父看后烧掉，以免被人看到，遭人忌恨。

曾祖父整天和企业、商业打交道，庄夫人耳濡目染，对近代资本主义的市场经济渐渐熟悉起来，曾祖父主持上海华盛纺织总厂的时候，上海的机器棉纺织业已经相当发达，纺织业的主要原料棉花有可观的市场，庄夫人拿出了一些私房钱，自己做主，做起了棉花生意，同时还做半成品面纱的生意，低价吃进，高价抛出，赚了不少钱。

庄夫人不但有经济头脑，还十分关心曾祖父的政治前途。1899年（光绪二十五年）秋天，曾祖父被慈禧太后招进宫中"垂询"国家大事，这对一个官员来说是十分荣耀的事。庄夫人对此十分关心，接连给他写信，要曾祖父在京城多活动活动，趁此机会谋个更好点的职位。另一个方面，庄夫人也曾多次向曾祖父提出：做官要顾及名声，不要为小利坏名声，那就划不来了。

辛亥革命以后，曾祖父下野，在上海做起了寓公，盛家大大小小几十口都住在盛公馆（公馆内分为东花厅、西花厅，西花厅住着他的六弟盛善怀一家）里，曾祖父年老体衰，已经没有了精力，盛公馆中一切事务都由庄夫人一手操办。家中吃闲饭的多，社会上打秋风的多，而能赚大钱的几乎没有，这种已开始走下坡路的大户人家，没有相当的手段是很难管理的，庄夫人凭其精明才干，一人承担起整个家族事务的管理和运作。1916年，曾祖父去世，庄夫人遵照遗嘱，以盛氏遗产的半数，计580万两银子，成立名为"愚斋义庄"的基金会，规定不动本金，只用利息，用于家族事务和慈善事业，试图以这样的方式维持盛氏家族的延续和发展。庄夫人晚年除操持家务之外，还热衷于慈善事业，1924年，她为重建苏州报恩寺的大雄宝殿、楠木观音殿出资捐款。1927年，庄夫人去世，享年62岁，她是曾祖父妻妾中寿命最长的一个。

1.6 盛宣怀的长子盛昌颐

1863 年 12 月，我的祖父盛昌颐在湖北汉阳出生。祖父从小生活在动荡的环境中，在我的五世祖父盛康任职的湖北官邸里暂住。

1867 年，我的六世祖父盛隆不幸去世，盛康丁忧，辞官送盛隆棺木回乡，董夫人带着 4 岁大的盛昌颐，随曾祖父盛宣怀回到常州故居。1870 年，曾祖父进入李鸿章幕府，当时我的祖父盛昌颐才 7 岁，但是从那个时候起，到他自己出外干事那一段时间里，他很少有机会在自己的父亲身边多待一些时间。很可惜的是，在 1878 年他 15 岁的时候，他的亲生母亲董夫人又去世了。尽管他的后母刁玉蓉夫人对他不错，但内心的关怀显然做不到亲生母亲那样体贴入微。

五世祖父盛康功成名就后归隐苏州留园，他希望在这方净土中参悟人生，寻求超脱。年少的祖父随后母搬到了苏州，有的时候住在阊门天库前的家里，有的时候住在盛康的留园里。祖父在留园收获最大的是盛康在学业上的指导。

盛康退休后集中精力编辑《皇朝经世文续编》，这得到了曾祖父盛宣怀的支持，而具体的查阅、抄写等工作大多由祖父盛昌颐协助完成。该《续编》选辑清初至道光前官方文书、专著、述论、奏疏、书札等文献，辑录了道光、咸丰、同治、光绪四朝的重要经世文牍，书中的观念是当时中国社会最先进要素的一部分。

尽管盛康不强求曾祖父走科举的路，但是在他的视野里，科举仍然是正道。加上他已经告老还乡，有时间来指导帮助自己的孙子了，所以我的祖父盛昌颐在苏州的那几年中，主要精力还是放在读书应考上。

1884 年至 1894 年（光绪年间）朝鲜政局动荡不定，在整个战乱时期，盛氏前辈自告奋勇要求为"平息倭寇侵扰而出征高丽"，先是我的祖父盛昌颐，在二十出头、血气方刚的时候，就奔赴朝鲜战场，英勇杀敌，终于凯旋并受皇帝加封二品官衔。其后是我的四世祖父盛星怀，在 1894 年中日甲午战争中奔赴朝鲜，不幸战死沙场。

祖父盛昌颐面对敌寇侵略、面对国家需要，义无反顾地奔赴战场，从朝鲜抗日凯旋，成了他一生中最值得书写的一笔。

祖父盛昌颐是盛宣怀几个儿子中学问最好的一个。1891 年，通过盛康的指点，祖父回到湖北武汉，后参加顺天乡试，成功中举，从一品封典，并以正二品任湖北候补道、湖北德安府知府。

祖父在德安府任知府期间，对周边地区的经济状况做了研究，了解到孝感县工场手工业"发展颇早"。根据有关资料，当年该县城关镇即有较大的轧花厂 3 家，每家备有脚踏轧花机 30 ～ 40 乘；汉阳县则以陶业发达最早，当时共有大小窑 36 座；同期，随州手工业有 15 个行业 129 户，从业人员 458 人；黄冈县有 29 个手工业行业，计 2433 户，从业人员 10238 人。于是，他在安陆创办了织布厂和汉东机器米厂，在机械化水平与生产规模上远远超过了周边地区，在当地轰动一时。人们评论："得时代风气之先的盛知府，与当时安陆境内的商人交往频繁。"这对推动德安地区经济的发展起了不少作用。为地方经济尽力办实事，是祖父的仕途上值得书写的一笔。

祖父盛昌颐娶正二品候补浙江道原湖州知府、杭嘉湖道、宁波知府及温处兵备道宗源翰次女宗恒宜为妻，宗源翰的弟弟宗得福先后在曾祖父盛宣怀的汉阳铁厂与铁路总公司任职。

中国最早的机器纺织厂——上海机器织布局，1893 年已拥有纺锭 35000 枚，布机 530 台，雇工约 4000 人，营业方始兴盛，每月可获利白银 12000 两。然而，当年 10 月 19 日，一场意外的大火使偌大的厂房无一寸未成焦土，机器销熔，变成了一堆废铁。数千工人流落街头，哭声震天。李鸿章毫不犹豫地将当时的负责人就地免职，决定委派盛宣怀负责重建织布局。

祖父盛昌颐随其父盛宣怀受命重建华盛纺织总厂。祖父在被烧成一片废墟的织布局，从一些最基础的工作做起，如清理账目，清理织布局以往的档案资料，清点、整理尚存的机器设备，组织工人清理清扫被大火烧毁的厂房等，为盛宣怀结束前账、积极筹备新厂奠定了基础。1894 年 9 月 16 日，新办的华盛纺织总厂顺利投产，工人重新回到了纺纱机、织布机前，脸上又出现了笑容；商人的损失逐步得到了补偿。在极其困难的条件下，华盛纺织总厂在一片废墟上获得重生。

1896 年 5 月 14 日，张之洞将汉阳铁厂交棒给曾祖父盛宣怀。当时盛宣怀的侄子盛春颐已在为汉阳铁厂的整顿出力，盛宣怀决心让仍在湖北德安做官的儿子盛昌颐到汉阳铁厂发展。1897 年汉阳铁厂招股集资和 1898 年汉冶萍煤矿招股集资的文告上，盛春颐、盛昌颐的名字均清晰在列。与此同时，祖父盛昌颐开始为盛宣怀办实业做文案记录工作，逐渐成为盛宣怀的左右手。

曾祖父盛宣怀为发展实业，长期在四处奔波，身体状况越来越差。"1904 年自夏徂秋，直隶水潦，山东河溢，四川旱灾，筹募赈需又复日不暇给。盛宣怀自知劳顿过度，苦于不能少休。……盛昌颐交卸德安郡篆，遄归侍疾，月杪始有转机。"此后，为照顾曾祖父盛宣怀的身体，祖父盛昌颐辞去了湖北的职务。

1897 年 5 月 27 日，由盛宣怀创办的中国通商银行在上海诞生。这是中国人自办的第一家银行，也是上海最早成立的华资银行。受此影响，祖父盛昌颐于 1908 年 9 月 29 日创办了裕商银行，兼办储蓄业务，并自任总经理。这是中国近代最早的新式民营银行之一。值得一提的是，裕商银行关于储蓄的条款明确规定："储蓄专代农工及小本经纪之人收存零星款项，凡有银满一元以上者，不论何项人等，均可来本银行存储，到行立即给以存簿，凭簿往来收付本息。其息长期及半年者周息五厘，不满半年者周息四厘。"这在晚清末年是有开创性意义的。然而 1909 年 7 月 11 日，裕商银行则因祖父盛昌颐的病逝而主动歇业。

祖父盛昌颐一生娶过四位夫人：宗氏、陈氏、沈氏和殷氏。殷氏长得十分漂亮，祖上苏州，其父亲以画扇面和写对联为生，她二十岁左右嫁给了祖父，深受祖父的疼爱，并跟随祖父到了湖北，她是我的五姑盛佩玉的生母。

几位夫人为祖父生了三儿六女。长子盛毓常（1897 年生，字绳祖，号静威，二等嘉禾章、前正二品、荫生、候选主事）就是我的父亲；次子毓理幼殇；三子毓宗过继给了二房和颐，不幸早夭。

长女许配给浙江萧山胡炳尧，江南盐巡道家桢子，江西候补知府；次女许配给香山吴维勋，分省试用道祖浚子，美国意利诺大学毕业生、农林科学士、奉天农林局长，吴维勋病逝后改嫁给周钧；三女毓蓉许配给吴县王秉衡；四女毓菊许配给合肥李国芝，记名道经馥子、分省补用道；五女佩玉许配给浙江余姚邵洵美，著名诗人、作家、出版家、翻译家；六女毓橙许配给宝山瞿鸿仁。（见盛承懋：《我的祖父盛昌颐》，《苏州日报》，2019 年 10 月 30 日）

1.7 盛宣怀的长孙盛毓常

我的父亲盛毓常，是盛宣怀的长子长孙。他生于 1897 年 3 月，字绳祖，号静威，是我祖父盛昌颐在湖北德安知府任职期间所生。

父亲出生那年正逢曾祖父盛宣怀被清廷任命为太常寺少卿，父亲在家谱中排在毓字辈的首位，于是被起名为"盛毓常"。父亲一生出来，长辈们都亲热地称呼他为"盛宝"，他的童年是在百般宠爱中度过的。

父亲年幼的时候在苏州居住得多，尽管在长辈的簇拥下生活，但是严格的教育并不因此而被放弃，他从小就受到扎实的基础教育，孔孟经书自不必说，还能写一手好字，能背诵许多古诗词。由于是盛宣怀的长孙，父亲小的时候经常有机会在他的书房里玩耍，看着他起草公文，并帮着他去办一些小差事。

可惜，好景不长，1909 年 8 月，在父亲 12 岁的时候，刚创办民营裕商银行的祖父盛昌颐病逝了，年少的父亲内心十分寂寞，常常会觉得孤立无援。当然，曾祖父对我父亲也就越加关爱了。1911 年 6 月，应清政府对盛宣怀褒奖而奏准给予其长孙盛毓常以正二品荫生衔，并先后授二等嘉禾章、候选主事。

父亲 14 岁的时候，曾祖父便将他送到英国去求学。曾祖父的这一决定即使在今天来看，也是十分超前的。与父亲同去求学的还有比他大 5 岁的四叔公盛恩颐。父亲所读的学校是英国格拉斯哥大学，四叔公则就读于英国伦敦大学。曾祖父之所以把他们送到英国去求学，是希望他们能掌握英语、自然科学、经济管理等知识，当时英国是世界上最发达的国家，是中国人留学的首选地；同时也想培养他们独立的能力，让他们从小就远离家门。

父亲从英国学成回国后，能讲一口正宗流利的盎格鲁－撒克逊语以及写一手漂亮流畅的英文。另外，由于吃面包及牛油，加上参加橄榄球等运动，父亲练就了健壮的身体；年轻时受到西式的文明教育，使他在思想及行为举止上时时会流露出英国绅士的气质与风度。

民国初期，父亲受曾祖父盛宣怀办实业的影响，希望创办自己的事业。他在英国留学期间，印象最深的是英国的乡间别墅及城市里的公寓住房。19世纪初，随着英国工业革命的进步，城市化也大大加快了步伐，钢筋水泥的大批量生产使得英国市民的居住条件发生了根本的变化。

1913年，从英国回到国内的父亲，感觉上海、苏州与英国的居住条件存在明显的差距。在旧式的公馆、住宅里生活，他感到十分不便，没有卫生间、洗手池、抽水马桶，没有电话等通信设备。公馆和苏州老式房子里阳光不充足，阴暗又略带潮湿，夏天闷热，冬天阴冷。可这在当时的上海、苏州，已是最好的住处了。

尽管上海开埠已经70多年，外滩等地已经耸立了一批像招商局办公大楼那样的高楼大厦，但当时整个上海的房地产业、住宅产业还远远不能适应上海经济与人口的增长水平，而苏州在上海开埠之后，经济社会发展的速度明显比上海慢，城市发展的动力远远不及上海；"大上海、小苏州"的格局，在20世纪二三十年代开始就逐步形成。最主要的原因是苏州古城14.2平方公里内，已经基本上是建成区，不可能有成片的土地供投资者开发，盛氏家族虽然在留园边上买下了2000多亩土地，但是在当时并不具备开发的条件，即使开发了，苏州城里人也不会选择到那里去居住。在这种情况下，父亲没有选择在苏州发展，首先想到的是在上海从事房地产开发，但这也应该属于上海的第二波房地产开发高潮了。

在20世纪二三十年代，城市土地的所有权与房屋所有权是允许私人拥有的。要开拓住宅产业，重点是经营"地皮"，所以父亲的房地产开发企业取名为"毓常地产经理处"。

毓常地产经理处始建于20世纪20年代末，经理处设在离外滩招商局不远的二马路（南京路）上，后搬至中央路。当时上海的二马路（南京路）远没有今天这样的繁华与热闹。经理处所做的第一件事，就是投资与开发上海闸北乌镇路附近的一大片土地。当年分家产时，父亲分得了曾祖父盛宣怀留在上海的地产"乌镇路空地二亩六分四厘"，于是父亲又购置了周边的一大片土地。

开发过程势必会与原土地上的居住者发生一些纠纷，为此，1934年8月21日，曾有闸北乌镇路北首荒地各住户联合登报声明，维护他们原先在荒地上搭建房屋与草棚的权益，而状告毓常地产经理处的事宜。

毓常地产经理处在上海闸北开发的土地

父亲从英国朋友那里找来了相关的图纸，又请当时上海有名的规划师、建筑师参照英国的图纸规划设计，先后在那片土地上建造了360幢公寓房。所开发的房产从新闸桥开始，范围涉及乌镇路、新疆路、曲阜西路等多条马路。

　　房屋建筑分为毓常左里（乌镇路东、新疆路北）、毓常北里（乌镇路西、新疆路南）、毓常西里（乌镇路西、曲阜西路南）、毓常南里（乌镇路东、新疆路南）、毓常总里（乌镇路西、曲阜西路北）。楼与楼之间排列有序，车道与便道都用水泥铺就，每一幢楼的建筑面积虽然远没有今天这样的规模大，但在当时的上海，已是显赫一时的房地产项目了。

　　为了保证建筑质量，父亲通过英国洋行购买了钢筋、水泥、水管以及相关的建筑材料，每栋小楼都设有自来水、电灯及抽水马桶，大大提升了居民的居住水平。对于小区的基础设施建设，父亲

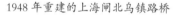

1948 年重建的上海闸北乌镇路桥

也很重视，由于当时闸北区那一带尚未全部开发，离市中心较远，隔了一条苏州河，上面又没有桥，为便于居住者进入市区，父亲在苏州河上造了乌镇路桥，大大便利了居住者的出行（1929年所造的乌镇路桥是一座木桥，毁于八一三淞沪会战的战火，后由民国政府重建，改为钢筋水泥桥）。

同今天房地产开发项目不完全相同的是，居住在毓常地产经理处所开发的住宅里的居民，绝大部分都是房客，不是业主，房地产的产权还是属于毓常地产经理处，居住者按年或季交纳房租。因此，毓常地产经理处实际上从事的是经营性物业，或者说是收益性物业。地产经理处的日常工作，即是管理物业、收取租金、处理有关的住房纠纷、进行财务成本核算等，比如毓常地产经理处曾分别于1936年6月16日与9月18日在《申报》上警告某房客拖欠巨额租金及追究闸北乌镇路部分地基被某地棍冒充业主擅行出租的行为，小区日常的卫生清扫、安全保卫则由专门人员负责。

与今天小区物业管理最大的不同是，毓常地产经理处开发的物业小区设有自己的救火会，里面有一二十个救火人员，都是由毓常地产经理处发薪供饭的。24小时值班，备有专门的救火车与救火设备，随时准备扑灭小区所发生的火情。之所以设置救火这一专项，是因为父亲在英国读书时，对英国伦敦曾发生大火时救火会所起的作用印象很深；他也吸取1893年父辈们经受的上海机器织布局那场大火的教训，于是仿效英国的模式，在小区管理中特别考虑预防火灾的事项。

毓常地产经理处基本上是按照现代公司管理制度开展业务的，所经营管理的物业主要是闸北乌镇路的360幢住宅及地皮，此外，还有父亲从曾祖父那里继承下来的其他房地产。父亲自任公司总经理之外，聘有专职的公司职员、秘书，并聘有专职的律师。我记得，专职律师叫卓腾干，是广东人，我们都称他为卓伯伯，后来他成了我们家的世交。

毓常地产经理处在上海的成功开发，对苏州地界也有不少影响。苏州当时到过上海闸北乌镇路附近的人，见到成片新建的住宅之后，都会停顿下来，多看上几眼，上海城市的开发建设，吸引了不少苏州人到上海去读书、到上海去找事做，甚至举家迁往上海。

拥有巨额财富的父亲，于20世纪初在上海轰轰烈烈地搞了一场房地产开发，然而两次淞沪抗战使得他的房产损毁殆尽。

1932年发生在上海的淞沪抗战，最先是日本关东军在上海制造事端，要求上海市市长于1月28日13时45分前全部接受日方提出的无理要求，并以保护侨民为由，要中国军队撤出闸北。然而，日军不待答复便于当晚突袭闸北，攻占天通庵站和上海北火车站。上海军民义愤填膺，担负沪宁地区卫成任务的第19路军3万多军人，在总指挥蒋光鼐、军长蔡廷锴的指挥下奋起抗战。

1932年1月29日凌晨，日机从停泊在黄浦江上的能登吕号航空母舰上起飞，轰炸闸北华界，宝山路584号商务印书馆及东方图书馆均被炸毁。日本人轰炸上海，定点炸毁商务印书馆与东方图书馆，造成印刷制造总厂、栈房及尚公小学全部被毁，焚烧纸灰飞达十多里以外。尤其是东方图书馆中大量藏书全部烧毁，其中有中文书26.8万余册，外文书8万余册，另外还有古今中外各科学术参考书以及5000余种珍贵图标照片。当时一日军司令说："烧毁闸北几条街，一年半年就可以恢复。只有把商务印书馆这个中国最重要的文化机构焚毁了，它则永远不能恢复。"（见俞晓群：《王云五：毁誉参半的文化商人》一文）我父亲在闸北乌镇路的房产多处被炸毁。

五年后，即1937年的八一三淞沪会战，闸北华界又遭日军轰炸，几乎全部被毁。据有关资料表明，该事件中中国的金钱损失约为14亿元（当时的币制）。闸北华界的商号被毁达4204家，房屋被毁1.97万户。我父亲毓常地产经理处在闸北的360幢住宅，被炸得只剩20余幢。被炸的民众，流离失所，惨不忍睹。

淞沪会战之后，部分存活的居民用炸残的瓦砾搭起棚户房，作为栖身之处。而父亲的毓常地产经理处及其所残留的房产濒临破产的境地。

1937年，父亲正好40岁，是生活与事业发展最好的年华，然而一场侵略战争把他的梦彻底打碎了。

1945年抗日战争取得胜利后，已经48岁的父亲重新燃起了开发房地产的希望。他一方面要考虑采取什么方式让棚户区的居民搬迁，另一方面要寻找合作伙伴，几经努力，毓常地产经理处与美国房地产投资商布鲁斯达成了合作意向，并且初步拟定了规划设计方案。但是好景不长，由于战争的爆发，父亲的希望再次破灭。

以前，毓常地产经理处正常营运，房租由专人负责收取，之后房租大部分收不到，公司无法正常运转，不少专职人员被辞退了，只能委托居住在那里的人员代为收取有数的房租。

随着国民党政权的摇摇欲坠，物价飞涨，商人囤积居奇，人心惶惶，我们家的人口又多，生活的境况越来越差。那时候国民党政府发行金圆券，没有过多少天，金圆券就不值钱了。有时候父亲一下子拿回来几大捆金圆券，看起来很多，其实根本不值钱，而米价一天可能涨几次，那几大捆金圆券还不能买上一石米。一张金圆券就相当于一张草纸。因此，那不值钱的金圆券，过了一段时间就变成我和哥哥叠纸玩具的原材料了，用它们折成飞镖，或用它们编成纸质的腰带等玩意儿，一点也不会心疼。总之，入不敷出的生活摆在了我们家面前。

家境的衰败延续到了新中国成立后。新中国成立初期，家里的生活开始靠变卖与赊欠来维持。家里凡是值钱的东西被一样样地往外卖。到家里来买旧货的，既有寄卖性质、专门收旧货的商店雇员，也有串街走巷、挑着担子上门收旧货的小贩。

1951年8月8日，中央人民政府政务院颁布并施行《城市房地产暂行条例》，当时政府仍然允许私人可以拥有城市土地，但是根据《条例》的细则，父亲的毓常地产经理处欠下了人民政府一大笔税收，父亲不得不将闸北的地产及剩下的房屋上交给上海市人民政府的有关部门，最终彻底终止了毓常地产经理处的运营。

父亲幼时在蜜糖罐中长大，40岁前十分富裕，并且致力于房地产投资与开发，取得了骄人的业绩，然而由于日本侵华战争爆发，我们家真正走向了贫困。面对时势的变化，父亲泰然处之，他对自己青年时代所开发的房地产可能遇到的风险，已有了足够的承受力，抱着听天由命的态度，从没有怨天怨地。（见盛承懋：《父亲和他的"毓常地产经理处"》，《新华路时光》，2022 年 1 月 13 日）

盈窗懷 的居所

第 2 章　盛宣怀的居所

2.1 常州青果巷故居

古时，常州城中有许多巷弄是紧紧依托城河，隐伏在闹市之中的，城南前河两岸的青果巷最为声名显赫。青果巷古为驿道，紧邻春秋古运河南市河段，始建于隋唐之际，兴于宋，盛于明清。青果巷东西两段原名兴仁坊和通惠坊，随着漕运兴盛，沿岸码头林立，船舶云集，成为南北果品集散地，民间俗称"青果巷"，巷名保留至今。

青果巷东起琢初桥、新坊桥西，南临前城河至天禧桥（弋桥），北邻古村，衔接正素巷、庙弄、天井巷、雪洞巷、西庙沟、菱蒲巷、大马园巷，至南大街，西接西瀛里，河南为东下塘。宋代以来，一条短短的青果巷就涌现出近百名进士和数十位文才武略、饮誉海内外的名士，如宋末抗元名将刘师勇，明代文豪唐荆川，清代书画家钱维诚、恽鸿仪、汤贻汾，洋务运动先驱盛宣怀，汉冶萍公司萍乡煤矿矿长张赞宸，民族工业开创者刘国钧，实业家兼藏书家陶湘，民初谴责小说家李伯元，模范缙绅汪作黼，故宫博物院开创者吴瀛，画家刘海粟，剧作家吴祖光，语言学家赵元任，汉语拼音之父周有光，以及革命先驱瞿秋白、张太雷、"七君子"之一的史良……

青果巷盛家花园修建于 1867 年（同治六年）。1867 年阴历五月二十三日、十月十九日盛宣怀的祖父盛隆与祖母费氏先后去世。之前（1860 年 2 月），太平军攻破杭州城时，盛宣怀的伯父盛应战死沙场，留下了三子二女。此时，盛家原先在常州周线巷的旧宅已显得有些破旧，并且容不下大家庭迅速增长的人口，盛宣怀的父亲盛康作为盛家新的掌门人，把家庭的责任承担了起来，当年便与 41 岁的大侄子盛宇怀商议合资建造家宅的事宜。

1867 年末，盛康在现青果巷西段购买了约 10 亩地，决定与盛宇怀合资建造住宅。此时盛宣怀也已 23 岁，由于他曾为父亲盛康在苏州购买了一些房屋，负责过装修事宜，对住房的建造与装修已经有了一些经验，因此在青果巷住宅的建造与装修中发挥了不少作用。

同治年间所建的青果巷盛家花园为九进院落，平屋、楼屋共102 间，房屋坐南朝北。兴建的盛家花园南临青果巷，东临刘宅，北临费宅，西接大马园巷，大门设在青果巷北侧，各厅堂均为硬山造砖木结构，大厅前有轩廊，极其高敞，古色古香，大厅北侧建有内花园和黄石假山等。

青果巷盛宅建成后最初的居住安排包括：盛康与夫人费氏的居室，盛康侧室姚氏的居室，盛康侧室许氏的居室；盛宣怀与夫人董婉贞的居室，盛宣怀弟弟盛寓怀及嗣子和颐的居室，盛宣怀妹妹的居室，盛宣怀儿子盛昌颐、盛同颐及盛宣怀女儿的居室，另有奶妈、佣人的居室等。

由于盛宇怀兄弟及其家眷人口渐多，建成后盛宅逐渐以他们居住为主，其中包括：盛宇怀与夫人巢氏的居室；盛宪怀（盛应次子）与夫人巢氏的居室，盛宪怀夫人李氏的居室；盛宇怀妹妹（盛应小女）的居室；盛宇怀长子盛春颐与夫人孙氏的居室，盛宇怀其他儿子盛端颐、盛尚颐、盛海颐等的居室，盛宇怀女儿的居室；盛宪怀儿子盛殿颐、盛辂颐、盛津颐、盛进颐、盛渤颐、盛慕颐等的居室，盛宪怀女儿的居室，另有奶妈、佣人的居室等。盛富怀（盛应三子）作为盛廉的嗣子，随盛廉一起生活，不住在青果巷。

1876 年，盛康在苏州购得留园，并花重金将留园修葺一新。这之后他和家眷虽主要住在苏州，但还经常回到常州办事，住在青果巷。特别是 1879 年，盛康与常州人士刘云樵、姚彦森、恽光业、庄俊甫、董云阶等人共同出资白银 25000 两，在常州创办慈善医疗机构长年医局，向民众施诊送药。为办好医局，他奔走苏、常两地，与共事者商议实施。

1870 年 10 月，盛宣怀入李鸿章幕府，之后在陕西、天津、湖北、上海、苏州等地奔波，董夫人和孩子还留在常州，所以每次赴上海、苏州的时候，他都会回家与夫人、孩子团聚。在盛康住到苏州之后，盛宣怀在苏州阊门附近的天库前买下了99间房屋。1878年12月董夫人去世之后，他休闲回常州的次数相对少了。1889年冬，与盛宣怀生活了15年的刁夫人不幸去世，那年盛宣怀46岁。中年丧妻，他十分痛苦。1891年秋，在盛康的坚持下，盛宣怀在常州迎娶了庄夫人。那段时间，盛宣怀回常州的次数明显多了起来，青果巷盛宅也因此而热闹起来。

1892年后，盛宣怀与庄夫人定居于上海，回常州的次数逐渐变少。1902年10月24日盛康逝世，这之后盛宣怀回常州的次数就更少了。青果巷盛宅完全由盛宇怀兄弟及家眷来安排了。

盛宣怀参与洋务运动，事业越做越大，急需优质人才，常州本是人才辈出、人文荟萃之地，在他的影响下，青果巷的张赞宸、恽祖翼、恽祖祁兄弟等积极投入汉阳铁厂、汉冶萍公司的建设与管理。

青果巷盛家花园中盛宣怀的同辈和晚辈，也纷纷加入了湖北汉阳铁厂、汉冶萍公司的经营与管理，他们是：盛宇怀，1876年被调入湖北办理广济煤铁矿务，任湖北开采煤铁总局提调兼稽查上海运销事宜，后因病回常州。盛春颐，1890年张之洞在武昌设立湖北铁政局之后，就被安排在张之洞身边，之后在汉阳铁厂交接过程中，成为张之洞和盛宣怀之间的联络人；1896年5月，盛宣怀接办汉阳铁厂之后，他协助郑观应整顿汉阳铁厂，郑观应离开铁厂后，他曾任汉阳铁厂总办。盛渤颐，先后担任萍乡煤矿事务长、大冶铁厂矿长、汉冶萍煤铁厂矿有限公司人事课课长等职。盛慕颐，曾任汉冶萍煤铁厂矿有限公司经理处秘书。盛铭（盛应的曾孙），先后任汉冶萍煤铁厂矿有限公司大冶铁厂课长、股长、主任、所长等职。可见，在中国最早的钢铁冶金事业发展中，青果巷盛家花园诞生了一支有影响力的钢铁冶金经营管理队伍。

随着历史的变迁，始建于同治六年（1867年）的常州青果巷盛家花园饱经风霜。在"文化大革命"中，未能幸免于难，而被作为"封资修"残物遭到了极大的破坏。许多人未经允许，就擅自搬了进去，

常州青果巷盛宣怀故居　　　　常州盛宣怀故居展览馆

并随心所欲地拆柱隔墙。他们在里面生火煮饭，养儿育女，这一住
就是几十年。最多时盛家花园里住进了几十户人家。到了20世纪
90年代，历经130多年的青果巷盛家花园，存屋仅有大厅5间、花
厅4间和二开间楼屋2间，以及长满杂草的破花园和一些散落的黄
石假山等。

　　为了纪念这位从常州走出去的中国洋务运动重要代表人物和中
国近代工业的奠基人，1992年常州市人民政府正式发文公布青果
巷西段、大马园巷东侧的盛家花园为盛宣怀故居。1997年，常州
市盛宣怀研究会成立，它是目前全国唯一专门研究盛宣怀的官方机
构。研究会在组织开展盛宣怀各项研究与纪念活动的同时，还组织
多方力量为修复盛宣怀故居出谋策划。与此同时，毕业于上海交通
大学、西安交通大学和天津大学这三所大学的常州学子，对他们母
校创校人盛宣怀的故居更是倍加关心，一直向有关方面积极呼吁修

复。常州市的政协委员和人大代表也多次递交提案，提请政府尽快修缮盛宣怀故居，保护好这一文化遗产。这些呼吁和民声引起了常州市委和市政府的高度重视。

2020 年，常州市委、市政府研究决定，由政府出资启动老城厢修复工程，将盛宣怀故居列入修复计划并启动实施。2020 年 7 月，盛宣怀故居修缮工作全面启动，有关部门经过认真调查研究，听取专家及盛氏后裔意见，组织强有力的规划、设计、施工单位，修缮工作坚持"真实性、整体性、可识别性、安全使用"的原则，屋顶整修、木构件修复和更换、墙面修缮等工程，都尽可能采用传统材料和工艺，最大限度保留原有建筑的历史风貌。修缮后的盛宣怀故居，不管是梁柱、门窗、墙体，还是屋脊瓦片，都能找到过去的痕迹，是岁月变迁最好的见证。

盛宣怀故居是常州的标志性文物遗产，现存的三进宅院大木构架形制完整，小木雕刻、砖细墀头、屋脊样式等造型独特，图案精美，充分反映了晚清常州地区传统的民居风貌。修缮一新的盛宣怀故居，由当代著名作家、画家、社会活动家冯骥才题写匾额。

重新修缮后的盛宣怀故居被列为江苏省文物保护单位。目前，当地政府在故居里精心布置了陈列展览。展览分为三个部分：第一部分的主题为"非常之世"，展现盛宣怀所处之时代背景；第二部分的主题为"非常之事"，展现盛宣怀所创造的 11 个"中国第一"；第三部分的主题为"非常之士"，展现盛宣怀与近代中国多位名人之间的关系。另外，故居的东侧又加了一个主题，即"非常之氏"，用以介绍盛氏家族及其代表人物。

盛宣怀故居从 2022 年 2 月 1 日起，对市民免费开放，每日开放时间为 9:00—16:00，周一闭馆。

2.2 苏州天库前故居

苏州天库前 48-1、48-2 号住宅也是盛宣怀故居，是我的曾祖父盛宣怀、祖父盛昌颐、父亲盛毓常共同居住过的地方。1876 年，我的五世祖盛康购得留园，决定退休以后长期居住在苏州，于是先在苏州西中市为夫人盛许氏等购置了公馆。曾祖父盛宣怀当时已经进入李鸿章的幕府，他的绝大部分时间都在各地奔波，为了使家眷、孩子有一个安定的生活环境，便在苏州阊门西中市附近的天库前购置了99间房屋。

西中市是一条东西向的大街，东自皋桥，西至阊门城门口，全长不到一里，明清时期被称为阊门大街。这条街是当时古城内最繁华的大街之一，两侧都是店铺，餐馆、酒店、纱罗绸缎店、药材店、古玩珠宝店、皮货行、鞋庄、响器店等星罗棋布，街上行人、轿子川流不息。民国时期更名为西中市大街。皋桥的东边，就是城内另一条比较繁华的大街——东中市。在西中市南面100米左右，有一条与之平行的小巷，就是天库前。曾祖父买下了天库前的99间房屋后，经过修建与装饰，就把家从常州搬到了天库前，住在其中的一部分房屋里，另有一部分房屋对外出租。早期，苏州电报分局由官办改为商办后，电报分局就是租借天库前的房屋为局址的。

天库前与西中市的东边，通过一条名为吴趋坊的街巷将两者相连，天库前与西中市的西边，则通过一条名为专诸巷的小巷将两者相连。因此，天库前的"地头脚角"非常好，由此处到留园、阊门、观前街、火车站和轮船码头都十分方便。

曾祖父天库前的住宅建于小街幽巷的深处，清洁又宁静，真可谓闹中取静。整个建筑由数个院落组合而成，每个院落则由一进房屋、一个天井组成。"正落"由门厅、轿厅、大厅、内厅、下房等构成，坐北朝南；"边落"也是坐北朝南的方向。大厅是9米多宽的三开间厅堂，主要用于曾祖父接待宾客、宴请之用；大厅的楼上是曾祖父办公的场所。内厅是曾祖父的书房与接待个别客人的地方。

1903年，湖南人马伯亥在曾祖父的支持下，在苏州创办了电话公司，公司的地址选在西中市边上的泰伯庙内。公司的第一批用户是江苏巡抚衙门、藩司、臬司、织造府、苏州府、总捕府等衙门，以及苏州商务总会、电报局等。私人电话只有天库前盛宣怀住宅一家，这是苏州第一部住宅电话。家中安装了电话，曾祖父在家办公与接待客人更加方便了。

内厅的楼上则是曾祖父与夫人生活起居的场所，"边落"中有建筑尚好的楼堂及可供孩子活动的场所，另建有库房、厨房、洗衣房及专供佣人居住的房屋。

祖父盛昌颐在成家之后，虽仍在湖北等地任职，但是在天库前也有属于自己的房屋。由于晚辈与长辈住在一条巷内，相互往来十分方便。

曾祖父大部分时间不在苏州，祖父也在外地做事，所以他们生活在天库前的日子不是很多。天库前的房屋里以女眷、孩子居多，再加上管家、奶妈、佣人，也是很热闹的。

女眷们在一起，离不开吃、穿、孩子等话题。钱是不成问题的，佣人上街买菜，路也很近，鸡鸭鱼肉与新鲜蔬菜，每天变着花样；各种点心、熟菜、酱菜，要想尝尝，走到阊门大街就能买到。就是苏州的口味与原先习惯的常州口味不大一样，只能慢慢适应。苏州人吃得精致。就说猪肉吧，随着时令变换，肉的烧法不一。老苏州戏称，一年四季，就是要吃好"四块肉"，即春季的酱汁肉、夏季的荷叶粉蒸肉、秋季的梅干菜扣肉和冬季的酱方。女眷们慢慢吃着、学着、试做着，也就逐渐改变了原来的口味，但是时不时还会怀念老家的口味，要请人带一点常州萝卜干来吃吃。

穿着打扮也要花去不少时间，好在阊门大街上的纱罗绸缎店以及盛许氏在东中市开的同福利洋布店，都可以买到上好的丝绸、布料，再请裁缝师傅上门量好尺寸，过些日子就能穿上新做的衣服。

女眷与孩子们最高兴的是到留园去看戏或游玩，这时管家会叫上街上的马车夫，负责接送他们去留园。

家人或小孩遇到不舒服，就到附近去请有名的郎中，再拿着郎中开的方子，到阊门大街上的沐泰山药店去买药，吃了药，一般就没事了。

女眷们最重要的任务是抚养与教育孩子，小的时候主要是注意孩子身体的发育与养成良好的习惯；到了读书的年龄，就要请教书先生来教小孩子写毛笔字与读四书五经等。这时候大人或教书先

苏州天库前盛宣怀故居

生所教的东西是小孩一辈子都不会忘记的。我父亲在我小的时候，经常会一边唱着他那个时代的儿歌，一边哄着我弟弟睡觉："我家有个胖娃娃，正在三岁时，伶俐会说话，不吃饭，不喝粥，整天吃'妈妈'。头戴小洋帽，身穿大红袍，经常脸带笑，好似海棠花，爹爹、妈妈、爷爷、奶奶，怎么不爱他？"

在我刚进入中学的年代，父亲会给我背他从教书先生那里学到的唐代诗词。有一次，他给我唱柳宗元的《江雪》："千山鸟飞绝，万径人踪灭……"在我重新走过天库前盛宣怀故居宅门的时候，仿佛还可以听到从宅园里传出来妇人哄着孩子睡觉时所唱的儿歌，以及教书先生让父辈们背诵"千山鸟飞绝，万径人踪灭"诗句的声音。（见盛承懋：《曾祖父盛宣怀在苏州的故居》，《苏州日报》，2016年7月4日）

2.3 世界文化遗产——苏州留园

留园的第一代园主徐泰时

留园最早是在明朝万历年间，由太仆寺少卿徐泰时建造的园林，当时称为"东园"，因为在它的西边另有一座园林"西园"，即现在的西园戒幢律寺。

徐泰时，字大来，号舆浦，是明朝万历年间的进士，曾任工部营缮主事，因为修复慈宁宫有功，被提拔为工部营缮郎中。后来，他又负责修复了万历皇帝寿宫，即定陵。可是，徐泰时为人耿直，敢于直言，于是得罪了权贵，被弹劾回乡听候勘问、审讯。回苏州后，他就"一切不问户外事，益治园圃，亲声伎"（范允临《明太仆寺少卿舆浦徐公暨原配董宜人行状》）。徐泰时在著名画家、造园艺术家周秉忠（字时臣）的协助下建造了这座园林，即当时的"东园"。

东园建园之初，徐泰时邀请周秉忠堆叠了"高三丈，宽可二十丈，玲珑峭削，如一幅山水横披画"（袁宏道《园亭纪略》）的大型假山，"叠怪石作普陀天台诸峰峦状"（江盈科《后乐堂记》）。现今留园中部假山的总体框架，就是建园之初留存下来的，整体山势未变，逶迤连绵，忽高忽低，几乎占了留园中部的一半空间，构成了留园山水风光的骨架。徐泰时又在园中"石上植红梅数十枝，或穿石出，或倚石立……有池盈二丈，清涟湛人……池上为堤，长数丈，植红杏百株，间以垂杨，春来丹脸翠眉，绰约交映"（江盈科《后乐堂记》）。徐泰时把东园建造得"宏丽轩举，前楼后厅，皆可醉客"；瑞云峰"妍巧甲于江南"，石屏玲珑峭削"如一幅山水横披画"，整个林园平淡疏朗，简洁而富有山林之趣。当时建园所用的建筑材料都采用青石。青石色泽素雅，易于雕凿，且滑润有光泽。建园初始，徐泰时造了若干座青石花坛，至今仅剩两座，一座在远翠阁前，另一座在佳晴喜雨快雪之亭前，花坛线条流畅，造型简约，色泽素雅，古朴大方，距今已有400多年历史。徐泰时造园时，将一腔忠君报国的热情寄托在园林山水之中，为了表达他忧国忧民的情怀，取范仲淹"先天下之忧而忧，后天下之乐而乐"之意，将园中主厅命名为"后乐堂"。

东园建成后，成了当时苏州文人雅聚的场所。那时苏州分为长洲、吴县两县，吴县县令袁宏道与长洲县令江盈科同为万历二十年进士，两人同治一城，常有行政纠纷，但是他俩都与徐泰时意趣相投，可谓同道中人。这样，他们经常被徐泰时邀请，在园中赋诗饮酒，三人成了密友。

1599 年（明万历二十七年）徐泰时去世。之后，徐氏后人不再富贵，又疏于治园，东园渐废。明清之际，东园几次更换主人，但是都没有很好地得到整修，园子逐渐荒落。

第二代园主刘蓉峰

1794 年（清朝乾隆五十九年），江苏吴县人刘恕购得东园。刘恕，字行之，号蓉峰，曾任柳州、庆远知府，但他不到四十岁便称病辞官，从广西右江兵备道衔柳州知府回乡。刘恕对徐氏东园情有独钟，购得后重新修整，并进行了扩建。建成后，将园命名为"寒碧庄"。

清朝嘉庆年间，刘蓉峰开始重修东园。刘蓉峰是一个"石痴"，他为修园觅石"拮据五年，粗有就绪"（刘蓉峰《干霄峰记》），得"十二峰"如获至宝，即请昆山画家王学浩作《十二峰图》，并请吴县学者、画家潘奕隽为每张图配诗。十二峰的名称根据形神品题。刘蓉峰得十二峰后，十分得意，在园中建造了石林小院，将所得湖石分别陈列在一方方小天井内，并在这些天井内种树植竹，构成一处处对景，配成一幅幅小品。天井与天井互相沟通，竹枝与藤蔓交相缠绕，院外有院，景外有景，真可谓匠心独运。在这十二峰中，刘蓉峰特别钟情于晚翠峰，还专门写了一篇《晚翠峰记》。刘蓉峰还在《石林小院说》中记叙了他寻觅峰石并"筑书馆宠异之"的经过，又说观赏湖石不仅能给人美感，还能得到很多为人处世、道德修养的启发。今天，若沿石林小院东廊向南折东，可见廊壁上嵌有几方书条石，镌有王学浩以行书抄写的刘蓉峰《石林小院说》。从刘蓉峰将文章镌刻在青石上嵌入墙壁起，书条石就成了留园的一大文化特色。留园现存的 370 多方书条石，根据内容大致可分为历史文献与书法艺术两大类，内容十分丰富，成了名副其实的留园历史档案馆。

留园东部是高低错落、曲折深邃的建筑群。其中最重要的建筑是五峰仙馆，这是一座宽敞的大厅，面宽五间，硬山造，屋宇高深宽敞。旧时，因厅内梁柱均为楠木，故俗称"楠木厅"；明代徐泰时东园时期，此厅称为"后乐堂"；清代刘蓉峰寒碧庄时期，此厅更名为"传经堂"。刘蓉峰与明代园主徐泰时一样，经常喜欢邀请一些书画名家聚于其私家园林内，或肆书读画，或讨论风雅，或挥毫交流，其子刘运龄自小对书画篆刻耳濡目染，得其父辈感染，最终成为翰墨名家。刘运龄在刻印方面古雅有法，有《传经堂收藏印谱》存世。

刘蓉峰将徐氏东园更名为"寒碧庄"，有多重含义：一是园内多植名贵树种白皮松，有苍凛之感；二是园内既有山水之美，又广植绿竹，故"竹色清寒，波光澄碧"；三是慕"前哲"韩文懿公，"尝以寒碧名其轩"。寒碧庄虽然得以整修，又重新焕发了光彩，但是附近的百姓却不习惯用这个园名，他们宁可把"寒碧庄"叫成"刘园"。晚清朴学大师俞樾在《留园记》中写道："出阊门外三里而近，有刘氏寒碧庄焉。而问寒碧庄无知者，问有刘园乎，则皆曰有。盖是园也，在嘉庆初为刘君蓉峰所有，故即以其姓姓其园，而曰刘园也。"

清同治、光绪年间活跃在苏州的私家园林园主

近代苏州历史上私家园林比较兴盛的年代，要属清朝同治、光绪年间。

当时活跃在苏州私家园林界的园主有怡园的主人顾文彬、曲园的主人俞樾、网师园的主人李鸿裔以及留园的主人盛康等人。其中，顾文彬最年长，盛康次之，李鸿裔最年轻，比顾文彬小了足足二十岁。这四位园主在年龄上有一定的差距，三位中了进士，李鸿裔中了举人。当时，与这些园主经常交往的还有听枫园的主人吴云等人。

有意思的是，这些园主中只有顾文彬是苏州本地人，其他三位都是外乡人，盛康是江苏武进人，俞樾是浙江德清人，而李鸿裔是四川中江人。顾文彬作为苏州人在苏州建筑园林很自然，而另三位外乡人怎么也都跑到苏州来买园子了呢？

首先，当然要有经济实力。这几位都是朝廷的命官，同时都十分喜爱苏州园林的文化与艺术。其次，他们都与苏州建立了某种关系。李鸿裔中举后，被派到江苏担任按察使与布政使等官职，罢官后就将家安置在苏州了。俞樾中了进士后，曾任翰林院编修，后来又受到咸丰皇帝的赏识，任河南学政，但因被御史曹登庸劾奏"试题割裂经义"而罢官，由于认为苏州是官员退隐的好去处，最终选择到苏州来安度晚年。而盛康到苏州来买下留园，很大程度上与他跟顾文彬关系好有关。1856年（咸丰六年），顾文彬就任湖北盐法道，继任此职的正是盛康，所以两人有许多共同语言，之后两人又都转至浙江任职，交往更多了，这样盛康就经常登门拜访顾文彬。

盛康在杭州任官，经常往来于常州、苏州、杭州几地。1873年（同治十二年），盛康看上了苏州城外的寒碧庄，他希望功成名就后在这方净土中参悟人生。1875年（光绪元年）阴历四月，顾文彬从浙江宁波的任上告老还乡，得知盛康欲购寒碧庄，积极为之参谋，并愿意为之做中保。1876年（光绪二年）阴历四月初一，盛康在买下寒碧庄前夕，邀请顾文彬、李鸿裔等一起实地察看。他们遍游内外两园，感觉该园"古木参天，奇峰拔地，真吴中第一名园，惜失修已久，将来修葺约在万金以外"。当时寒碧庄的主人几经更迭，园主已变为程卧云。盛康与程卧云协商后，确定了价格，交易地点选在苏州城里铁瓶巷顾文彬的府第。顾文彬自告奋勇，担当起交易的中保，并申明"不取中费"，盛康花了5650两白银正式购得寒碧庄。

盛康倾全力修葺破园，留园成吴下名园之冠

1860年（咸丰十年），苏州阊门外均遭兵燹，街衢巷陌几乎毁

圮殆尽，唯寒碧庄幸存下来。但寒碧庄已变成"芜秽不治，无修葺之者。兔葵燕麦，摇荡于春风中"的破园子。

盛康得园后，就着手扩地重修，他在仔细研究旧园的特点与状况之后，认真地向当地从事建筑、园艺、花卉等各种专业的能工巧匠请教，并注意倾听一些文人、学者、士大夫的意见，使修葺后的园林显现出鲜明的特点：规模虽然不大，布局却十分精巧；以水景擅长，水石相映，构成园林主景；花木种类众多，布局有法；景观和建筑的布局不拘泥于对称的定式，灵活多样；蕴含诗情画意的文人气息；建筑群形成重门叠户、庭院幽深的景致，而色彩素雅，以黑白为主色调。

由于盛康准备在退隐之后居住在园中，因此为了方便日常生活起居，在修葺园林的过程中，他扩展了园林的一些功能，在留园东部修建了众多的建筑，形成了以主厅为中心适合多种需求的房舍格局；留园北部保留了菜畦瓜棚，当年家人在这里种蔬菜、养鸡鸭，营造了一种回归田园的隐逸氛围。盛康在扩建留园时，设立龙溪盛氏义庄（又称"留园义庄"），购族田数千亩，以接济宗亲，这也成了留园的一大特色。

整个留园占地约35亩，分中、东、西、北四个部分。中部是留园的主要构成部分，园中逶迤连绵的假山和宽广的水池是江南园林的典型特征，加上杏、枫杨、榆、柏等多棵百年古树，营造了幽雅宜人的闲适气氛，使游人宛如进入山水之间。盛康在扩建时，山水的整体架构基本保持徐泰时东园最初的格局，但是在假山的修复、亭子的建造、池塘的整修、小桥的架设、花草树木的栽植上下足了功夫，使进园的客人看了精神为之一振。中部的涵碧山房原为园中的主厅，盛康修园时决定把以后的主要活动移到留园的东部，于是在东部修建五峰仙馆与林泉耆硕之馆。涵碧山房虽然功能有所淡化，但在修葺时仍保留其原先的风格。

东部是留园最具特色的地方。这里曾是我的五世祖父盛康及其家人生活起居和宴饮活动的场所。盛家住宅就建在东部的东园一角。五峰仙馆与林泉耆硕之馆是东部最主要的建筑。五峰仙馆最先是徐泰时的后乐堂；之后，改为刘蓉峰的传经堂。盛康在翻建传经堂时，将它连同其四面的回廊全部改成了厅堂，装修富丽精美，陈设古雅齐整。盛康决定把它作为留园的主厅，重大宴请活动多在此举行。五峰仙馆遂被誉为"江南第一厅堂"，它可以说是留园三代园主不断修建改造而成的。此馆北部西侧置有一座大理石圆形座屏，这是一块极其罕见的巨型圆形大理石，直径一米有余；座屏石面的纹理色彩构成了一幅天然《雨雾图》，此石采于云南点苍山，石质细腻上乘，堪称留园的一宝。此馆东西墙面悬有四幅大理石挂屏，红木屏板上各嵌一圆一方色泽明净的大理石，暗合古代"天圆地方"之说，表达了园主对"天人合一"这种人与自然和谐相处氛围的期盼与追求。

林泉耆硕之馆，位于东园一角北面的石库门内。林泉，指山林泉石，因其幽僻，往往用来意指退隐；耆硕，指年高而有德望。馆名之意是指来此相聚的均是隐逸高士。该馆俗称"鸳鸯厅"，厅面宽5间，达22米，进深13.7米，单檐歇山造；四周有回廊环绕，厅内天花则做成一间两翻轩的形式，中间以圆光罩、隔扇、屏门板将厅分隔成相等的南北两部分，似两厅合并而成；为附会"鸳鸯"之意，南北两部分在设计、风格、用料、装饰、功能上都显示出明显的不同。鸳鸯厅的天井外则是戏厅，主人与客人常在此聚会。鸳鸯厅的建筑装修富有书卷气，家具陈设极为讲究。

为了方便日常生活起居，盛康又修建了"还读我书斋""揖峰轩""西楼""鹤所""汲古得修绠"等多处建筑，这些建筑各有特色与用途。盛家还于光绪年间在东园一角内建造了苏州第一座近代室内双层三楼大型戏厅，有意思的是，它还是苏州最早试用电灯照明的戏厅。这样留园东部形成了以五峰仙馆为中心，适合读书、休憩、小聚、宴请、听戏、品曲等多种需求的活动场所。

出鸳鸯厅沿廊北折，建有一所单檐歇山造的建筑，它是盛氏的家庵，盛康别号待云，故庵名"待云"。

鸳鸯厅北小院的主景是冠云峰，它是留园的又一宝。北宋末年，宋徽宗为建造皇家园林，委任朱勔广搜江南奇花异草和湖石名峰，

留园冠云峰

留园濠濮亭

而苏州太湖盛产名贵石峰，是朱勔必到之地。北宋灭亡，朱勔被杀，已搜集的一批湖石名峰未及北运，留在了江南，冠云峰就是侥幸留存的一峰。其后几经周折，这一宝石终被盛康购得。盛康也可算是一位"石痴"，为品赏此峰，专门在冠云峰周围建造了一组楼、台、亭、榭，并以"冠云"命名。冠云峰高 6.5 米，是国内最高的湖石名峰，古人品赏石峰有四项审美标准，即瘦、透、漏、皱，冠云峰无论从哪个角度说，都堪称完美。冠云峰两侧还有两座较高的湖石峰，西边的为岫云，东边的为瑞云，三峰相伴，如同姐妹，合称"留园三峰"。今天在瑞云峰脚下仍能看到当年取下的峰头。

冠云峰北建有一座两层的冠云楼，歇山造，面阔三间，东西两端各接出一间，微微缩进。此楼墙面有收放，屋顶有起伏，又有湖石花树三面环绕，显得自然流畅。冠云楼北墙正中嵌有一方乳黄色的鱼化石，它是留园的"三宝"之一。这鱼化石呈薄片状，浅黄色，凑近凝目细看，可见二十几条小鱼镶嵌在石面浅层，其头骨、脊骨等都清晰可见。据考证，此石出自浙江建德地区，距今已有 1 亿 4000 多万年了。盛康扩建留园增建"冠云"小院时，从他处觅来此石头，嵌在冠云楼内，使其与冠云峰相映衬，增添了石趣。

留园西部占地近十亩，是留园的山林风光，假山规模宏大，可登临，可攀援，可种植，充满轻松自在、无拘无束的天然野趣。西部假山为留园的最高处，昔时登山远眺，由南而西而北，苏州近郊上方、七子、灵岩、天平、狮子、虎丘诸山秀色清晰可见，足不出园尽得山水佳趣。

留园北部的"又一村"，在扩建留园时保留了一片菜田、数椽茅屋，并饲养鸡、鸭、鹅、羊等，一派农家田园风光。盛康有意在园林内营造出这种回归田园的气氛。

盛康花了三年时间修葺破园，使留园的泉石、草木、亭榭、轩厅比昔时更增雄丽，成为吴下名园之冠。

他们因园结谊

盛康修园时，张之洞的族兄张之万调任江苏巡抚，自然成了留园的座上宾。张善书画，留园东部扩建后，张之万即手书"奇石寿太古"五字以赠，这五个字被盛康制成匾，悬挂在留园林泉耆硕之馆北厅的上方。

1892 年（光绪十八年），五峰仙馆修复，恰巧盛康又得文徵明停云馆藏石，盛康邀请著名书画家、金石学家吴大澂题写匾额，又将得石之事记在匾额上。此匾历经百余年，仍完好地悬挂在厅堂上方。

盛康购园、修园的过程，增进了他与苏州知名园林园主的友谊。怡园园主顾文彬、网师园园主李鸿裔、曲园园主俞樾、听枫园园主吴云，为盛康购园、修园都出过力。1876 年（光绪二年）阴历十月，留园修葺完毕后，俞樾应盛康之请，为其写下《留园记》。无独有偶，1877 年（光绪三年）阴历五月，俞樾又应顾文彬之请，为其写下了《怡园记》。

盛康修留园，震动了苏州，惊动了苏州及各地的文人雅士，俞

民国时期的留园曲谿楼

樾、张之万、吴大澂等知名大家都成了留园的座上宾，特别是曲园主人俞樾，经常受邀在留园宴游小住。

　　冠云峰归留园曾轰动一时，大师俞樾为此特地撰写了《冠云峰赞有序》，被镌刻在屏门板上，装置在林泉耆硕之馆内。俞樾在文中写道："留园之侧，有奇石焉，是曰冠云。是铭是镌？胚胎何地？位置何年？如翔如舞，如伏如跧。秀逾灵璧，巧夺平泉。留园主人，与石有缘。何立吾侧，不来吾前？乃规余地，乃建周垣，乃营精舍，乃布芳筵。护石以何？修竹娟娟。伴石以何？清流溅溅。主人乐之，石亦欣然。问石何乐？石不能言。有客过此，请代石宣：昔年弃置，蔓草荒烟。今兹徙倚，林下水边。胜地之胜，贤主之贤，始暌终合，良非偶然。而今而后，亘古无迁。愿主人寿，寿逾松佺。子孙百世，世德绵延。太湖一勺，灵岩一卷。冠云之峰，永镇林泉。"留园的戏厅、待云庵等处，当年均有俞樾撰写的楹联。

经过盛康的修葺，园内呈现出"嘉树荣而佳卉苗，奇石显而清流通，凉台燠馆，风亭月榭，高高下下，逶迤相属"（俞樾《留园记》）的美好园景。因前园主姓刘而民间俗呼刘园，盛康取"刘园"之音而易其字，改名"留园"，留园之名始于此，喻此园长留天地间。（见盛承懋：《他们因园结谊》，《苏州日报》，2016年6月10日）

他们在这儿参悟人生

现在留园每天游人如织，人们在游览留园美景的时候，却很少会去关注留园曾是园主参悟人生的场所。

1876年（光绪二年）阴历四月初一，盛康购得了留园，随后就扩地重修，他在对旧园的主景、建筑、园艺等进行精心修葺的时候，很注重在园内构造出一种参禅的环境与氛围。盛康功成名就后归隐留园，是希望在这方净土中参悟人生，寻求超脱。盛康为了参禅，特意在园内建造了家庵，并用自己晚年的号"待云"命名。不仅如此，他还将园中多处景点题上带有禅意的名称，如"闻木樨香轩""自在处"等。待云庵西廊壁上嵌有两方石刻"白云怡意""清泉洗心"，也表达了同样的意境。在庵的正南方，有一座半亭"亦不二亭"，其名也深含禅意。由待云庵往南，空间由大变小，视线由分散而集中，走在丛丛修竹和依依小草之间，微微可感悟到园主参禅的情境。

参禅除了要静下心来思考问题，也需要有一个读书的环境，这些建筑主要是作为读书及写字、绘画、吟诗的场所。"汲古得修绠"，实际上也是书房，房名取自韩愈的《秋怀》诗"归愚识夷涂，汲古得修绠"，指做学问犹如到深井中去打水，短绳无法打到深井水，要获得高深的学问，必须用修绠。还有"鹤所"，昔日仙鹤放养在假山下，自由自在，与山上青松相伴，构成一幅生动的《松鹤长寿图》，营造了一种颐养天年的图景。

在急剧变化的时代里，盛康反对恪守教条，专注制艺，仿照著名思想家魏源编著的《皇朝经世文编》，从吏政、户政、兵政、工政等八方面收录文选120卷，在子孙的协助下，编辑了《皇朝经世文续编》，希望用经世致用的实学来治理国家和社会，表达了他一生的追求。

1902 年（光绪二十八年），盛康 87 岁，在留园已经整整生活了 26 年，看到儿子盛宣怀已功成名就，于是无牵无挂地驾鹤西去。（见盛承懋：《他们在这儿参悟人生》，《苏州日报》，2016 年 8 月 6 日）

盛宣怀在留园停歇了下来

接着，我的曾祖父盛宣怀成了留园的主人。当时盛宣怀在事业上已经达到了顶峰，留园成了他穿梭于京、津、沪等地途中难得小憩的驿站，也是他在官场、商海中受挫时休养生息的后花园。1906 年（光绪三十二年）他因办汉冶萍公司与张之洞意见相左，流露出"俟得替人可以接手，即当寻桃源入山，唯恐不深矣"之意。

随着朝廷的摇摇欲坠、仕途的频频沉浮，加之老年丧子（我的祖父盛昌颐于 1909 年去世）的隐隐作痛，他在治事之余，除了为筹备愚斋图书馆操心之外，多了一点休闲的心境。辛亥革命后，盛宣怀流亡日本。1913 年回国后，他在给友人的信中说："归国后故园独处，书画自娱，如梦初醒，不欲知秦汉以后事。"留园西部的缘溪行一带的桃源意境，似乎是为他"不欲知秦汉以后事"的心境而特意营构的。而盛宣怀也有了一点时间摆弄园中的花草，以至于后山上的花草长得更加鲜艳、茂盛。经过盛氏两代世祖 30 多年的扩建营造，盛氏留园变得富丽堂皇，泉石之胜、草木之美、亭榭之幽深，盛誉一时。

盛宣怀很想安下心来，长久在留园住下，像他父亲盛康那样，在这里参悟人生。然而世事难料，1916 年 4 月 27 日，盛宣怀在成就了一生的事业之后，在上海静安寺路自己的老公馆里安详地离开了人世，命运未能遂了他的这一心愿。

盛宣怀生前曾遗命"僧衣薄殓"，而家族却违背了他的意愿，决定按当时最大的排场和规矩为他举行厚葬。按照家乡的风俗，家人将盛宣怀的棺椁停放在家中一年半后，到第二年冬至过后（1917

年阴历十一月十八日）才举行出殡仪式。那天午后 1 点，浩浩荡荡的出殡队伍从盛家老公馆出发，将盛宣怀的棺椁送至外滩的轮船招商局金利源码头，在那里又停放了几天，直到 11 月 24 日才用船送至苏州。

而苏州方面，家族事先拓宽了留园马路，上津桥水陆码头也整修一新，在码头上搭有巨大的祭棚。早晨七八点，阊胥一带已人山人海，至 11 时，各城门已阻断不通。（2005 年，苏州动力厂靠上津桥畔，开发商在整地时挖掘出一块青石碑，碑文云："皇清诰授，光禄大夫，太子少保，邮传大臣，武进盛公神道碑。"）盛宣怀的出殡船快接近上津桥水陆码头时，事先准备好的乐队和吹鼓手就吹打了起来，杠夫们抬着灵柩登上岸边，围观的民众越来越多。随后，由警厅骑巡队 16 匹马开路，从北京雇来的 64 名杠夫抬着灵柩紧随其后，家族及苏州各界人士组成的送葬队伍，在乐队和吹鼓手的吹吹打打声中，沿着留园马路将棺椁迎送至留园义庄。

盛宣怀的棺椁被抬到了留园义庄，放进事先筑好的一个厝——用红砖砌成的圆顶小间，此圆顶建筑如同南京明孝陵的无梁殿——的中央。小间不大，棺椁四周有空隙，下面铺有轨道，可以推进推出。还有一扇门，这是防火灾的，因为曾祖父的棺椁要在里面停放两年。

盛宣怀一生忙于事业，没有那么多时间到留园休憩。他的后人考虑到他在世时没有尽兴地在留园休息过，等到过世后想让他好好地在此停歇下来。而且留园边上就是义庄（相当于家祠），所以家人决定让其棺椁在留园多停放一段时间，然后再到老家的墓地入葬。

1920 年阴历二月二十一日，盛宣怀的棺椁由一支庞大的船队运到江阴马镇（现徐霞客镇）一个名为老旸岐的墓园安葬。老旸岐这块墓园是由盛康早年买下的，占地 80 亩。从地形地貌看，一旷平地三面临水，水通运河，而运河又通海，真可谓风水宝地。盛氏盛隆、盛康、盛宣怀三代先祖都先后安葬于这块墓园。

当年留园的园主离开我们已经 100 多年了。然而留园盛景却长留天地间!(见盛承懋:《留园盛景长留天地间》,《新华路时光》,2022 年 1 月 22 日)

2.4 上海斜桥盛公馆

1891 年秋,盛宣怀在常州迎娶了庄夫人。当时盛宣怀仍在山东登莱青兵备道兼烟台东海关监督任上,正逢山东巡抚张曜不幸去世,继任巡抚福润希望盛宣怀把小清河上游的疏浚工作继续承担起来。面对繁重的小清河治理工程,他不便将新婚的庄夫人带往山东,只能将庄夫人暂时安置在苏州天库前自己原先买下的住宅里,由于那儿房屋多,亲戚朋友到苏州都住得下,而盛康居住的留园与天库前距离不远,相互都可以有个照应。

由于轮船招商局与中国电报总局都设置在上海,从长远考虑,盛宣怀认为自己迟早是要回上海的,因此他与庄夫人商议把家安置在上海,并且托人开始在上海静安寺附近购地建房。

1892 年 6 月,已经 48 岁的盛宣怀从登莱青道任上被调补为天津海关道兼海关监督,8 月正式到任。盛宣怀职务的提升,加快了所托之人购地建房的进度。就这样,盛宣怀在静安寺路一带购置了 105 亩地,开始筹建盛家在上海的大本营。

盛宣怀在静安寺路营建的公馆为花园洋房群,公馆前门开在静安寺路(此路始建于 1862 年,1945 年更名南京西路),后门则位于爱文义路(此路始建于 1900 年,1945 年更名为北京西路);公馆西头近斜桥路(此路建于 1894 年,1943 年更名为吴江路),故盛公馆俗称斜桥盛公馆。公馆东端在今成都路以东。

新建的斜桥盛公馆(静安寺路 110 号、111 号)里面分为东花厅和西花厅两处,东花厅在东边,有中式房子,也有洋房,是曾祖父盛宣怀与家眷的住宅;西花厅在西边,全是中式房子,是曾祖父盛宣怀的六弟盛善怀一家的住宅。

东花厅最初入住的,除了盛宣怀与庄夫人之外,还有董夫人留

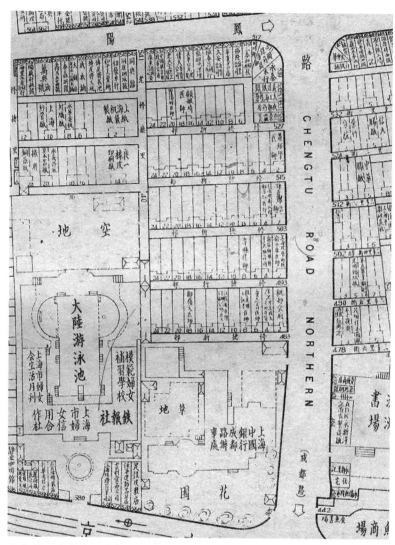

原先盛公馆的范围（1947年地图）

下的两个儿子：昌颐、同颐，三个女儿：长女、次女、三女；还有
盛宣怀的四女稚蕙（刁夫人所生），以及侧室秦氏（1857—1905，
始终未生育）和刘氏（1872—1902）。

那时候，长子昌颐三十出头，并且已经娶了夫人，但是因为他在湖北中了举，任德安知府，尽管公馆安排了他的居室，他在那里待的时间少，有的时候就只有夫人留在家中；三子同颐也已25岁，并且也娶了亲，公馆中当然有他的居室。董夫人所生的三个女儿，当时最小的也已15岁了，即将进入谈婚论嫁的年龄，没过几年长女许配给了嘉兴姚庆韶，次女许配给同邑冯敦干，三女许配给无锡林志伟，所以她们居住在盛公馆的时间都不太长；而刁夫人所生的女儿稚蕙，当时年纪还小，由奶妈一直陪着。

居住在西花厅的盛善怀生于1889年（光绪十五年），比我的曾祖父盛宣怀小了整整45岁。1902年盛康去世的时候，叮嘱曾祖父一定要好好照应这个小弟，所以曾祖父对他这个六弟的关照体贴，远远胜过对自己儿女的关心。

西花厅的建筑全是中式房子。1902年，13岁的盛善怀迎娶了16岁的张钟秀。张钟秀是苏州商务总会总理张履谦（祖籍苏州，两淮大盐商，39岁时以纹银6500两购得苏州拙政园西部的汪宅与花园）的大孙女，她嫁进上海盛公馆时，有凤冠霞帔、十里红妆之盛，抬嫁妆的队伍从"补园"一直排到船码头，抬了一天都抬不完，当地老人说，他们几代人都没见过这样大的排场，这也成为当地的一大新闻。1908年汉冶萍公司成立后，盛善怀在上海汉冶萍公司总部财务科任职。

斜桥盛公馆一开始并不是很热闹，曾祖父刚被任命为天津海关道兼海关监督，他大部分时间在天津处理各项事务；盛昌颐在湖北德安任知府，也有忙不完的事务；盛同颐先是在云南同知直隶州知府任上，后又在湖南直隶州知府任上，几乎常年在外。西花厅盛善怀也还没有入住。老公馆中除了庄夫人带着一批小辈，以及账房、管家、教书先生、佣人等外，显得有点冷清。

1892年12月，盛宣怀与庄夫人所生的恩颐（四子）出生；1893年1月，盛宣怀与侧室刘氏所生的重颐（五子）出生。盛宣怀在多年没有子嗣的情况下，两个月内新添了两个男丁，公馆内的喜庆和热闹是可想而知的，除了奶妈、佣人之外，一下子还增添了几个腿脚勤快的随从，公馆里吃饭的人增加了不少。过了两年，刘氏生了女儿关颐（五女），柳氏又生了女儿静颐（六女）。1896年10月30日，盛宣怀被授予太常寺少卿衔。1897年3月，长子长孙出生，盛宣怀高兴之余，给他取名"毓常"（就是我的父亲），自此盛公馆内拥有了祖孙三代。

1893年10月19日，上海机器织布局被一场大火焚毁。12月8日，盛宣怀奉李鸿章之命"自津抵沪，从事规复织布局重任"。盛昌颐被父亲从湖北召回上海，协助完成重建织布局的重任。于是，盛昌颐将他在湖北的夫人一起带回了公馆。盛公馆一下子似乎有了灵魂，整个大家庭润滑地运转了起来。

在偌大的盛公馆中，当家的是庄夫人，大房、三房、四房、五房都配有管事和佣人，小姐（到了谈婚论嫁的年龄）配有陪嫁丫头。公馆所设的账房称之为"太记账房"，由盛家"老臣"宋德宜掌管，由于他对盛宣怀忠心耿耿，每笔账目清清楚楚，都有交代，减轻了庄夫人不少负担，使得她除了碰到非亲自出马不可的大事之外，一般安于做佛事和做善事。

庄夫人卧室的边上就是香堂，她每天要念上四小时佛经，每逢菩萨的重要祭典时节，她都要亲自到几个寺庙去敬香、参拜。老公馆里常年雇着十几个裁缝和绣工，除了逢年过节为家人做衣服之外，主要是为上海、苏州和常州的寺庙制作绣品，如椅披、台布、帐幔、坐垫、门帘等。受庄夫人的影响，小一辈的女眷也结伴去寺庙敬香、捐"灯油钱"，顺便去外面的世界"散散心"。庄夫人喜欢做善事，夏施凉茶，冬施棉衣，每逢过年就在老公馆后面的自家药房向穷人散钱施药。

过新年是规矩最多的时候，半个月前就忙起来，先在历本上看好大扫除的日子，做彻底的扫除，用鸡毛掸子将房顶上、墙角里的灰尘全部弄掉，再将墙上的灰尘扫清，还要将窗子卸下，屏门也要卸下来冲洗。接着要磨粉、做团子、蒸糕，还有挂神像。大年夜祭祖宗，摆12只供盆（水果、干果、糖果），还要供菜、供酒；祭灶老爷的话，摆12盆素食之外，还要供一只糖元宝，一定要让灶老爷的嘴巴甜甜的，在玉皇大帝面前说好话；初五祭财神的话，除了摆上那些供盆以外，鱼、鸡、肉必须摆上。大年夜吃过年夜饭后，小辈们要到曾祖父那里去辞岁；年初一早上，小辈们就起来梳妆打扮，吃过早饭后，穿着整洁的新衣服，去给曾祖父拜年，陪着曾祖父过新年。

随着儿孙的长大，老公馆内出现了朗朗读书声。家族先是为恩颐、重颐请了家庭教师，后是为毓常等请了家庭教师。从写毛笔字到学四书五经，再到背诵唐诗宋词，他们的学问功底都是不错的。

1901年3月6日，庄夫人生了爱颐（七女），盛宣怀十分喜爱。同年4月17日，柳夫人又生了昇颐（七子）。1904年11月5日，萧夫人生了方颐（八女）。其间柳夫人所生的六子泰颐、八子钧颐先后早殇；而盛昌颐又先后为盛宣怀添了几个孙女，老公馆又忙了起来。

1904年夏秋之际，盛宣怀因忙于铁路、铁厂、赈灾，身体状况急剧恶化，盛昌颐辞去湖北德安职务回到上海老公馆，一直在盛宣怀身边伺候，关心其病情的变化与饮食起居。在他的悉心照料下，盛宣怀的身体逐渐康复，老公馆的生活又恢复了正常运转。

几个儿媳妇待在公馆里有些郁闷，为了消遣时间，买来几只大竹匾，用木架一层层架起来，开始养蚕了。她们白天结伙去采桑叶，夜间为了给蚕再喂一次料，互相提醒着一起起来照看蚕宝宝。到了快结茧的时候，用稻草扎成"山"，将蚕放上去，不久就出现了一大片白净净、亮晶晶的蚕茧。与之相近的，她们还热衷于绣花，找出花样，相互研究，再配出各种颜色的丝线，将这些花样绣在手帕上、桌布上、枕套上，十分漂亮，十分显眼。

儿媳妇和小姐无事的时候，就在家里玩牌，玩"挖花""二十一点"，进而玩"桥牌"。孙女们喜欢跟着长辈到"游艺场"去玩，去喝茶、吃点心、看杂技、看马戏；也有不"收心"的小姐到别人家里去搓麻将、赌钱，甚至连日在人家家里玩得不回家；最可怜的是柳夫人所生的静颐（六女），她出嫁（许配给南浔刘俨庭）后，生了两个女儿，可是得了精神病，在娘家住着。她终日在家中，口里不断地自说自话。她极爱干净，时刻要用肥皂洗手（我小时候曾听父亲讲，她为了爱干净，竟用肥皂水灌肚肠）。

盛昌颐常住老公馆之后，将老公馆隔壁、位于新闸路 1010 号的辛家花园买了下来。辛家花园始建于清末，占地 6670 平方米，园主人为南京巨富辛仲卿。花园里有池塘，可以划小船，还有九曲桥和好几间亭子。后来，盛昌颐欠了盛宣怀一部分钱，将花园给了盛宣怀。1910 年，辛仲卿生意失利，花园大部分产业都被盛宣怀购得。1912 年，康有为曾租赁花园的南半部，并建造起许多建筑，如游存楼、补读楼、闳清院、莲韬馆、闻思斋等，并以部分空地改成花圃及果园等，园中还饲养大龟、袋鼠等珍稀动物，将原来的辛家花园特征大大改变，成为一处更富有海派特色的杂园、奇苑（我在读中学的时候，听父亲讲，曾祖父盛宣怀曾让他给康有为送过信）。1921 年，康有为迁居愚园路 192 号和 194 号的游存庐，地产由盛氏收还，庄夫人将之施予僧家，改建为清凉禅寺，后为新亚药厂所在地（盛宣怀伯父盛应的曾孙盛承楠，曾在新亚药厂当药剂师，抗战期间在重庆昆明经营药业，1949 年去了台湾）。

1909 年 8 月 26 日，盛宣怀长子盛昌颐因时疫不幸去世。昌颐英年早逝，使盛宣怀十分痛惜。昌颐留下了宗夫人与几个小妾，以及一个儿子与六个女儿。盛宣怀做主，将这些小妾和她们的孩子都搬到大家庭中去，那儿的房子很大，像大观园一样。庄夫人具体管事，她将她们幽禁在宅子的深处，每月贴一些钱，有意为难，逼她们自找出路，甚至限制一切，没有一点怜惜。三年孝满，几个小妾都离开了老公馆。庄夫人将昌颐留下的最小的两个女孩，交给她们的大娘宗夫人带。（见盛佩玉：《盛氏家族·邵洵美与我》，人民文学出版社，2004 年）

1910 年，曾祖父盛宣怀在上海斜桥盛公馆的东面拨出一块地（六亩五分），建造中国首家私人公共图书馆——愚斋图书馆。图书馆建筑与场址由盛宣怀亲自规划，布置庭园，工程由通和洋行承办。有意思的是，为了建造图书馆，他竟专门聘请了苏州同里风水先生叶嘉棣，为建造图书馆诹吉："贵签押行辖内东首兴建图书馆大厦，定用壬山丙向兼子午三分，其方位在房（盛行辕秘书处）之正东，合上房（四合院里位置在正面的房屋）之东南。"图书馆起建拟用庚戌年三月初八壬子日巳时（1910 年 4 月 17 日上午 9 时至11 时）动工竖柱，即于是日酉时（下午 5 时至 7 时）高上正梁，取太阳在戌宫，三合照向，大吉大利。"1910 年 10 月，仅仅半年的时间，一座图书馆就落成了，题名"上海图书馆"（以盛宣怀别号"愚斋"冠名是后来的事）。

随着晚清朝廷的摇摇欲坠和自身仕途的频频沉浮，加之老年丧子的隐痛，盛宣怀在治事之余，除了为筹备愚斋图书馆操心之外，渐渐多了一份闲适的心境。从日本返回上海后，盛宣怀在老公馆里替恩颐、重颐、毓常等子孙聘请了英语教师。1913 年春，他下决心送四子恩颐和长孙毓常去英国留学，在他俩身上寄托了很大的希望。与此同时，在汉冶萍公司当外文书记的宋子文向盛宣怀介绍了自己的大姐宋霭龄，给盛宣怀的五女关颐、七女爱颐、八女方颐教英文。之后，盛宣怀又请了一位"老小姐"住在家里，给几个孙女教学，上午四个小时在她身边读书、写字，中饭、晚饭也在一起吃，下午学习时间减少了，温习功课。她一边弹琴一边教女孩们唱歌，还带着孩子们在书房外边的空地上种花，丰富了她们的生活内容。

1916 年 4 月 27 日，盛宣怀在成就了他一生的事业之后，安详地离开了人世。

盛宣怀一生十分辛劳，但是他自己的生活并不奢华，经常会想到穷苦百姓。盛宣怀在晚年曾说："平生最致力者实业而外，唯赈灾一事。"辛亥革命后，他隐迹上海，值各省兵戈旱潦，仍力疾任筹义赈及江皖水利各端。即病榻呻楚中，每口授函电措拨款项。易箦前二日，犹命筹备黑龙江赈需。

盛宣怀去世后，家人按照常州家乡的风俗，将他的棺椁停放在家中一年半，到第二年冬至过后才举行出殡仪式。出殡仪式结束后，压在庄夫人及各房心上的一件大事解决了，但是紧跟着就是分家的问题。此时，老公馆东花厅中居住的大致情况是：庄夫人与

上海斜桥盛公馆旧址

侧室萧氏；大房，宗夫人与一个儿子、四个女儿；三房，同颐与侧室张氏、龚氏（同颐 1919 年去世），无子女；四房，恩颐与夫人孙用慧与两个儿子（其他的子女都是 1918 年以后出生的）；五房，重颐与夫人彭氏，尚无子女；七房，昇颐与夫人吕氏，尚无子女。此外，还有六女静颐（精神病）、七女爱颐、八女方颐尚未许配。共计 20 多人。西花厅住着盛善怀、夫人张钟秀和他们的小女儿范颐（大女儿 19 岁去世）。

随着大家庭分家以及子孙新家庭的诞生，老公馆的人员就越来越少了。盛善怀于 1925 年阴历一月十七日因病去世。1927 年阴历八月二十五日，庄夫人也溘然长逝，这标志着老公馆一个时代的终结。

附记：很多书籍、小报、视频上说："老公馆内，仅佣人就有

277 个，每个孩子都有一个贴身保姆，每一房都有管事、跟班、账房，每位太太、少奶奶又都有一班随从……"这种说法显然有些言过其实。首先，盛宣怀是搞企业出身的，注重经营与成本，庄夫人也是很有经济头脑的人，为了大家庭的运转，多用一些服务人员是自然的，但是有必要这么铺张吗？其次，老公馆内的人数是变动的，刚入住公馆时，盛家总共才十几口人，之后人口增加得很快，但即使在鼎盛时期，盛家老小包括娶进门的夫人，总共也没有超过50 人。第三，公馆中管事的、账房、家庭教师等，不应称之为"佣人"，他们在公馆内是深受上下尊重的，大部分奶妈、贴身保姆与她们所照顾的孩子感情都很深，即使孩子大了仍然如此。管事、账房的小辈与盛宣怀的儿孙也相处得很融洽，如 1937 年我父母去日本时，宋德宜的小辈宋治钧是陪着他们一起去的，后来我父亲经济困难的时候，他还伸出了援手。第四，盛宣怀在世时，大家庭生活一直是保持着的，尽管有分灶吃饭的情况，但都是临时的；至于每房都有"账房"，对于精于治家的庄夫人来说，是不太会允许的。此外，辛亥革命前夕，盛宣怀"逃亡"日本时，家里的老小都分开躲到各地去后，有不少"佣人"主动离开了公馆。特别是盛宣怀出殡完事之后，儿孙中不少在外另立门户，所以，老公馆中的"佣人"自然就减少了。

2.5 上海淮海中路的花园别墅

淮海中路 1517 号为一座大型花园别墅，位于乌鲁木齐南路西，建筑庞大豪华，拥有开阔的花园，园内丛林深郁，草坪开阔，称得上近代上海最为恢宏的住宅之一。现为日本驻上海总领事的官邸。

这座建筑建于 1900 年（光绪二十六年），由一德籍商人出资建造，占地面积 12424 平方米，花园面积为 6349 平方米，建筑面积超过 1700 平方米，属于西方新古典主义风格。建筑为三层砖混结构，主体呈长方形，以罗马古典式庭柱为框架。分主楼与侧翼，立面左右对称，主入口朝南，前有门廊，门廊两侧有塔司干巨柱式的圆弧

上海淮海中路的花园别墅

形柱廊。

　　柱廊作为底层居室前的外廊，顶部则是二层居室的阳台。西入口的跨道门廊用带凹槽的塔司干式柱，檐部用栏杆作为女儿墙，起过渡作用。两排高大庭柱直矗假三层，构成一个高大、宽敞的房厅；北侧同样有若干柱子立于屋面，上塑古朴图案。庭柱和内墙均饰有姿态各异的古希腊神像，乳黄色油彩砖瓦，白柱绿顶。楼梯间用彩色玻璃天棚采光，室内为一色柚木板壁和深色门窗。南面正对花园，花园中建西式园林，园内有大理石砌筑的喷水池，石雕女神像立于喷水池处。当年，此豪宅四周为大花园，草坪很大。

　　此花园别墅原先是一个英国商人的住宅，抗日战争爆发后，他决定回英国，急于要把住宅卖掉，盛宣怀的五子盛重颐得知消息后，斥资将其买了下来。外界都传说此住宅是盛宣怀买下的，

威宣怀　我的曾祖父

后将此处产业作为遗产分给了重颐，其实此时盛宣怀已作古，而重颐之前在外滩开有公司，做地产生意又发了财，于是有足够资金来支付购房所需。至于买进时的费用已难以考证，20世纪40年代末，他以100万美元卖给荣宗敬的儿子荣鸿三。盛重颐将此花园别墅买进卖出，使外界误认为是盛宣怀的作为，实际上，事件的人物与年代相距甚远，社会上以讹传讹，一直将此花园别墅算到了盛宣怀头上。

1949年后，荣家人跑到了国外，房子由国家管理。这里曾是上海市高等教育局和外事办公室所在地；中日两国建交后，曾租赁给日本国驻沪总领事馆使用，后总领事馆迁至虹桥新址，此处成为日本驻沪总领事的官邸。

2.6 北京竹园

在北京城北鼓楼西侧一条幽静的小巷里，有一座中国庭园式建筑，现在被称为"竹园"，也被命名为"盛园"。它就是盛宣怀的私邸。该私邸距离紫禁城3公里，距离天坛13公里，距离颐和园14公里。

目前很难考证盛宣怀是在哪一年拥有这一宅子，花了多少银子，从谁手上买下它，在清王朝灭亡时又是被怎么处置的，但是有一点是可以明确的，即从1896年10月盛宣怀被授予太常寺少卿衔开始，至1911年他流亡日本之前，他每一次到北京办事，都会住在这间私邸里。

该私邸以其独特的中国古典式建筑及优美的庭院式风格，至今仍被人们称颂与赞美。园内楼阁相续，长廊曲折，雕梁画栋，竹林荫翳，假山喷泉，幽静清雅。春季百花争妍，竞吐芳菲；夏秋花果繁盛，彩灯垂檐，翠竹摇风；冬日则苍松傲雪，独具英姿。园中的抚松斋、醉杨轩、阳光餐厅等建筑，装修富丽精美，陈设古雅齐整，有鲜明的明清风格。它们曾是曾祖父办公、会客和举行宴饮活动的最佳场所。

尽管竹园具有典型的北方建筑特色与风格，但是它与盛宣怀在苏州的留园却有某些异曲同工之美，如竹园隐逸在一条幽静的小胡同里，陌生人走过庭园的大门，谁也想象不出，内中会有如此俊美的建筑与庭园；同样，进入留园平淡无奇的石库门，也很难想象如此美妙绝伦的园林艺术会深藏于其中。再如，竹园虽然处在北方的自然环境下，但是游客仍然可以享受到小桥流水、亭栏相依、鸟语花香的情景，甚至可以依稀感受到一丝留园的韵味。

盛宣怀当时承担的职务与实业，使得他的大部分时间要在上海、天津、武汉及国内其他地方奔波。通常只在以下几种情况下，他才会住到北京的竹园里。

一是被皇上召见，他必须提前在竹园做准备或等待。如，1896年10月，皇上召见，奏对关于南北铁路一事；1899年12月，入对，面奉懿旨暂时留京，备随时商询要政；1901年10月，被授予办理商务税事大臣，任务是议办通商各条约，改定进口税制；1905年5月，被召见，面奉皇上垂询卢汉铁路工程及黄河桥工情形。

二是被朝廷嘉奖或晋升，有的时候必须亲自在场，这时候也会住到竹园，并要提前养精蓄锐。如，1896年10月，被授予太常寺少卿衔；1897年12月，被补授大理寺少卿衔；1901年11月，因保护东南地方有功，被赏加太子少保衔；1902年2月，被授为工部左侍郎；1903年4月，皇上召见，命赏福字、匹头、饽饽、肉食；1905年7月，奉谕：着加恩在紫禁城内骑马；1907年，奉召进京，次年任命为邮传部右侍郎；1911年，升为邮传部大臣。

三是盛宣怀主动向皇上上奏折，这种情形往往在竹园待的时间会比较长一些，除了事先拿准备上奏的奏折征求某些上司的意见，对奏折做进一步思考外，等待皇上的召见经常也要花去一些时间。如，1896年11月，上奏《条陈自强大计折》《请设银行片》《请设学堂片》；1900年3月，有人谓电局利权太重，盛宣怀疏陈历办情形，恳将所管各局、厂一律交卸，以让贤能，俾释负荷，保全末路，但未获允准，仍留京会议洋货税则。

四是由于他所担当的职务，一些事必须在北京处理，那当然要在竹园住下来。如 1898 年 12 月，与日本订购淡水海线合同；1901 年 12 月，与英、美所派商务大臣议约专使晤谈；1904 年 1 月，与日本小田切万寿之助签订大冶购运矿石预借 300 万元矿价正合同。

特别要提到的是，盛宣怀与日本小田切万寿之助在竹园有较多的交往。小田切于明治元年出生在日本东北山形县米泽藩一个中级武士家庭，从小跟着父亲学习儒学。《马关条约》签订后，日本急需通晓中国事务的外交官，外务省就将远在美国的小田切调派为驻杭州领事。小田切担任杭州领事后即结识了盛宣怀，他除了负责交涉杭州专管居留地、东南互保外，还签订了大冶购运矿石预借矿价正合同，修订《日清通商航海条约》等。

日俄开战后，各国积极在北京布局，北京一时间成为各国在华信息交换及处理对中国借款问题的重地。为适应新的国际环境，日本政府想借重小田切的中英文能力及在中国的外交经验，于 1905 年 2 月推荐他赴北京，从此小田切作为日本银行团的代表长驻北京，工作重点是处理中日间的借款问题，特别是汉冶萍公司事宜。

小田切办理与中国间的外交及借款问题，主要交涉对象就是盛宣怀，他可以直接进入竹园商讨公务。

日本为了促成中日合办汉冶萍公司，特别重视 1908 年 9 月盛宣怀的访日。盛宣怀这次访日名义上是医治哮喘病，实际上是赴日本考察近代工业化发展。此次行程主要由小田切安排，短短三个月时间，盛宣怀拜会了日本政界、银行界、商界的诸多头面人物。其间，伊藤博文等人建议中国应该学习日本实行铁道国有化政策，后来此举成为辛亥革命的导火线，盛宣怀因此丢官，亡命日本。

新中国成立后，据说董必武同志曾经居住在竹园。"文革"中它又成了康生的"住宅"。改革开放后，这里变成了竹园宾馆，对外开放。

我第一次去竹园，是十多年前的事。我到北京出差，一个从苏州城建环保学院房地产专业毕业的学生说要请我吃饭，就把我和几位老师拉到了竹园，一去才知道竹园与盛氏家族的缘分。学生领

北京竹园

我到挂着曾祖父盛宣怀相片的门口，朝里面望了一下，由于大门上了锁，我看不太清里面的陈设。第二次是在 2012 年 9 月 10 日，因参加母校——北京师范大学 110 周年校庆，并与同学聚会，我在竹园宾馆里预订了席位，正好是挂有曾祖父与我的三位姑婆相片的那一间包厢，我与夫人、北师大的老师和同学在那里吃得很尽兴，餐厅经理知道我是盛家后人，还给餐费打了一个大的折扣。最近一次是在 2015 年 6 月 6 日，去参加空军航空医学研究所离休的二姐夫鲍杭中的葬礼。在送别了二姐夫后，盛氏家族"大房"的部分亲戚一起到竹园宾馆去聚餐，除了大哥盛承志、老弟盛承宪和我三兄弟外，还有二姐盛瑛及其儿子女儿、盛愉（美丽姐姐）的大儿子等。竹园宾馆经理接受了我们带去的礼物——《龙溪盛氏宗谱》。据经理介绍，这是盛宣怀后代到竹园来的人数最多的一次。（见盛承懋：《曾祖父盛宣怀与北京"竹园"》，《苏州日报》，2015年 10 月 27 日）

2.7 江阴马镇的墓居

在晚清时期，江阴是隶属常州府的，所以武进人到江阴活动是顺理成章的事。盛宣怀第一次到江阴是因逃难而去的。1860年（咸丰十年），从镇江南下的太平军逼近常州，16岁的盛宣怀随祖父母逃往江阴长泾镇。然而，江阴县城很快被太平军攻陷，他们不得不渡江逃至苏北的盐城，辗转半年多，最后逃至湖北汉阳父亲盛康的官邸。盛宣怀在江阴长泾镇待的日子虽然不多，但江阴地界的商业氛围给他留下了深刻的印象。

盛宣怀第二次到江阴，是随父亲一起送祖父盛隆的灵柩到江阴入葬。1867年（同治六年）阴历五月二十三日，盛宣怀的祖父盛隆去世。为了安排盛隆的后事，盛康经过比较，最后在江阴马镇（现徐霞客镇）老旸岐村买下80亩地。从地形地貌看，这里一旷平地，三面临水，水通运河，而运河又通海，真可谓风水宝地，盛康决定将该地块作为家族的坟地。不久，盛宣怀与家人一起将祖父的灵柩安葬在马镇老旸岐村墓地。

谁知此后丧事接二连三，在家中受到悉心照料的祖母费氏于当年阴历十月十九日去世，盛宣怀与家人又奔赴江阴，含泪将祖母的棺椁葬于祖父盛隆墓穴的边上；1868年（同治七年）阴历十二月二十六日，盛宣怀的母亲不幸病逝，盛康、盛宣怀父子及家人赶在春节前将其棺椁送至江阴墓地入葬。

那几年盛康在家丁忧，他听取了李鸿章的意见，于1868年7月与顾文彬等人在吴县合伙开了第一家典当行"济大典"，具体业务交由盛宣怀及顾文彬的儿子顾承负责，没想到生意好得出奇，接着他们又在常熟开了另一家典当。

随着吴县、常熟的典当业务逐渐展开，盛宣怀想要将生意进一步扩展，他自然想到了商业氛围较浓的江阴。从1869年（同治八年）起，盛宣怀先后在江阴青阳南弄开设均大典当，在江阴西大街开设济美典当，在江阴城内南锁巷开设源大典当，时称江阴"盛氏三典"。

1870 年（同治九年）下半年，盛宣怀已进入李鸿章幕府，他将主要精力放在处理李鸿章交办的事上，江阴典当的生意没有停歇，通过自己委派的人来办理，实际上仍掌控着各地典当的局面。由于经营管理到位，吴县、常熟、江阴的典当业发展极快。于是，他又在常州、南京、江阴、无锡、宜兴、常熟等地大张旗鼓地开起钱庄、典当来。不到 10 年，盛氏旗下的钱庄、典当有了 30 余家，盛氏私有账号"愚记"的资产高达数百万两白银。

由于盛宣怀在李鸿章身边渐渐进入角色，他在天津、湖北、常州、苏州、上海等地来回奔波，不可能抽出时间再到江阴。1878 年，盛宣怀在天津任候补道。阴历十月，得知董夫人病重后，他急忙请假赶回常州。阴历十一月三日，32 岁的董夫人不幸病逝。与 1868 年盛宣怀母亲病逝相隔 10 年，董夫人的棺椁也被安葬在了江阴盛家墓地。

董夫人去世之后，盛宣怀的爱妾刁玉蓉承担起了家务，她任劳任怨，得到了盛康的认可，成了盛宣怀没有正式夫人头衔的准夫人。刁氏出身贫家，但年轻漂亮，开朗直爽，又精明能干，深得盛宣怀喜爱。那几年，盛宣怀在山东、天津一带做官，有时也把刁氏带去陪伴。两人共同生活了 15 年，直到 1889 年刁氏去世，盛宣怀一直没有续弦。尽管刁夫人没有得到一个正式夫人的名分，但是盛宣怀坚持要将她的棺椁安葬在江阴盛家的墓地，这一决定最终得到了盛康的同意。

时间又过了十多年，1902 年（光绪二十八年）10 月 24 日傍晚，盛宣怀正在上海家中接待来访的客人，突然接到六妹皖娥从苏州发来的电报，获知老父亲盛康已于当天清晨因心脏病突发去世。那年盛康 89 岁，已是风烛残年，随时都有驾鹤西去的可能，因此，盛宣怀收到六妹的电报并不意外。在那个年代，如此高年是不多见的，算是长寿了。

盛宣怀在得知这一噩耗后，除了内心有些伤痛外，很快就想到了"丁忧"。他虽然担心袁世凯会趁他回家守孝的时候接管招商、电报两局，但是丁忧的手续必须办，于是匆匆拟了一份丁忧守孝奏请开去各项差缺的电文，发往京城，又与上海受他管辖的各个总办通了电话，交代了公务上的各项事务，就带着妻儿老小赶赴苏州奔丧了。

盛宣怀带着妻妾儿女赶回苏州的家中后，首先来到父亲盛康的床榻前，磕头致哀。一阵哀哭之后，来到老夫人房间看望躺在病床上的老夫人，并征求老夫人有关父亲丧葬事宜的意见。随后，他就吩咐管家为父亲搭灵棚，发讣告，赶制全家上下的孝服，准备丧葬的各项所需。之后，他又到各位姨娘的住处一一看望，特别是在五弟星怀的母亲冯氏屋里多待了一些时间，正好六妹皖娥也在那儿，陪着她的母亲冯氏。冯姨娘见到了盛宣怀之后，哭得更加伤心了，诉说着自己的种种不幸：自己年纪轻轻，丈夫就走了，唯一的儿子在打仗中又牺牲了，亲生的女儿皖娥也出嫁了，虽说盛康给每人留了一笔钱，但是自己还年轻，身边就没了人，到老了无依无靠怎么办？越说越伤心，盛宣怀只能好言相劝，并对冯姨娘说，以后有困难可以直接找自己，这才劝住了冯姨娘。

盛康曾任二品布政使衔实缺道台，长子盛宣怀又是东南互保的功臣、兼跨官商两界举世闻名的"盛宫保"，所以发了讣告，接受各方吊唁之后，苏州当地官商各界，从江苏巡抚以下悉数致送挽对祭文，登门祭奠。

老友马相伯、马建忠兄弟及郑观应等特地从上海、湖北赶到苏州祭奠，拜会曾祖父盛宣怀。上海各界自上海道台以下，各行各业大老板、各大洋行买办、汇丰银行买办席正甫夫妇、上海各国领事，以及曾祖父所办洋务事业的总办、会办都络绎不绝地赶到苏州吊唁。

特别是南洋公学总办汪凤藻、总提调伍光建、总教习福开森三人，带着四名学生代表来向盛老先生致送一副"思本溯源；造福万代"的挽对。

全国各地的督抚大臣无不发来唁电慰问或派代表来苏州参加丧礼。一时间，盛康的丧葬活动成了苏州街头的主要话题。

"五七"过后，盛康的灵柩由一支船队送往江阴马镇老旸岐村墓地，与 34 年前入葬于墓地的盛宣怀母亲费氏的棺椁安放在同一个墓穴中。

时间又过去了十多年，1916 年 4 月 27 日，曾祖父盛宣怀在成就了他一生的事业之后，在上海的老公馆里安详地离开了人世。曾祖父生前曾遗命"僧衣薄殓"，而家族却违背了他的意愿，决定按当时最大的排场和规矩为他举办葬礼。

按照家乡的风俗，家人将曾祖父的棺椁停放在家中一年半后，到第二年的阴历十一月十八日才举办出殡仪式。出殡那天，上海轰动，各类报纸争相报道，称其规模堪比国葬。

那天午后 1 点，出殡队伍从盛家老公馆出发，先是仪仗队，中为灵柩，后为送葬队伍。曾祖父的灵柩上盖着红缎绣花大棺罩，上缀合金顶，杠夫 64 名，均从北京雇来（据说他们曾为慈禧太后抬过灵柩），步伐极为齐整。送葬队伍三人一辆马车，整个队伍从静安寺路、南京路折入广西路、福州路，直达外滩，蜿蜒三五里之遥。据当年参加过葬礼的人说，先头队伍已经抵达外滩了，而老公馆里的后续队伍还未出完呢！除了自家亲戚朋友，还有招商局、汉冶萍公司、电报局、慈善机构的队伍，浩浩荡荡，走了整整一下午。事后从《盛宣怀档案》中保留的一张汉冶萍公司仪仗队列清单上看出，曾祖父出殡那一天，光是汉冶萍公司就派出 444 名员工，调度、鼓乐、花圈、担抬，各司其职。

出殡队伍所路过的街道，沿途各界均设有路祭棚、路祭桌、茶桌、看台等。所到之处，无不人山人海，热闹非凡。而沿途马路旁边的旅馆、茶肆、饭店和一般的店铺、游乐场所，更是趁机大做生意，排好座位，收取座位票。

江浙巨贾富绅何其多，但是像曾祖父盛宣怀那样对中国近代实业做出如此大贡献的却只有一个。在那几天，沪宁、沪杭铁路的客车生意格外兴隆，车票出售一空，车厢拥挤不堪，挤满了特地赶到上海来观看大出殡的江浙游客。

灵柩从静安寺路的盛公馆发引，送葬队伍途经上海多条繁华的大马路，来到外滩的轮船招商局金利源码头，杠夫将曾祖父盛宣怀

盛宣怀出殡队伍途经上海街道的情景

的灵柩抬上了船，运至苏州。由于排场盛大，队伍杂长，上海总商
会的正副会长朱葆三、沈联芳特地给上海工部局打了一个报告，要
求工部局采取一些措施，保证曾祖父出殡的正常进行。工部局决定
用巡捕为出殡队伍开道，并维持沿途的安全，电车公司暂停沿途电
车行驶半天，以免路途堵塞，引起混乱。

当天下午 1 点，英、美总巡捕麦高云即命令老巡捕房，派出通
班，中西各捕房分赴各路弹压。总巡捕房除派印度马巡，驰往主干
道护送外，还选通班中西各捕，沿途巡护，确保安全，以防滋扰。

曾祖父的灵柩在外滩的轮船招商局金利源码头停放了几天，
1917 年 11 月 24 日才用船送至苏州。

而苏州方面，盛家事先拓宽了留园马路，上津桥水陆码头整修
一新，在码头搭有巨大的祭棚。早晨七八点钟，阊胥一带已人山人
海，至 11 时，各城门已阻断不通。（2005 年，苏州动力厂开发商在
靠上津桥畔整地时挖掘出一块青石碑，碑文隶书："皇清诰授，光

禄大夫，太子少保，邮传大臣，武进盛公神道碑。"）曾祖父的出殡船快接近苏州上津桥水陆码头时，在码头上准备好的苏州乐队和吹鼓手就吹打了起来，杠夫们抬着曾祖父的灵柩，登上了岸边，围观的民众越来越多。随后，由警厅骑巡队16匹马开路，从北京雇来的64名杠夫原班人马抬着曾祖父的灵柩紧随其后，家族及苏州各界送葬队伍沿着留园马路，在乐队和吹鼓手的吹吹打打声中，将棺椁送至留园义庄（由于这次大出殡，留园路也成为苏州历史上最早比较著名的马路之一）。

曾祖父的棺椁被抬到了留园义庄，放在事先筑好的一个厝——用红砖砌成的圆顶的小间，此圆顶建筑如同南京明孝陵的无梁殿——的中央。小间不大，棺椁四周有空隙，下面铺有轨道，可以推进推出。还有一扇门，是防火灾的，因为曾祖父的棺椁在里面要停放两年。

曾祖父盛宣怀生前也闪过想到苏州留园来养老的念头，但事实上他一生忙于事业，没有那么多时间到留园来休憩。他的后人考虑到其在世的时候没有尽兴地到苏州留园来休息过，过世后便想让他好好地在留园停歇下来。而且留园边上就是义庄（相当于家祠），所以家人决定让他的棺椁在留园多停放一段时间，然后再到老家的墓地入葬。

1920年阴历二月二十一日，曾祖父盛宣怀的棺椁由一支庞大的船队，运到江阴马镇老旸岐墓园安葬。

就这样，盛氏十二世盛隆公、十三世盛康公、十四世盛宣怀公及其夫人，先后安葬于江阴马镇老旸岐村这块风水宝地。

新中国成立后，江阴马镇同全国各地农村一样，经历了土地改革、农业合作社、人民公社，老旸岐村80亩的盛家墓地，基本淡出了当地村民的记忆。

1986年，上海交通大学举行90周年校庆，充分肯定了盛宣怀的创校功绩，这好似摘掉了一顶戴在盛氏子孙头上的沉重帽子，于是盛氏子孙开始关注老祖宗的墓地了。20世纪90年代，我与盛氏亲戚曾先后几次去徐霞客镇（即原马镇）老旸岐村，当地村民指着用新土重新垒砌的几个坟包，告诉我们："这就是你们先祖的坟墓。"望着那荒凉的墓地，我心中可谓五味杂陈。此后，地方政府也热情地接待过我，告知政府很欢迎盛氏后人来江阴投资，重修盛氏墓园，发展旅游产业。由于对方对资金的期望太大，像我这样拿工资的教授是无法实现这样的"畅想"的，只能不了了之。

2019年10月24日，我接到毓凤叔的微信，说他上月出席江阴发展大会，地方政府已同意修复原盛家坟园、祠堂。现有盛氏本家企业愿意赞助，并已交苏州蒯祥古建筑公司设计，邀请我一起去设计公司看图纸。

第二天上午，我与他一起赶赴蒯祥古建筑设计公司，在那里见到了出资人国药控股江阴华宏医药有限公司总经理盛龙才与设计公司设计师朱丽春，并随毓凤叔去西园寺拜访了普仁大和尚，拟请他为重修墓园的牌坊题词。

接着，我们与设计师又几次赶赴江阴徐霞客镇老旸岐村盛氏家族墓地，探讨设计图纸的修改完善问题。

龙才总经理是盛氏延三的后人，事业有成，热衷于公益，之前曾花巨资扶持江阴锡剧的传承。当得知盛氏家族墓地、祠堂需要修复时，他便自告奋勇表示愿出资赞助，使事情得以顺利开展。

为了尽快得到政府正式认可，毓凤叔与龙才总经理要求设计公司尽早提交规划图纸，同时让我以"重修盛宣怀墓地筹备组"的名义起草一份报告，将规划图纸送交当地政府审批。在江阴政府和各方的共同努力下，墓园的设计与施工得以不断推进。

由于曾祖父盛宣怀的棺椁是1920年阴历二月二十一日安葬于徐霞客镇老旸岐村坟地的，所以我们希望赶在2020年清明节前完成重修墓园的项目。

2020年1月23日，由于一些原因，墓园的修葺受到了较大的影响。但是在龙才总经理、毓凤叔、设计施工人员的共同努力下，坐落在江阴徐霞客镇老旸岐村的盛宣怀墓园修复工程终于在2020年清明节前得以完成。

修复一新的盛宣怀墓园占地1500平方米，主墓为盛宣怀夫妇合

江阴盛宣怀墓园牌坊　　　　　　　　江阴盛宣怀墓园照壁

葬，侧墓为其祖父及父亲墓，绿树环绕，大气庄重。墓园修复从设计到施工共耗时半年，由盛宣怀嫡孙盛毓凤主持，江阴盛氏宗亲杏荪药业董事长盛龙才协助并资助完成，整个修葺过程得到了江阴市政府和当地镇村的大力支持。真可谓："一代商父墓园重现，百年追思终有所寄！"

2020年4月9日上午9时半，盛龙才总经理，毓凤叔、毓鹤叔，以及常州亲戚盛乐平，盛承懋与夫人陈秀，盛承宪与侄女盛幸，与盛氏江阴宗亲代表一起，举行了隆重的"盛宣怀归葬江阴百年"祭拜追思仪式。

相信重修盛宣怀墓地、筹建盛宣怀纪念馆，将对发掘江阴人文历史，打响江阴人文历史名片，促进江阴旅游文化产业的发展，产生十分积极和深远的意义。

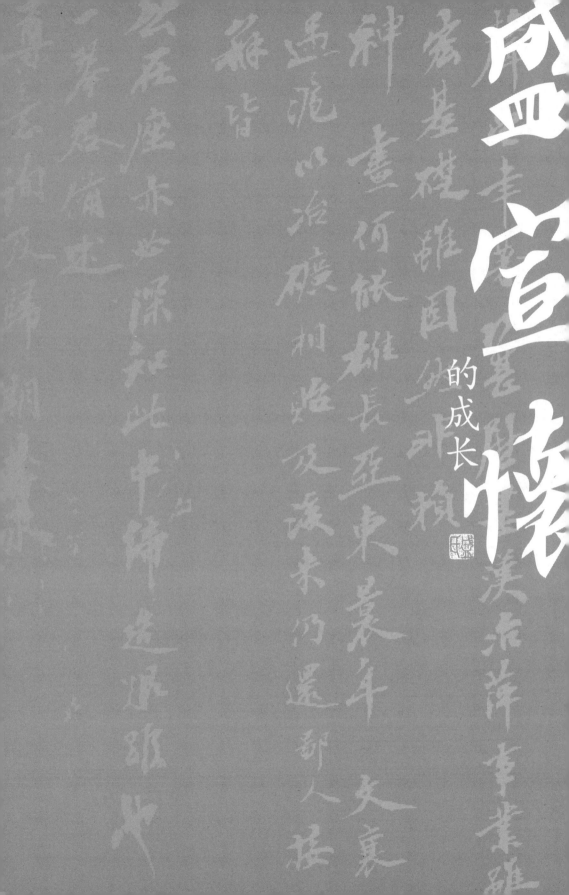

盛宣怀的成长

第3章　盛宣怀的成长

3.1 从小受到"积德行善"的教育

盛氏家族经过时贤、云瑞、洪仁几代的努力，形成了盛氏"经世致用，业精于勤"家风的雏形。到了盛隆、盛康这两代，开始进入常州地方精英阶层，并形成了"经世致用，业精于勤"的家风。

1844 年春天，盛宣怀的祖父盛隆"在安吉官廨，梦旧宅老杏一株，花发如锦，闻（儿媳）方娠，心以为祥"。而那年其父亲盛康"又适捷春闱"，参加春季科举考试，中了进士。11 月，盛宣怀出生，家中大喜，盛隆就给他取名为"杏荪"（见盛同颐等：《杏荪公行述》，《龙溪盛氏宗谱》，2011 年），对他充满期望。

盛宣怀小时候受祖父母的影响很大。盛隆为人正直、朴素，做事深信因果报应。盛隆退休以后在家，像当年嗣父洪仁培养自己那样，倾全力培养盛宣怀，经常向他讲述时贤、洪仁、盛林等先祖重视教育、勤奋向上的思想与事迹。盛隆、盛康通过潜移默化的教育、身体力行的行动，使"经世致用，业精于勤"的家风逐渐在盛宣怀的心中扎下了根。

盛隆经常教诲子孙要多做善事，他辞官回家后，以修宗谱建祠宇、创义田、敬宗收族为己任，晚年犹好学不倦，潜心编纂《人范须知》一书，其中卷五中有《施济》《救荒》两节，收录了大量前人的格言和事迹，既是教育子女，也是规劝世人。他在《龙溪盛氏家谱》中这样教育族人："做好人，眼前觉得不便宜，总算来是大便宜；做不好人，眼前觉得便宜，总算来是大不便宜"，"积善之事无尽，随时随事随心而行之"。

盛宣怀的父亲盛康继承了盛隆"积德行善"的作风，1867 年，在常州除了经营典当、钱庄外，还遵循盛隆的心愿，设义庄，办义学，为族中乡里的穷苦人做慈善的事情。

1871 年，直隶畿辅大水成灾，盛宣怀奉李鸿章之命前去赈灾。盛康得知灾情后，立即慷慨解囊，带头捐赠了两万件棉衣，帮助灾民过冬。他还协助盛宣怀在家乡动员亲戚、朋友、乡绅捐钱捐粮捐物，并让盛宣怀到淮南（盛康曾在安徽庐州做官）、苏南、上海等地去募捐。盛宣怀借助盛康以前老同年、老同事的面子，走街串巷，很快就为直隶劝到了 30 万两白银、50 万石粮食。

1879 年，盛康与刘云樵、姚彦森、恽光业、庄俊甫、董云阶等人共同出资白银 25000 两，在常州创办慈善医疗机构长年医局，向民众施诊送药，这些都为盛宣怀做了榜样。

1892 年，盛康在苏州留园建立义庄，命名为"龙溪盛氏义庄"。祠堂为义庄的一个重要组成部分，坐落在留园大门西侧。留园义庄注重保障族中贫困、老残人员的生活，并立有"赈贫""优老""恤茕""助婚""劝学"等规条。它的一个突出特点是，在宗族提供物质生活保障的同时，非常注重道德教化，也就是把提供物质生活保障与要求遵守传统伦理道德紧密结合起来。这种注重道德教化的倾向，实际上是与古代"范氏义庄"的引领作用分不开的，即对被救助的族人有道德要求。

盛康在留园旁边还设置了"家善堂"，救济苏州遭受苦难的贫苦民众（非针对族人的）。《家善堂章程》共有十条，内容包括"拯难、救急、解衣、推食、恤嫠、悯孤、施医、送药、惜字、放生"，长期在苏州从事救济活动。

盛宣怀在年少的时候尊敬长辈、孝敬父母，祖父、父亲的言传身教使得他从小就对穷苦人很有同情心，逐步养成了助人为乐的品行。

淳朴的常州民风也对盛宣怀起着潜移默化的影响。常州社会十分重视文明道德的传承，为继承家乡先贤的道德风范，常州的藏书家刊刻了《常州先哲遗书》，"萃前辈之精神，为后人之模范"，盛宣怀年轻时就喜欢阅读先贤的教诲。平时，乡里乡亲之间和睦相处，互相关心照顾，逢年过节时，总有人会送些糕团点心、零钱之类的给穷苦的乡邻。盛宣怀看在眼里，记在心里。有一年，临近年三十，住在家附近的一户穷人家里揭不开锅，没钱过年，在家中哭哭啼啼。盛宣怀得知后，就拿了家里的钱和米送过去，并安慰他们，解了他们的燃眉之急。

佛家"慈悲为怀"的思想盛宣怀铭记在心，因而对行善有自己的认识和追求。他晚年有一个名号叫"止叟"，他解释这个名号是从《礼记·大学》中"止于至善"这句话引申来的，并把行善作为他的归宿，至死也要做善事，追求人生的完美。

积德行善成为盛宣怀青少年时代从父辈那里受到的最好的教育，任何一个想为百姓、为社会做出有益的事的人，如果没有这一基本品行，是不可能真正成功的。

3.2 入塾读书，增长知识

由于父亲盛康长年在外做官，年少的盛宣怀更多的是随母亲和祖父母生活。1849 年（道光二十九年），63 岁的盛隆因病从浙江辞官回到常州，见到自己 5 岁的孙子盛宣怀已长得"端凝郎秀，举止如成人"，心中十分喜悦，他对亲朋好友连连称赞自己的孙子："是儿必为伟器！"

于是在祖父盛隆的安排下，盛宣怀很快就入塾读书。除攻读孔孟经书外，盛宣怀还学习了《常州先哲遗书》，祖父编纂的《人范须知》一书也成了他的必读本。盛宣怀对学习充满兴趣，习字与作文是每天的必修课。由于用心与认真，他写得一手好字与好文章。他写的文章既没有空谈、八股的气息，也不是鸟语花香、酒色财气之作，随着少儿时代对气象、生态、自然发生变故的好奇，对家族与亲戚邻里关系的关注，他慢慢开始关注社会的进步、民生的改善和国家的前途，文章立意往往要高出同龄少年一大截。由于文字功底扎实，再加上养成了写文章之前先反复思考，等主题明确、纲目清晰、打好腹稿之后再动笔写的习惯，他最终练就了草拟文稿"万言立就"的好本事。

祖父虽在家养病，但仍每日潜心读书、笔耕不辍，这为盛宣怀树立了勤勉好学的榜样，使盛宣怀从小就养成了读书的习惯。盛氏家谱关于读书的家训说："天下事利害常相伴，唯读书则有利而无害，不问贵贱老幼贫富，读一卷便有一卷之益，读一日便受一日之益，读书变化气质，即资性愚钝，多识几字，习他业亦觉高人一等，非止拾青紫，取荣名已也。"由于家中可读的书籍比一般的家庭来得多，盛宣怀自小就读了不少增长社会与自然知识的书。除了将私塾中遇到的没有搞清的问题向祖父请教外，自己在读书中发现的各种问题、生活中遇到的各种新鲜事，他也喜欢向先生与祖父请教。他从小聪慧好学，言谈举止十分得体，深受长辈及亲朋好友的喜爱，曾被长辈誉为"颖悟洞彻，好深湛之思，质疑问难，塾师或无以对"（见盛同颐等：《杏荪公行述》，《龙溪盛氏宗谱·附录五》，2011 年）。少儿时期的学习，培养了他勤学好问、善于独立思考、打破砂锅问到底的学习精神，众人都认为他将来必成大器。

1850 年冬，父亲盛康在安徽和州（即安徽马鞍山市和县）做官，6 岁的盛宣怀跟着祖父母和母亲前往和州。由江苏常州到安徽和州生活，对少儿时期的盛宣怀来说，好像又打开了一扇窗户，使他得到了很多人生启迪：一是初步拓宽了视野，350 多里的路途，所跨过的江河、农田、丘陵，见到的各式自然风光，旅途中的餐饮、住宿，遇到的各种人际交往，以及安徽和州不同于江苏武进的语言与生活习俗，使得盛宣怀第一次了解到世界之大和事物的错综繁杂。二是能够直接接受父亲的教育，这对一个男孩来说，是起着特殊的榜样与示范作用的。之前对幼小的盛宣怀来说，父亲的形象更多的是来自祖父母的称道、亲戚长辈的夸奖，几乎没有多少直接的感受。来到父亲身边之后，尽管父亲每天仍忙于行政与备战，但重视经世致用、讲究务实的父亲的一言一行、生活作风，对盛宣怀来说，几乎就是言传身教。三是住在父亲级别不算高的官邸内，与住在自己家里有天壤之别，少了许多家长里短、柴米油盐的传话，多了不少衙门事务、战事变化的信息，使幼小的盛宣怀顿时感悟到，做官与当一个普通百姓还是不一样的，两者关心与思考的问题相去甚远，两者身上的责任差别真的很大。当然，父亲仍然安排盛宣怀每日进私塾读书。两年后，太平军逼近安徽，和州告急，盛康有更多的责任要承担，祖父母只好带着盛宣怀返回老家。

伯父盛应是道光癸卯年（1843 年）的举人，历任同知、归安知县、知府衔浙江监试。 1856 年，盛应出任浙江归安（现归湖州市管辖）县令。之前归安县有一个民间传说："张天师不入归安县。"当地人比喻官员："世人不办人事，连妖怪都看不下去了。"但是盛应在归安任职期间勤勉、清廉，其"夫人曹氏随夫居杭城，朴俭持家"，有口皆碑。那年伯父接盛宣怀的祖父母前去暂住，盛宣怀也被带去了。但不到一年，浙西又告急，太平军已攻入浙江，他们又只好再返回故里。1860 年（咸丰十年），太平军攻杭州城时盛应阵亡。

在归安生活以及之后的那段时间里，盛宣怀更多地接触到太平军起义及官军追杀太平军的信息，少年时代的他对社会的动荡、百姓生活的不安定已有了切实的感受，尽管他每天仍在读书，但思考的问题常常不局限在书本上了，而更多的是在现实生活里。当然，他养成的学习习惯，他打下的学习基础，以及他善于发现与思考问题的习惯，对他日后在实业中的发展，都是十分有用的。

3.3 年少时经历的"逃难"生活

19 世纪五六十年代，江浙两省是太平军的主要活动地区，百姓生活在不安定的环境下。盛康任职的安徽和州，由于离太平军定都的天京（江苏江宁，今南京市）很近，随时有被太平军攻陷的危险，于是盛康率部退之庐州（今安徽合肥地区）。可是没有多少时间，庐州也成为军情紧张的地区，随时有可能遭太平军进攻，盛康由于公务在身，加之庐州当地环境也十分险恶，无法顾及远在常州的父母及儿子。

而当时相对稳定的地区是湖北。湖北处于天下之中，武汉又地处长江中段，扼东西南北之咽喉，且处于太平军定都天京的上游。

因此，湖北既是西方列强一心要侵占的战略要地，也是清政府与太平军的必争之地。

清政府在派出曾国藩、李鸿章追剿起义军的同时，下决心要确保湖北的稳固。为此，1855年12月，清政府委派同太平军角逐多年、堪与曾国藩齐名、号称"综核名实，干济冠时"的中兴名臣胡林翼担任湖北巡抚。

1856年，胡林翼率兵克复武昌。1857年，胡林翼派兵支援庐州，经过几番拼杀，盛康随胡林翼的队伍从安徽退入湖北，随后盛康被胡林翼"以全省厘政委之"。

1858年，胡林翼调度李续宾、杨载福督军围攻九江，占领全城。1859年，他又会同曾国藩、多隆阿、鲍超等部击败太平军石达开，捻军张洛行、龚瞎子联军，攻克太湖城，收复潜山。

1860年（咸丰十年），太平军二破江南大营后，清政府在整个长江下游地区已失去最后一支主力。在太平军的猛烈攻势下，江南豪绅地主纷纷逃避到已经形同孤岛的上海。2月，太平军攻破杭州城，盛宣怀的伯父盛应战死沙场，使得全家人充满了恐惧。不久，从镇江南下的太平军又逼近常州，盛宣怀随祖父母逃往江阴长泾镇。然而，江阴县城很快也被太平军攻陷，他们又渡江逃至苏北的盐城。

胡林翼任湖北巡抚后，强调"平吴之策，必先保鄂"，"保鄂必先固汉阳"。他在清剿太平军的同时，放开手脚大抓经济发展，维持社会稳定。他以身作则，积极任用清廉、能干的下属。1860年，盛康被胡林翼委任为湖北粮道。"粮道"在当时是"保鄂"的一个关键职位，只有粮仓满了，百姓太平，军队打仗才有保障，湖北才能稳固。盛康上任后，合理减轻农民负担，及时足额收缴粮食，工作很快有了起色，受到胡林翼的信任。

但是，盛康仍不放心远在苏北盐城的父母及儿子，当他得知父母过着四处逃难的生活，就派人辗转东去，接自己的家人到湖北来团聚。当时盛宣怀16岁，他便随祖父母从盐城到达南通，再由南通航海至宁波，"由金、衢间道出江石，寒暑六阅月，崎岖险阻转达鄂"（见盛同颐等：《杏荪公行述》，《龙溪盛氏宗谱》，2011 年），经浙江、江西、安徽，辗转半年抵达湖北。由于旅途十分艰辛，有时可搭上车马、便船，有时不得不靠双腿徒步，祖父母都已是七十五六岁的老人，16 岁的盛宣怀挑起了大梁，一路上肩扛手提，小心侍奉着祖父母，每到一处首先想方设法为祖父母安排好吃住。经过艰辛的旅途，他们终于到达盛康的任所。

读万卷书不如行万里路。从江苏至湖北，横跨五省，一千几百公里路途的"逃难"生活，打破了盛宣怀平静的诵读孔孟经书的生活。这种颠沛流离的生活环境使青少年时期的盛宣怀对当时社会的动荡、官吏的腐败、底层百姓生活的艰难有了真切的了解，他由此萌发了要身体力行，为国家、为百姓多做有益的事的想法，并且开始意识到要改变国家落后的面貌，只靠诵读孔孟经书可能是行不通的。沿途的山川平原、大江大河，各地百姓的生活习俗，使他增长了知识与才干，拓宽了视野，同时也锤炼了他的意志，此后每当遇到困难时他都能冷静处置，勇于担当，养成了在人生与事业发展中百折不挠的品格。

青少年时代这段"逃难"经历，可以看成盛宣怀整个实业生涯的一个"前奏"，使盛宣怀终身受益。他看问题，谈理想，已经不局限于一地一方，而是有了更远大的抱负，这促使他为了办实业，不惜一生走遍天下。

盛宣怀生活在那样的家庭，从小在吃穿等方面的条件都是不错的，没有受过什么苦，父亲盛康对盛宣怀青少年时代能在社会恶劣的环境中经风浪、见世面，感到很有必要，十分赞赏。

3.4 胡林翼成为青年盛宣怀的偶像

胡林翼（1812—1861，字贶生，号润芝，湖南益阳泉交河人，晚清中兴名臣之一，湘军重要首领）主政湖北的时候，面临的是一个"民物凋敝，官场尽如乞丐"的湖北。如何安抚流民、整顿吏治、振兴经济，成为摆在他面前最重要的政治任务。吏治方面，他多方求取人才，认为"一正士可抵十万金"，使得"湖北面目一新，人才之盛，冠于全国"；经济方面，他从整顿盐政和漕运着手，减轻了百姓负担，将"糜烂众弃之鄂"变为"富强可宗之鄂"，被百姓称为"胡青天"。

盛康竭力为清军筹集粮食与军费，把全部精力放在公务上，保境安民，劳绩卓著。胡林翼知人善任，保奏朝廷。1859年（咸丰九年）3月，盛康被朝廷任命为湖北粮道。

胡林翼带领盛康等一批官员积极整顿吏治，增加厘金税收，革除田赋积弊，剿灭盗贼，湖北大治。据《清史稿》记载："林翼威望日起，官文自知不及，恩假以为重，林翼益推诚相接纳，于是吏治、财政、军事悉听林翼主持，官文画诺而已。不数年，足食、足兵，东南大局，隐然以湖北为之枢。"此后，胡林翼得以援赣、谋皖、图江南，全力支持两江总督曾国藩。

经世致用的思想本就是湖湘文化的精髓。胡林翼从20岁开始就据此指导实践，在治军、主政方面取得骄人成绩，著有《读史兵略》46卷，奏议、书牍10卷等，辑有《胡文忠公遗集》。盛康也十分注重经世致用之学，在急剧变化的时代里，坚定反对恪守教条、专注制艺，他仿照著名思想家魏源所著的《皇朝经世文编》，从吏政、户政、兵政、工政等八方面收录文选120卷，辑有《皇朝经世文续编》一书，希望用经世致用的实学来治理社会。他们两人的治政思想十分投缘。与此同时，盛康也以经世致用思想来教育与启迪年轻的盛宣怀。

胡林翼常年致力于教育，他晚年主讲于长沙城南书院，又在家乡益阳创办箴言书院。咸丰、同治年间，他用自己的俸禄购置图书1337种36261卷，其中经书444种7048卷、史书232种16320卷、碑帖195种117卷。他把全部藏书都运到了箴言书院，供师生阅读。其中有宋元本古籍数种、乾隆刊本《陕甘通志》一套33册。

盛康担任湖北粮道后，进一步得到胡林翼的器重，以布政使衔掌湖北盐法武昌道，兼管全省盐政和武昌首府，是湖北省的首道，地位和责任超过粮道。1861年9月，胡林翼不幸去世，由严树森

（1814—1876，初名澍森，字渭春，四川新繁人，祖籍陕西渭南，道光二十年举人）接任湖北巡抚一职。严不敢有任何松懈与怠慢，仍坚持按胡林翼治鄂的宗旨行事，湖北的政治、经济、军事形势进一步好转。盛康在事业上也更上一层楼。

盛宣怀抵达湖北后，亲眼见到父亲在胡林翼的带领下终日忙于公务，社会风气日新月异。在衙门行事，盛康遵行盛隆"不循情，不爱钱，一副冷面皮，但知执法；勿矜才，勿使气，满腔热心血，总期无刑"的教诲，受到同僚与下属的尊敬。盛康鼓励盛宣怀学习经世致用之学，年轻的盛宣怀也对胡林翼的吏治、财政、军事思想与措施十分钦佩，主动要求父亲提供这方面的著述让他学习。此外，盛宣怀在行动上也处处想以胡林翼和父亲为榜样，淮军在前方追剿起义军，急需粮食与各种物资供应，他便积极参与官府组织的物资筹集与运输活动。湖广总督官文因盛宣怀襄办陕甘后路粮台出力，便向朝廷保奏，奉旨以知府尽先补用。（见夏东元：《盛宣怀传》，四川人民出版社，1988 年）

胡林翼成为青年盛宣怀心中的偶像，湖北的"军务吏治，严明整饬，冠于各行省"，这给了善于"事事研求"的青年盛宣怀多方面的启示，为他日后在湖北乃至全国各地开创实业、发展教育，在思想上奠定了基础。"盖自胡益阳（即胡林翼）、严新繁（即严树森）相继抚鄂，军务吏治号严整。府君（即盛宣怀）研求濡染，遂慨然以济世自期。"（见盛同颐等：《杏荪公行述》，《龙溪盛氏宗谱·附录五》，2011 年）

事实上，胡林翼之才在晚清至民国年间备受推崇。曾国藩曾说："润芝之才胜我十倍。"晚清经学家、文学家王闿运评价："中兴之业，实基自胡。"蔡锷曾编过一册《曾胡治兵语录》，称"曾胡两公，中兴名臣中铮佼者也，其人其事距今仅半个世纪，遗型不远，口碑犹存"。蒋介石则在蔡锷编辑的基础上增补了一个题为《治心》的章节，并评价说："洎乎民国二年失败，吾再将曾国藩与胡林翼诸书集悉心讨究，不禁而叹胡林翼之才识略见，确高出一世，实不愧为当时之名将。"

3.5 私拟《川淮并行之议》

盛宣怀与祖父母抵达湖北之后不久，盛康就被巡抚胡林翼提升为湖北盐法武昌道。有意思的是，从该职位上卸任的顾文彬也是江苏人，之前他们在公事上就有一些交往。

顾文彬（1811—1889），江苏苏州人，1841年（道光二十一年）进士，授刑部主事。1854年（咸丰四年），擢福建司郎中。1856年（咸丰六年），补湖北汉阳知府，又擢武昌盐法道。1870年（同治九年），授浙江宁绍台道。

顾文彬在与盛康的交接过程中，向盛康交代了盐政上的主要事项，并勉励自己的后任、同乡干得更加出色。盛康则意气风发，上任不久就全力整顿盐务，督察辖内吏治，很想有一番作为。但是，他很快就在盐务上遇到了麻烦。首先是两淮盐商向新任盐道的他禀报说："湖北向由户部指定为淮盐行销引地，自从军兴以来，道路梗阻，淮盐销鄂渐少，川盐乘机越界入鄂销售，夺了淮盐大半销场，现在官军节节胜利，淮盐运输逐渐恢复，请求禁止川盐再入鄂省行销。"由于衙门里有内鬼，两淮盐商禀告的内容很快被透露给了川商。不久，盛康的文案前又摆放上了四川盐商的禀呈，说："四川现有自流井等二十四处州县盛产井盐，川鄂毗邻，川盐销鄂乃势所必然。军兴以来，淮盐中断，若非川盐入鄂，后果岂堪设想。近年四川各井旺产，而销地有限，以致盐场存盐堆积如山，资金积压，势难持久，为免影响盐民生活，恳请大人准将鄂省列为川盐引地。"双方都要在新任盐道面前争夺湖北这一引地。

在盐务上，清朝将货物运销凭证称为"引"，将销盐者称为"盐引"，将固定销售的地区称为"引地"。由主管盐政的衙门定期向销盐者颁发凭证，凭证上注明销售的地区、每次销售的数量、销售的有效期限等事项。因此，川、淮盐商都希望新任盐道尽快给他们颁发新的销盐凭证。

盛康做官十余年，应付上司同僚、处理民间事项可以说驾轻就熟，然而对接手不久的盐政却感到有些棘手。按照盛康以往行事的惯例，户部已有规定，湖北自应是淮盐引地。他与师爷商议，想驳回川商的禀文，单独给两淮盐商颁发销盐凭证，但是师爷的一番话让他感到确实有些行不通。原来，川商已在湖北站稳了脚跟，井盐质地虽然不如海盐，但四川至湖北距离近，运输成本低，道路又畅通，不会时有时无，很受省内盐栈的欢迎。如果就此驳回川商的禀文，不仅川商不会同意，就是省内经销川盐的商人也不愿意他们撤出。一方愿卖，一方愿买，官府不是一纸行文就能否定得了的。

盛康正在举棋不定的时候，武昌周边的州县不时传来川、淮盐商为争夺地盘而引起争吵斗殴的消息，甚至发生捣毁盐栈的事端。盐商势大通天，州县的官吏不敢得罪他们，纷纷将肇事的双方推到盐道衙门公断。更有个别财大气粗的川商，花钱收买了抚台衙门的师爷，让他禀报湖北巡抚大人，说是盐商闹事，影响民食，此事已非同小可，新任盐道盛大人应果断处置。抚台大人不明所以，竟发话要盛康好生对待，否则事情闹大了，不好收拾。

盛宣怀由于经常去文案房向几位师爷请教经世致用之学，经常能听到衙门内的人员谈论有关军事、政务及社会上各种重大新闻的信息，川、淮盐商之争的情况自然也逃不过他的耳朵。他一方面有些替父亲着急，另一方面更加留心盐政，常去文案房翻阅历年档案，并向师爷们讨教，对如何解决川、淮盐商之争慢慢有了自己的见解，并私下草拟了一份《川淮并行之议》的材料。

盛宣怀通过查阅资料了解到，两淮盐场包括整个江苏及浙江北部沿海，区域广，产量大，所以户部以往规定淮盐行销江苏、安徽、江西、湖北、湖南、河南6省，都是人口稠密的省份。川盐均为井盐，早年盐井较少，产量不多，户部规定行销四川、西藏、贵州、云南、甘肃等省，除四川以外，都是人口稀少之地。近年，井盐发展到24处州县，产量大增，原有引地消纳不了，自然而然地向邻近的湖北、湖南行销。前几年，淮盐因受战事影响，时有时无，不能满足民间需求，川盐弥补淮盐不足，一举两得。因此，应将湖北定为淮盐与川盐共同的引地。

于是，他将自己的见解讲给父亲听，并大胆地说："为政者只可因势利导，切不可不顾时事推移、历史变化而固执于户部的原规定。"盛康听了儿子一番说辞，虽然知道有道理，但是坦率地告诉他："户部规定乃由朝廷谕旨颁发，彰彰在案，谁人敢违？"

盛宣怀又进一步举出："盐政上两处盐场同在一省行销，事例很多。就按户部规定，河南一省由山东、两淮、长芦三场行销，江苏、安徽由山东、两淮盐场行销，江西、湖南则为广东、两淮共同引地。"意思是说，湖北将川、淮列为共同引地已不是先例，难度应该不是太大。但父亲盛康告知他，要变更规定，必须户部改变朝廷原来的谕旨，不是轻而易举的事。

盛宣怀出于对胡林翼的崇拜，深信将湖北定为淮盐与川盐共同的引地符合湖北的实际，会得到胡林翼的支持。如果父亲请求抚台出奏，抚台一定会向户部据实禀报，倘若户部不准，将来盐商闹出乱子，责在户部；若是父亲知难不进，不向朝廷提出"川淮并行之议"，那么将来闹出事来，只能父亲一人受过。

盛康听了儿子一番话，猛然醒悟。随即禀请抚台转奏朝廷，准予将湖北列为淮盐和川盐共同行销的引地。历时半载，朝廷批复照准，川商欢天喜地，淮商亦无多大反响，盛康了却了一件心事。

盛康按照儿子所提的想法，较好地解决了川、淮争引地的矛盾。于是，本来就很注重经世致用的盛康，越加勉励盛宣怀致力于"有用之学"。

3.6 青年盛宣怀在湖北开阔了视野

处于"军务吏治，严明整饬，冠于各行省"的湖北，与当年被太平军攻陷的苏南地区是两种截然不同的景象，盛宣怀对湖北的社会、官场充满好奇与认同。凭借父亲盛康同官场多方面的关系，他接触到了许多人和事，接触到了社会上的许多实际问题。

盛宣怀在湖北时期去得最多的地方，一是父亲盐道衙门的文案房，说是向几位师爷请教学问，实际上这里是信息来得最多、最快的地方，包括前方战事的消息、筹集运输军饷的信息、官府人员往来与变动的情况、朝廷上有什么重大新闻、汉口租界上的洋人又玩出了什么新花样、社会上发生了什么人命关天的大事，等等；二是武昌江边的滨江花园，盛宣怀和几个年轻人经常结伴到那里去游玩，看到外国轮船日益增多地停靠在江轮码头上，这些外轮除了揽载客货之外，亦运输部分漕粮，少数华商航运公司为了避免交纳捐税，索性与外人互为勾结，采取"诡寄经营"的方式，即华商轮船也悬挂起洋旗在长江内河航行，与此同时，中国历来的木帆船航运业已处在萎靡不振的状态；第三则是汉口的闹市区与洋人在汉口的租界。1739年（乾隆四年），汉口修起了一条石路面，命名为汉正街。1864年（同治三年），郡守钟谦钧在此主持修建了万安巷等新码头，从此汉正街商贾云集，交易兴盛，市场繁荣，被誉为"江湖连接，无地不通，一舟出门，万里唯意"，吸引了四方商旅、八方游客，热闹繁华，盛极一时。于是，本省荆州、孝感各县及外省人口纷纷迁入。汉口租界的洋人也经常到汉正街等闹市区逛街，这些洋人除了给当地百姓带来一些新鲜感之外，他们的生活方式、科技与文化也潜移默化地影响着当地的年轻人，自然也影响着青年盛宣怀。

与社会各方的接触和交流，对盛宣怀早期思想的形成产生了很大的影响。经过湖北这一特殊环境中的观察研究，盛宣怀至少形成了以下一些观念：第一，军务吏治，必须严明整饬，朝廷大臣及各级官员应该像湖北巡抚胡林翼那样，将国家强盛、百姓安居乐业作为自己的首要职责；第二，建立一支训练有素、装备精良的军队，这支军队必须纪律严明，忠于国家和人民，这对抵抗外国势力侵入或维持社会稳定都是十分必要的；第三，军队必须有取之不尽的饷源，才能有精良的装备，才能保障士气，为此，必须采用开源节流等理财方法加以解决；第四，政府应创造条件让百姓休养生息，给人民以生活出路，而欲使国家富强、社会有所进步、人民生活有所提高，应尽早兴办以西方先进科学技术为主要内容的实业。面对长江航道上日渐增多的外国轮船，他开始关注中国何时能创办自己的轮船招商局。

盛宣怀虽然遵照祖父及父亲的教诲认真读书，准备科举应考，但是他面对国家强盛及尽早结束战事的需要，对那些应付考试的书卷已不太感兴趣，而对胡林翼、盛康所提倡的经世致用之学却手不释卷。与此同时，他仍然十分关注新鲜事物。

此时，祖父母都已年近 80 岁了，急着想抱重孙子，催促盛康尽早替盛宣怀张罗婚事。于是，盛家通过媒妁，去汉阳知府董似谷家说亲。董氏家族在晚清时代也是常州的大族，董似谷字蓉初，做过江西粮道，后改任湖北汉阳知府。盛家与董家称得上门当户对，双方的儿女从小都在常州长大，生活习惯一样，而且此时又都在湖北。经过几番往来，盛宣怀与董婉贞于 1862 年秋冬之间完婚。董氏也在湖北与盛家合族生活。

董夫人生于董家这样的大户人家，知书达理，是典型的大家闺秀，与盛宣怀结婚后的最初几年，虽然战乱频仍，生活动荡，但夫妻之间你恩我爱，感情甚笃。1863 年 12 月，长子盛昌颐在湖北出生。

1864 年（同治三年），太平天国运动失败。第二年，盛康就安排盛宣怀先回常州老家，抓紧读书，一旦乡试恢复，即可及时应考。那年，盛康又在苏州置办了部分房产，打算退休之后在苏州定居，于是让盛宣怀到苏州，一边读书，一边负责房屋修缮之事。

3.7 广济武穴，萌发了开矿的意愿

1864 年前后，在盛康湖北的任所，有一次，盛宣怀在父亲衙门的文案房里看到一份文件，内容讲的是湖北广济县向朝廷禀报禁止开挖武穴煤山的缘由与具体做法。

盛宣怀由此第一次注意到湖北各地蕴藏着丰富的煤矿与铁矿，并且他又想到了一系列问题。首先，以自己的家乡江苏武进与湖北相比，家乡到处是水田与河塘，虽然逢到好的年份庄稼收成不错，但是一碰到灾荒与战乱，地里的收获就变得很有限了；而湖北有不少煤山、铁山，那里可藏着宝贵的财富，一旦把煤和铁开采出来，

对国家与百姓都是有用之物。其次，他不明白为什么广济县的官府要禁止开挖武穴煤山，他在长江边上看到，外国的轮船上装了许多洋煤到武汉来，卖给中国的老百姓，而且贵得要命。他想，如果将武穴的煤挖出来，运到武汉去卖给当地人，运输成本低，价格一定会比洋煤便宜得多。此外，他想到武汉街头没事干的农民多得很，这些人每天在街上逛，找不到事做，生活穷困潦倒。如果将这些农民组织到武穴采煤，不是能为他们及家人解决生活困难创造条件吗？为此，盛宣怀将自己对广济县向朝廷禀报文件中的一些不同意见，向文案房的几位师爷表白了一下。当然，他知道自己的见解只能说说而已。

1867年，盛宣怀已经返回江苏。但也许是当年他在文案房向几位师爷说的一番话传到了湖广总督的耳中，加上先前湖广总督因他襄办陕甘后路粮台出力，奉旨以知府尽先补用，所以湖广总督官文保奏，让盛宣怀立即赶回湖北广济考察那里的煤矿。那一年，盛宣怀23岁，他正在苏州一边准备科举考试，一边照看房屋修缮之事，生活相对安定。湖广总督让他到广济考察，当然表明很看重他，这是一次难得的机会。但是，赴广济并不是去游山玩水，那里更没有什么名胜古迹，而是去考察煤山，不仅旅途辛苦，而且要翻山越岭，是一件苦差事；而且这也不是要给他安排什么工作，解决什么就业问题，很多年轻人可能会放弃这种机会，但是盛宣怀深知煤矿开采对国家富强的重要性，希望亲自去那里考察一下，加上天生具有喜欢打破砂锅问到底且身体力行的性格，他毅然去了湖北广济。

通过认真考察，盛宣怀对武穴煤山的蕴藏有了更深入的了解，"乃知其地滨江"，交通比较方便。他又仔细查看了地方志，向当地的官员与百姓请教，"始知该山属官"。这次考察给他的印象很深，他清楚地意识到，煤矿就是财富，国家要富强是离不开煤矿与铁矿这些矿藏的，需要有人将它们开挖出来。他心想，如果朝廷委派我来做此事，我一定会尽全力去做的。尽管当时他尚无能力去开采煤矿，但这次考察为他日后在广济武穴等地发展矿业奠定了必要的基础。由江苏武进折返回湖北广济，再由广济回到家乡武进，又是一千几百公里的路程。湖广总督当时并没有明确表示是否准备组织人马开采广济的煤矿，盛宣怀也无法想象自己对广济武穴的煤矿究竟能否有什么作为。尽管他当时也憧憬着未来的生活与事业，但还没有确定自己人生的第一步究竟应该怎么走，更没有想到他的一生会走上一条"实业强国"的路。然而不能不说，湖北当时的社会环境孕育了他早期的实业思想，开阔了他的视野和胸怀。

3.8 三次乡试榜上无名，从此意绝科举

1864 年，李鸿章率领淮军攻陷苏州、常州等地，和湘军一起基本剿灭了太平军。太平军败退之后，江南逐渐平静，老百姓开始恢复生产。

盛隆、盛康父子自然又开始关心盛宣怀的科举应试之事。1865年初，祖父、父亲让盛宣怀返回家乡，安下心来认真读书，准备迎考。不久，盛康开始在苏州置办房产，于是又让赋闲在家的盛宣怀到苏州，一边读书，一边负责房屋修茸之事。盛宣怀在苏州待了将近一年。虽然他已经娶妻生子，对小家庭有些恋恋不舍，但毕竟年轻力壮，对苏州的社会文化、名胜古迹充满好奇心，同时因为负责房屋修建，对苏州的社会习俗、市场行情、交通地理也摸得一清二楚。这也是盛宣怀青年时期在苏州待得最长的一段时间。

1866 年（同治五年）秋，盛宣怀从苏州返回常州，与弟弟盛寯怀一起参加乡童子试，两人同时中了秀才，合门欢喜，盛宣怀立即写信去向祖父、父亲报喜。

1867 年 6 月，祖父盛隆在湖北走完了他的人生，父亲盛康丁忧，护送盛隆的棺木回到常州。盛宣怀也从苏州赶回常州，为祖父送葬。

盛隆享年 81 岁，一生生有四子及二女。虽然他自己只是举人出身，却十分重视子孙的功名，在他的督促下，长子盛应考中了举人，次子盛康于 1840 年（道光二十年）中举，1844 年（道光

二十四年）考中了进士。

常州历来是人文荟萃之地，清朝以来，仅状元就出了四人，进士更是不计其数。虽然如此，盛氏门中出了新科进士，却是一件前所未有的大事，盛隆十分高兴，但是他去世前最大的愿望就是自己的孙辈也能考出功名来。然而，盛宣怀科举成才的路却走得并不顺畅。从16岁至21岁这个读书的黄金年龄段，盛宣怀先是经历了近一年的逃难生活，到了湖北才安定了一年多，就奉长辈之命结婚生子，再加上当时处于战乱时期，对什么时候恢复科举考试，谁也说不清，在没有明确目标的情况下，读书的效果是会大打折扣的。1865年，他回到家乡，准备参加乡试。1866年，在常州应童子试，中了秀才（见夏东元：《盛宣怀传》，四川人民出版社，1988年）。之后又在苏州、常州两地奔波。1867年6月祖父盛隆去世之后，祖母又一病不起，盛宣怀十分痛心，他把对祖父母的热爱全扑在了祖母一人身上，在家小心伺候着老人。对于科举考试，尽管知道这攸关个人的前途，但他内心对应试要求的那一套学问又不怎么认可，看不出这些学问有多大用处，因此无法全身心投入复习。1867年，他未去参加秋试。1870年科举秋闱之时，因淮军营务处总办杨宗濂举荐，盛宣怀得入李鸿章幕府，任行营文案兼充营务处会办，赴陕甘山区"剿回"，错失了当年的考试机会。1872年4月，李鸿章命盛宣怀策划招商局，盛宣怀提出了《轮船招商章程》，是为轮船招商局第一个章程，随即就开始投入了招商局的筹备事宜。1873年9月9日，李鸿章任命29岁的盛宣怀出任轮船招商局的"会办"。盛宣怀刚到招商局报到，与总办唐廷枢、会办徐润等商量商局的运营之事后，即"应北闱乡试，报罢"（见夏东元：《盛宣怀传》，四川人民出版社，1988年）。

1874年，盛宣怀奉李鸿章密谕"中国地面多有产煤产铁之区，饬即密禀查复"，开始赴湖北广济勘矿、采煤。1875年7月，广济煤矿设厂雇工开挖。1876年，他绝大部分时间在湖北勘矿、开采煤矿。9月上旬，应李鸿章函召由沪到烟台，参与同英使威妥玛议结"滇案"的谈判，签订《中英烟台条约》。随即又匆匆应秋试，不售，

遂绝意科举。（见夏东元：《盛宣怀传》，四川人民出版社，1988 年）

1873 年与 1876 年那两次乡试失败，虽是事出有因，然而盛宣怀的压力仍然很大，因为当时他已经进入李鸿章的幕府，尽管他办事十分干练，从事文案工作有一手好文笔，办轮船、矿务开始受到重用，在李鸿章身边崭露头角，但是他清楚在李鸿章身边有功名的人比比皆是，而自己只是一名候补知府，即便李鸿章想要破格提拔自己，也得思前顾后。

盛康对盛宣怀的教育培养与成材之路，始终坚持实事求是、因材施教的理念，注重经世致用之学。他不强求子女必须走自己的老路，也不强求子女走大多数人认为"成功"的路。在当时的制度下，科举被认为是唯一通向成功的成材之路。盛康一开始显然也认为如此，但是儿子三次乡试未过，在这种情况下，他既没有强求儿子一定要在这条路上走下去，更没有责备他。盛康发现，儿子的兴趣可能是在经济、管理这样一类的学问及运用上，所以他一方面鼓励盛宣怀自学经世致用之学，另一方面鼓励他在实践中锻炼才干，多做于民生、社会和国家有益的实事。

盛宣怀没有考取功名，他虽然厌恶科举制度，但是并不像有些青年那样，一旦考试失利，就认为读书无用，甚至厌恶学习。他在父亲的指引下，更加努力地学习，学习有用之学，学习自己感兴趣、能发挥所长的学问。最后，他又通过朋友的举荐，进入了李鸿章幕府，找到了可以施展自己才干的地方。

3.9 典当、钱庄，增长了实际才干

太平天国运动结束不久，苏锡常一带的难民纷纷返回家乡重建家业，却缺乏资金。时任江苏巡抚的李鸿章是盛康的同年，建议盛康开几家典当、钱庄，定可赚钱。盛康本就因丁忧赋闲在家，听了李鸿章的意见，就积极筹办起此事。

盛康开始在常州修缮房屋，并在苏州置业。之后，又与苏州怡园的主人顾文彬商议起开办典当、钱庄的事宜。由于两人都曾出任

湖北盐法道，所以有许多共同语言，他们决定邀请李鸿裔（举人，官至江苏按察使，著名书画家、收藏家，网师园主人）、吴云（举人，官至苏州知府，著名画家）等人合伙，在苏州、常熟开办典当。

1868 年 7 月，盛家与顾文彬等人合伙的第一家典当行"济大典"就在吴县开张了，没想到生意极好。

典当刚办的时候，顾文彬还在宁绍台道员任上，盛康也在杭州任上，典当行的日常管理由顾文彬的儿子顾承与盛宣怀负责。但是顾文彬对盛宣怀却不大放心，由于盛宣怀有主见，办事果敢，顾文彬总觉得盛宣怀大权独揽，独断专行，生怕顾家吃了亏。

随着吴县、常熟的典当业务逐渐展开，从 1869 年（同治八年）起，盛宣怀又先后在江阴（当时江阴属常州府管辖）青阳南弄开设均大典当，在江阴西大街开设济美典当，在江阴城内南锁巷开设源大典当，拥有资金 20 万两，时称江阴"盛氏三典"。

1870 年（同治九年）下半年，盛宣怀已进入李鸿章幕府，吴县、常熟、江阴典当的生意则通过自己委派的人来办理，继续掌控着典当的局面。盛宣怀对店员要求很严，提出四字"勤、谨、廉、谦"，规定五不"不准吸烟，不准赌博，不准宿妓，不准在本典当行当衣物，不准私自借用抵押品"，如有违反，"查出立辞"。由于经营管理到位，吴县、常熟、江阴的典当业务发展极快。

1873 年（同治十二年）阴历四月，轮船招商局招募商股，盛宣怀认领了 50 万串商股，分两次从苏州、常熟的典当行中提款，至上海轮船招商局去参股。1874 年（同治十三年），直隶总督李鸿章为抗击日军，欲购买铁甲船，筹备了巨款。由于铁甲船尚未正式成交，这笔巨款搁置在那里无法增值，李鸿章就让盛宣怀将天津这笔总计 80 万串（合白银 54 万两）的巨额官款存于苏州的典当行。此外，李鸿章准允轮船招商局从直隶练饷局借用官款 20 万串（合白银 13.5 万两），年息 7 厘，除预缴利息外，实领 18.8 万串，盛宣怀将这些巨款也存于典当行了。

盛宣怀从天津领回的巨额官款，由江苏布政使行文，令分存于苏州、常熟的四家典当行。顾文彬也是典当行的股东，做事谨慎又怕事，唯恐另外几位股东吃了亏，又担心一旦战争爆发，盛宣怀所领的天津巨款立时要提，典当行有崩盘之虞，意欲将股份抽出，"自己立开"。不过，由于盛宣怀把各人名下的股份账目理得很清楚，并且承诺"有祸伊一处独当"，减少了各种阻力。此外，盛宣怀对购买铁甲船的巨款也妥善安排，因为他作为李鸿章的机要秘书，对这些巨款可以存放多长时间、什么时候要动用多少、如遇突发情况如何处置，已经有了准备，因此心里并不紧张，借此减缓了顾文彬等人的担忧。

1875 年（光绪元年）1 月，典当行终于拆账，顾文彬、李鸿裔、吴云的股份与盛氏分开，济大典成了盛宣怀独资开设的第一家典当。顾文彬虽对盛宣怀大权独揽不满，但还是由衷地称道盛宣怀卓越的才干。1874 年（同治十三年）11 月，顾文彬在致顾承的家书中赞叹："济兴事仍归杏荪（指盛宣怀）办理，妥当之至。此君虽年轻，而办事居然老辣，子弟有此才干，真可爱也。此事既办妥，现在别无要事，汝正可安心静养。"

盛康、盛宣怀接下来在苏州、常州、南京、江阴、无锡、宜兴、常熟等地开起了一批典当。不到 10 年，盛氏旗下的典当已达 30 多家。典当业的经营与钱庄是分不开的，盛氏家族于是又集资开起了钱庄。本钱和利润从钱庄流到典当，又从典当流回钱庄。

盛宣怀在苏州等地与人合办典当、钱庄，增长了才干，这充分锻炼了他在金融理财方面的能力，也使他积累了苏州等地上层社会的关系和人脉，为他日后创办各项实业及中国通商银行奠定了基础。

3.10 青年盛宣怀对未来充满着梦想

在父亲盛康的认识里，儿子盛宣怀虽然人品不错，办事又很干练，但是在地方上长期经办典当总不是个事。1870 年（同治九年）春，他通过京里的一位同年替盛宣怀谋到了一份差使——福州船政局船政大臣沈葆桢那里需要一名办理文案的助手，便让盛宣怀抓紧赴福州上任，免得夜长梦多。盛宣怀对这份差使自然是同意的，随即就安排好苏州等地典当的事宜，准备尽早启程。

正在此时，盛康又收到自己的老朋友、淮军营务处总办杨宗濂的来信，告知他李鸿章淮军西征，正急需增加人手，建议他把儿子盛宣怀送出来。杨宗濂的父亲杨延俊，与李鸿章是同年进士，二人交情甚笃，他们虽然比盛康晚了两科，但是自老一辈起就是通家之好。杨延俊去世之后，李鸿章就把杨宗濂带进了自己的幕府，让他们在战事中经受历练。杨宗濂先在刘铭传麾下总管粮台，后任淮军营务处总办。

当时，杨宗濂正随李鸿章西征进入陕西，他感觉李鸿章身边缺少人手，于是就想到了正闲在家中的盛宣怀。由于之前他几次见过盛宣怀，对其十分赏识，又知道盛宣怀曾经为他父亲办理过文案，还襄办过西征粮饷，因而认为盛宣怀办事精明能干，是个难得的人才，正是淮军西征急需的人才。

盛康接到杨宗濂的来信以后，有些犹豫不决，究竟是让儿子到沈宫保（即沈葆桢）那里，还是让他投奔到李鸿章的门下？因为他清楚地知道，盛宣怀仅仅通过了乡试，身上虽然有一个候补道的身份，可是朝廷上下的候补道多如牛毛，更何况盛宣怀还只是一个候补知府。一个候补官员要谋到一份长远的差使，可以说是难上加难。现在李鸿章那里军事吃紧，急需帮手，但是一旦军事结束后，李鸿章能不能将他留下还是一个问题；而沈宫保那里，因一直受到皇上圣恩，跟着他，得到一份"实授"是不成问题的。所以，盛康主观的想法是让盛宣怀到福州去，他生怕沈宫保那里的差使又被别人推荐的人顶了去，所以催促盛宣怀下决心，照自己的意见办。

可是，盛宣怀经过湖北、苏州的见识与历练，已是一个很有主见的人了。首先，他对李鸿章的淮军有好感。当年淮军在前方追剿起义军，急需粮食与各种物资供应，盛宣怀积极参与湖北官府组织的物资筹集与运输活动，为此，湖广总督官文因他襄办陕甘后路粮台出力，出面为其保奏，朝廷随后下旨以知府尽先补用。李鸿章在壮大淮军实力的过程中，积极创办江南制造局等洋务企业，盛宣怀是十分钦佩的。其次，他从父亲以及与父亲经常有往来的人那里知道了不少为官之道，对沈葆桢与李鸿章在官场上的地位以及未来的前途有自己的见解。他知道沈葆桢与李鸿章原先都是曾国藩的门生，沈葆桢一开始从在湘军办营务，到出任广信知府，再到被破格提拔为江西巡抚，一路上都是受到曾国藩保举的，然而因厘卡一事（即办理军饷的做法），却和曾国藩发生了矛盾，不久便离任回福建原籍养病。闽浙总督左宗棠主政福建之后，沈葆桢又成了左宗棠的门下。1866年（同治五年），左宗棠调任陕甘总督之前，向朝廷举荐沈葆桢出任船政大臣，主政福州船政局。尽管朝廷明确船政大臣一职等同于各省巡抚，但它们之间孰轻孰重，大家心中都是有数的。更不用说，只要曾国藩在一天，沈葆桢的官职就很难再得到晋升。

杨宗濂当然无法与沈葆桢相比，但他是淮军统帅李鸿章相当倚重的属员之一。李鸿章此次是以湖广总督协办大学士的身份督军援陕的，朝廷又特别给李鸿章加上了钦差大臣的头衔，使其成为当时最年轻的协办大学士，足见李统帅的发展后劲。

杨家与盛家是世交，杨宗濂跟随李鸿章多年，他手下的能员也不见得少，凭盛康父子对他的了解，若不是有大的困难，若不是杨真对盛宣怀很赏识，也不见得会千里迢迢来信，让盛宣怀投奔到李鸿章门下。

盛宣怀对父亲说，曾国藩、左宗棠、李鸿章是当今大清国风头最劲的三位重臣，李鸿章又最年轻有为，况且父亲与李统帅过去又有些交往，如果自己在李鸿章门下认真行事，日后的前途应该是无可估量的。盛宣怀终于说服了父亲，风尘仆仆地赶赴淮军营务处。

3.11 经受淮军西征后勤保障工作的历练

1870年春，盛宣怀初到李鸿章麾下，正是李率军北上围剿捻军的紧张阶段。最初，盛宣怀承担淮军的后勤保障工作，协助杨宗濂调运前线急需的粮草、帐篷、枪械、弹药等军需物资。但陕西山路居多，山高路窄，道路崎岖，到处都是羊肠小道，致使物资运输经常受阻，十分困难，甚至贻误了战机。面对这种情况，盛宣怀一方面积极投入调运工作，一方面又开动脑筋，为杨宗濂出主意。他将前方所需的物资分轻重缓急，合理安排运输次序，优先保障最急需物资的供应，使前方将士增强了战斗力，减少了因缺乏物资而造成的伤亡，很快就缓解了物资供应不足的窘况，杨宗濂对盛宣怀的做法赞赏有加，这事也传到了李鸿章的耳中。不仅如此，盛宣怀还主动分担杨宗濂的文案工作，帮助其草拟李鸿章委派的有关奏折。盛宣怀青年时代在湖北时，就经常帮父亲盛康料理文牍上的事，练就了一手好文笔，因此他代为草拟的奏折很快就得到了李鸿章的赞赏。

李鸿章随即委派盛宣怀担任行营文案兼充营务处会办（相当于机要秘书）。盛宣怀办事一贯事必躬亲，他实事求是、讲究实效、精明强干、吃苦耐劳的作风，很快就得到了李鸿章的称赞。据当时留下的记载称，盛宣怀"在晋、陕等省的山川中跋涉，甘之如饴。'盛夏炎暑，日驰骋数十百里'，而不辞劳顿；草拟文稿，'万言立就'。'同官'固然'皆敛手推服'，李鸿章对这位世侄也刮目相看"（见夏东元：《盛宣怀传》，四川人民出版社，1988年）。

不久，天津教案（即1870年天津部分民众为反对天主教会在法国"保教国"武力庇护下肆行宣教，攻击天主教教会机构，造成数十人被谋杀，引起教会动用武力，外国军舰开赴天津的外交事件）发生，列强以陈兵海上相威胁，清政府将李鸿章及其所部淮军从西北"剿回"前线调回直隶，以防沿海不测之变。盛宣怀跟随李鸿章赴津，由陕西而入山西，"涉函关，历太行，尽揽山川扼塞形胜"之外，沿途与李部将领郭松林、周盛传等研讨兵事谋略，开阔了眼界，自此历练日深，声誉日起。没过多久，盛宣怀即被任命为陕甘后路粮台和淮军后路营务处会办。

李鸿章的部队行至半路时，又接到圣谕："直隶总督，着李鸿章调补；两江总督，着曾国藩调补。"事实上，当李鸿章带着一批幕僚赶到天津时，天津教案已在曾国藩的妥协之下接近尾声：天津道、府、县等在事官员、百姓 20 余人，均被革职拿问，并重修被毁教堂；向法国等国赔偿抚恤费 50 余万两，派大臣远赴法国道歉。李鸿章不费吹灰之力就获得了直隶总督的职位。

盛宣怀所担任的陕甘后路粮台和淮军后路营务处会办这项工作，使他可以凭借职务之便往来于津、沪等地，采办军需等物品，不仅工作卓有成效，而且在津、沪接触到很多人、很多新鲜事物，还有很多新技术、新思想。随后，盛宣怀的职衔很快提升，从军才一年多，即被荐升知府，道员衔，获赏花翎二品顶戴的荣誉。随着淮军的进一步壮大，对军费、物资的需求日益增多，盛宣怀认为，只有办实业才能为军队筹集更多的经费，中国要强盛，最迫切的也是发展实业。

在 1870 年进入李鸿章幕府后的一年多里，盛宣怀渐渐确立了"图富强，尤重外交、兵备"，"辅以路、矿、电线、航船诸大端为立国之要"的奋斗目标。

盛宣怀

创实业

上海外滩9号原轮船招商局的办公大楼

第4章 盛宣怀创实业

4.1 轮船招商局，陪伴了盛宣怀的整个实业生涯

1870年，曾祖父盛宣怀入李鸿章幕府，深得李鸿章器重。当时盛宣怀认为中国要强盛，最迫切的是发展资本主义工商业。他建议李鸿章用建造商船来提供建造兵舰的费用，被李采纳。1872年，我国沿海和长江航运被英、美两国航运公司垄断，为了争夺中国在航运领域的权益，盛宣怀开始筹办中国轮船招商局。

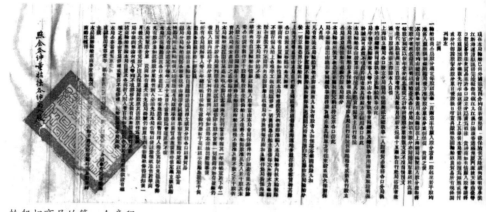

轮船招商局的第一个章程

1872 年 4 月，奉命草拟《轮船章程》

1872 年 4 月，李鸿章命盛宣怀策划招商局章程。盛宣怀草拟了《轮船章程》，这是他办理轮船航运的开始。此时，他已认识到：（1）使用先进的轮船运输客货是中国社会发展的需要，是"必不能废之物"；（2）轮船航运业的利权不能"全让外人"，而应收回自办，必须与洋商争利；（3）洋人能办好的事，中国人也一定能办好，洋人之"智"未必"足多"，应该勇敢创办并经营好轮船公司（见夏东元著：《盛宣怀传》，四川人民出版社，1988 年）。盛宣怀在为轮船招商局所拟的第一个章程中，主张轮船招商应"商本商办"，这符合资本主义工商企业经营的要求，然而这个主张并不符合李鸿章"官督商办"的原则。李鸿章在 1872 年 12 月 23 日给总理衙门递交的关于建立中国轮船招商局的报告中，仍明确坚持"官督商办"的基本概念："目下既无官造商船在内，自毋庸官商合办，应仍官督商办，由官总其大纲，察其利弊，而听该商董等自立条议，悦服众商。"

1872 年 10 月，受李鸿章令，朱其昂带着弟弟朱其诏到上海筹建轮船招商公局。朱其昂原为江苏宝山（今属上海）一个普通的富裕家庭子弟，因为个头矮小，少时常受乡里欺负，但他志向远大，决定干一番大事业，未满二十岁便倾其所有，与人合伙在上海十六铺开铺办南北洋贸易，每年出海三次，积攒下万把两银子。后与人拆伙，和弟弟朱其诏省吃俭用，订造了大沙船。

1873 年 1 月 14 日，轮船招商公局正式开始营业。这是洋务运动中由军工企业转向兼办民用企业、由官办转向官督商办的第一个企业。其中官股 10 万两，朱其昂、朱其诏兄弟各 10 万两，李鸿章 5 万两，轮船 4 艘，以及一项运输江浙 20 万石漕粮的专利权。

为了拓展航运业务，1873 年 1 月，朱其昂从英国订购了"伊敦号"轮船，不久轮船招商公局就开启了近海的航运业务。

然而，官办轮运是不可能持久的。首先，单靠运输漕粮，不揽载客货，起不到与洋商争利的作用；其次，官办轮运很难招徕商股于自己的名下，尤其很难使已经依附于洋商者转而依附于自己。尽管清政府拨款 20 万串以"示信于众商"，商人还是难以信任。

1873 年轮船招商公局从英国购买"伊敦号"轮船，开启近海航运

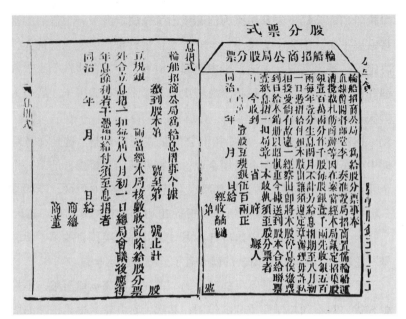

轮船招商公局最早发行的股票

1873年，轮船招商公局从英国购买"伊敦号"轮船，开启近海航运。朱其昂负责轮船招商公局运营，尤其试图说服胡雪岩带头入股，但是没有得到响应。上海商人担心"官督"之下，商股权利无保。至1873年4月，朱其昂只筹集到了1万两的现款和10万两的认购承诺。果然，轮船招商公局开办时间不长，就筹议改变官办的局面。

由于招募商股不成功，由朱其昂任总办（或称督办）的轮船招商公局还不是一个真正的"官督商办"企业，而是如朱其昂为其所定的"轮船招商公局"这一名称所示，是一个官办企业。于是，李鸿章决定将轮船招商公局改组为官督商办，并从名称中去掉了"公"字。

1873年初，李鸿章指派盛宣怀为轮船招商局重新起草章程。

盛宣怀这次所拟章程的条目，如"委任宜专""商本宜充""公司宜立""轮船宜先后分领""租价宜酬定""海运宜分与装运"等六款（见盛档，盛宣怀拟《轮船章程》，同治十一年冬），充分体现了盛宣怀"筹国计必先顾商情"的观念，尤其是贯穿着他"为商人设身处地"的思想。

1873 年 9 月任轮船招商局会办

1873 年 9 月 9 日（阴历七月十八日），李鸿章签署了一份文件——《札饬盛宣怀入局》。这是一份委任状，任命 29 岁的盛宣怀出任轮船招商局的会办（副总经理）。这是继之前任命唐廷枢出任总办（总经理）、朱其昂留任会办之后，第三个到位的高管。一个月后，李鸿章又任命徐润担任会办。至此，改制后的招商局形成了由唐廷枢、徐润、朱其昂、盛宣怀四人组成的领导班子。其中，唐为外资洋行背景，朱为漕粮北运代表，盛为李鸿章代表，徐为具有买办背景的国内工商业主代表。

唐廷枢与徐润均为广东香山县（二人的出生地今均属珠海市）人氏。唐廷枢是中国第一位近代企业家，既有管理经验，又有资本和人脉，李鸿章请其出马，接手轮船招商局，就是看中其丰厚的资源；徐润自 15 岁就随其叔父、著名买办徐荣村到上海，进入英商宝顺洋行当学徒，此时他已在商海里打拼了 20 年，也有了相当的积累和成就。朱其昂在盛宣怀年仅 12 岁（1856 年）时，就已经从事海运，后来成为沙船行业的大鳄，在官商两界都很吃得开，他也是李鸿章最初选择主导轮船招商局的对象，但他毕竟不适应新式企业，导致经营亏损。李鸿章决心对公司进行改制，但依然请其留任会办。朱其昂的弟弟朱其诏，自轮船招商局创办起，就一直参与其间，此次改制后，也继续留在公司内，不久朱其昂去世，朱其诏便接任兄长的会办之职。

轮船招商局当时核定的股本为白银 100 万两，每股 100 两，对社会招商入股，徐润附股 24 万两，盛宣怀也认领了 50 万串商股。他先后两次到苏州与常熟，从其与顾文彬等合开的典当行中提款，

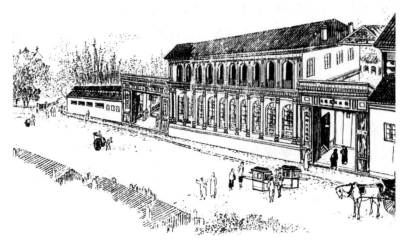

1873年8月7日，轮船招商局搬入上海三马路（今汉口路）的新办公楼（图为石版画《招商总局》）

至上海轮船招商局参股。1873年8月7日，公司迁至上海三马路新址，改名为"轮船招商总局"。除上海总局外，还设立了天津、牛庄、烟台、福州、厦门、广州、香港、汕头、宁波、镇江、九江、汉口及国外的长崎、横滨、神户、新加坡、槟榔屿、安南、吕宋等19个分局。

　　盛宣怀作为招商局新的领导班子成员，李鸿章对他的工作安排是相当特殊的。李鸿章确定了由盛宣怀参与办理漕运、揽载及招商局的一切"规划事宜"。对此，李鸿章身边的要员沈能虎曾解释，盛宣怀在招商局"只此二语，全权在握"。不少研究者据此也认定盛宣怀在招商局握有全权，实际有些言过其实。唐廷枢他们希望盛宣怀负责漕运之事，这既是商品调剂，更是国家战备粮的储备，而漕运交给招商局，也是李鸿章对这家公司予以特别扶持的表现。对于这个新班子，李鸿章本人是很得意的，他说："在事五人（包括朱其诏），本极一时之选。"但是，不知是李鸿章有意安排，还是无心为之，招商局的四人班子中，正好两个广东人、两个江苏人。他们之间是否因地域差异而造成某些隔阂，外人不得而知。表面上，唐、徐与朱、盛似乎成了两派，但在坚持"商本商办"的观念上，唐与盛基本是一致的，朱其诏则主张"商本官办"或"官本官办"，这种理念上的矛盾成为招商局初期最大的内部问题。（见雪珥：《权商盛宣怀》，《搜狐财经专栏》）

盛宣怀虽然只是轮船招商局的会办，但由于他兼管漕运、揽载二事的特殊身份，加之他坚持按市场原则办企业，故在招商局起着举足轻重的作用，从此正式成为清末洋务运动的核心人物之一。

为并购美商旗昌做出重要贡献

轮船招商局成立之初，面对的强劲对手是历史悠久、实力强盛的美国旗昌轮船公司与英资太古洋行，这两家垄断了中国航运业，竞争极为激烈。旗昌看到招商的"规模日见恢宏"，就打起价格战，把货物的运费减至七成、六成甚至一半，而招商局面对旗昌的倾挤，官商协力，克服重重困难，在中国自己的水域内与洋商进行激烈的竞争。旗昌终于在竞争中败下阵来，股票面值跌掉了30%，打算退出中国的内河航运业务。1876年底，旗昌通过中介人与招商局的徐润接洽，试探招商局是否愿意收购。1877年1月，由唐廷枢代表轮船招商局与美国旗昌轮船公司签订正式合同，招商局以总价222万两银子买下旗昌的所有产业，包括7艘海轮、9艘江轮及各种趸船、驳船、码头、栈房和位于上海外滩9号的办公大楼等，成为当时国内规模最大的轮船公司。收购旗昌的合同规定，轮船招商局必须在1877年3月向旗昌支付白银120万两，其余的在以后五年内分期支付。

然而当时轮船招商局只有11艘轮船在营运，全部资本才75万两，负责接洽的徐润在合同即将签订时十分着急，而当时唐、盛均不在上海。徐润一方面派人去福建让唐廷枢回来，一方面又亲自赶到湖北武穴与盛宣怀商议。在盛宣怀的游说下，招商局先从两江总督沈葆桢那里借到一笔款子，再由盛宣怀同李鸿章商议，请朝廷让浙江、江西、湖北分别拨出一部分款子，这才解决了招商收购旗昌的资金问题。这是中国近代史上第一个成功的中资企业并购外资企业的案例。

提出八条整顿意见，使招商局站稳脚跟

1873 年的改组，实际是轮船招商局作为股份制企业的真正组建，这时开始有唐廷枢、徐润等资本雄厚的买办进入。重新修订的公司章程规定，将股份较大者公举入局作为董事，在主要港口协助总董经营业务；每百股推举一名董事，在所有董事之中推举一位总董；董事各管理一个设在各港口的分局，由总局给予任命证书，这些分局的董事可以自聘其职员；各个分局除按月领取经费之外，从1879 年起，每个分局可以留取其出口运费收入的 4% 和进口或转运运费收入的 1%。在这种制度下，负责各分局的董事实际成了轮船招商局的佣金代理人，他们与轮船招商局之间类似于承包关系，分局自身则像一个家族企业。

招商局在并购旗昌之后，"洋商争衡"并未平息，却进一步加剧了。1877 年 12 月 26 日，轮船招商局与两家英资轮船公司怡和洋行和太古洋行达成协定，共同经营中国水运事业。由于招商局在制度上落后于对手，英资轮船公司不久重新占据了主导地位。

盛宣怀于是采取知己知彼、针锋相对的策略，终于使招商站稳了脚跟。在此条件下，他针对招商局的问题提出八条整顿意见："船旧应将保险利息摊折""商股应推广招徕""息项应尽数均摊""员董应轮流驻局经理""员董应酌量提给薪水""总账应由驻局各员综核盖戳"等。这八条整顿意见，基本上是科学管理近代企业的意见，大多数被招商局所采用（见夏东元：《盛宣怀传》，四川人民出版社，1988 年）。在此基础上，盛宣怀强调要使招商局得以发展，必须购造新式轮船，并竭力推行之；其次，在任用洋人管事的问题上，他认为一些关键的岗位上应用华人，更没有必要出重资在一些岗位上安排可有可无的洋人；此外，招商局"任用私人"的弊端也十分突出，由此，盛宣怀提出：凡局员之亲戚本家，"无论若何出

众，均宜引嫌辞去"，不得以"某人得力为词"，出局后如有与局为患者，"即唯某局员是问"。这些除弊端之法实际上就是任人唯贤，降低成本，提高生产效率，增强竞争能力，这是符合近代企业经营原则的。

1885年8月1日，担任招商局首任督办

盛宣怀虽从一开始就参与了轮船招商局的创建，但是直到1885年仍没有成为主角。1873年—1878年间，他一直只担任会办。1879年，他被委任为天津河间署理兵备道（这是他获得的第一个正式行政职位），暂时离开了轮船招商局。1881年，盛宣怀在成为新成立的电报局督办的同时，开始大规模购买轮船招商局股票，为入主轮船招商局做准备。

1884年底，徐润因挪用公款事情败露而被解聘。1885年8月1日，李鸿章委任盛宣怀为轮船招商局督办，盛宣怀成为轮船招商局的第一任督办。

盛宣怀在查处徐润挪用公款的过程中进一步认识到，要办好招商局，"非商办不能谋其利，非官督不能防其弊"。根据这一思想，他对招商局采取了"五策"：

第一，进行组织整顿，厘定用人、理财章程各十条。新章程规定，商局"专派大员一人认真督办，用人理财悉听调度"，"会办三四人，应由督办察度商情，秉公保荐"（盛宣怀拟《用人章程十条大旨》，见民国交通铁路部交通史编纂委员会：《交通史·航政编》，1931年）。新章程禁止大股东担任分局董事，除非他们是能力和财力都有保证的人。公司的官员和雇员都不准接受薪俸和红利之外的其他报酬，禁止为私人目的借用公司资金，并且在任职轮船招商局期间，不能接受其他雇用。此外，强调招商局运营中要堵塞各种漏洞，有效控制成本，增加收入与盈余。

第二，借款向旗昌赎回船产。1884年中法战争紧张之际，为了避免招商局的轮船因战争而遭到毁损，招商局决定将船产暂时售与旗昌公司，以"易帜"的方式，继续维持经营。然而战争结束后，

如果船产还在外人的名下，靠"易帜"去经营，就等于在给别人打工，招商局是无法翻身的。于是盛宣怀及时收回了船产，招商局逐渐"生意蒸蒸"，盈余由小变大。

第三，盛宣怀强调轮船招商局作为"官督商办"的企业，就要得到"官"的支持。1885年秋，盛宣怀根据招商局面临的困难，向李鸿章等上奏，提出"拟请先将该局运漕水脚，照沙宁船一律，并准回空货船免税，俾获盈余，分年还债，借纾商困，而杜外谋"。在李鸿章的支持下，招商局取得"减免漕运空回船税，减免茶税，增加运漕水脚，缓拔官本"等四项优惠措施（见夏东元：《盛宣怀传》，四川人民出版社，1988年）。这就大大减轻了招商局的负担，增加了收入。

第四，雇用技艺高超的洋技术人员，并强调自主权。盛宣怀担任督办后，对洋技术人员进行整顿。他认为"总大车"一职比"总船主"的职位更重要，因为总大车负责验修各船机器，这是确保轮船正常航行的关键。为此，他派有真本领的旧局总大车尉霞为总大车兼署总船主，同时对尉霞提出一些要求和约束，还"通饬各船洋人不准饮酒，查出酒醉即辞歇"。经过对洋技术人员的整顿，不仅工作效率有所提高，而且"洋薪岁少万金"。

第五，重新与怡和、太古订立齐价合同。为了缓和与外商轮船公司的价格竞争，1886年3月，盛宣怀主导招商局与怡和、太古公司重新订立齐价合同。这次是恢复重订。合同执行不久，即产生了实际效果，商局每年的净利润明显增加。

盛宣怀采取了一系列有效的整顿措施，不仅使招商局很快得到恢复，转危为安地振兴在望，而且加快了发展，增强了竞争能力。他在任轮船招商局督办的1885年至1902年间，成为轮船招商局作为官督商办企业的鼎盛时期。

袁世凯借盛宣怀丁忧，夺走招商局

官督商办的轮船招商局，监管它的并非中央政府，而一直是直隶总督兼任的北洋大臣。自创办以来，到1909年转归邮传部管辖为止，轮船招商局一直在北洋大臣的监管之下。

1902 年 11 月，袁世凯借口吊唁盛康丧事，到上海与盛宣怀商讨"轮、电归北洋管辖"的问题。盛宣怀最初的想法是，与其派张翼（开平煤矿的负责人，他将开平煤矿的主权出卖给了英商）来接办，不如归袁世凯管辖，而且他还担心电报局被清廷收去，改为官办。因此，他对袁世凯说："电报宜归官有，轮局纯系商业，可易督办，不可归官。"（见盛档，盛宣怀：《寄王中堂》，光绪二十八年十一月初六日）但令他没想到的是，袁世凯回京后做了手脚，朝廷很快下文："即另简电政大臣，但改官办而不还商本。轮局亦由北洋派员接管。"盛宣怀得此坏消息，十分愤怒地说："……日本商务大旺，中国只两公司，而十手十目必欲毁之而后快。轮船归北洋主持，尚无大碍，电线改官办，本愿如此，但商人成本二百数十万，若不付给现款，恐股票即为外人所得。此目前之一弊也……（电线）改归官办，非有强兵不能自守，则他人通消息而我不能通。此军务时一大弊也。"（见盛档，盛宣怀：《致陆伯葵侍郎函》，光绪二十八年十一月十三日）

为此，盛宣怀坚决反对电报改为官办。理由之一：一旦发生战事，官办电报会被外国夺取，对中国不利。理由之二：将损害商人利益，电报是入股众商二十多年股业的积累，如果夺归北洋管辖，商人对政府失去信心，势必将股票卖给洋商，多少年来与洋商争权的努力将付之东流。

盛宣怀坚持反对的结果，是电局未归官办。但是，1903 年 1 月 15 日，清廷任命袁世凯为电务大臣，原直隶布政使吴重憙为驻沪会办电务大臣，3 月底吴重憙正式接办了中国电报局。2 月，袁世凯的亲信杨士琦当上轮船招商局督办，轮、电二局均被袁世凯的北洋派系所控制。

事实上，轮、电二局变为商本而官办，成为北洋的重要财源，管理日趋腐败，经营日趋衰落。盛宣怀痛斥袁世凯的北洋对轮、电二局"专为剥削"。

1907 年，盛宣怀夺回招商局控制权

直到 1907 年，盛宣怀才再次夺回了对轮船招商局的控制权。1907 年 2 月 28 日，盛宣怀组织召开了一次江浙股东大会，决定请求农工商部根据新公司法规定，将轮船招商局作为一个商办企业注册。占发行股份一半多一点的 198 位股东，出席了盛宣怀在上海静安寺路的公馆召开的会议。会议选举出了一个倾向于他的委员会，负责执行注册事宜。3 月 20 日，另一部分股东开会也同意参加注册，但是要求由徐润负责注册，还致电袁世凯，劝其不要委任其他官员。不久，袁世凯离开直隶总督的位置之后，盛宣怀通过徐润的继任者王存善（会办）和钟文耀（驻局总办）而行使自己对轮船招商局的控制权时，又选择了保持轮船招商局官督商办的体制。

1909 年 4 月，轮船招商局转归邮传部管辖之后，盛宣怀再次面对失去控制力的危险，开始站在股东角度，带领股东抗议，选择将公司注册。来自南北两方面的 31 位股东联合致电邮传部，要求设立一个由股东选举产生的董事会。1909 年 8 月 15 日，招商局在上海张园举行第一次股东大会，代表 31164 张股票的 732 位股东选出了一个 9 人的董事会（绝大多数都是支持盛宣怀的），盛宣怀当选董事会主席。股东们还起草了新章程，以取代 1885 年的旧章程。邮传部接受了这一章程，是对"商办"的一个重大让步，但是"官督"的性质还是保留了。邮传部委派钟文耀为正坐办，沈能虎为副坐办。邮传部委派的正副坐办与股东推选的董事会并存，并指定公司以禀文形式向邮传部汇报重要事项。

1910 年 6 月 12 日和 1911 年 3 月 26 日，股东们先后在上海召开了第二届、第三届股东年会。第三届年会后，董事会的权力进一步正式化。九人董事会被称为"议事董事"，船舶、运输和财务三个部门的负责人被称为"办事董事"，由股东推选的两名监察人被称为"查账董事"。轮船招商局作为一个私人的商办企业在农工商部注册，邮传部可以委任两名官员（一名专司监察和一名兼办漕务），所有董事和办事董事都要由股东选举产生，所有关于公司经营的决议都要由董事会做出。如果邮传部监察员发现任何一名办事董事不能

盛宣怀 我的曾祖父

110

胜任或者不诚实，可知照董事会撤换之。董事会可以自行免除不合适的办事董事，并可要求邮传部撤换他们认为不能胜任或者不诚实的监察员。公司的船只和航线都要在邮传部注册，每年向邮传部递交一份财务报告。

1911 年 10 月，辛亥革命爆发后，邮传部委任的官员离开了轮船招商局，公司的全部管理权终于完全落到董事会手中。

1911 年 10 月，盛宣怀前往日本，但仍是轮船招商局的最大股东。他从日本回来之后，提出按日本邮船会社的模式改造轮船招商局的管理机构，由股东选出的董事会通过向三个主要职能部门各派一名董事会成员负责，执掌轮船招商局的实际经营权，以此将公司的管理权集中于董事会，完成了向商办公司的演变。

轮船招商局由"官督商办"至"商本商办"，经历了一个曲折、漫长的过程，它伴随了我的曾祖父盛宣怀的整个实业生涯。（以上见盛承懋：《盛宣怀与晚清招商局和电报局》，社会科学文献出版社，2018 年）

4.2 推动中国电报事业发展

1879 年（光绪五年），李鸿章在与盛宣怀商议洋务之事时，盛提出，当务之急，"电报为先"。对此，李鸿章深以为然，当即责成盛按照轮船招商局的成例，督办电报事业。

1880 年秋，李鸿章按照清政府的谕旨，决定筹备架设天津至上海的电报线，同时在天津成立官办的天津电报总局。最初，李鸿章委派郑藻如、盛宣怀、刘含芳三人为天津电报总局总办。1881 年 3 月，郑藻如奉命出使美、日、秘等国，刘含芳亦于 1882 年辞差，电报经营事务遂由盛宣怀一人总负责，同时委任郑观应为上海分局总办。

天津电报局是盛宣怀第一次独当一面的大型机构，津沪电报线路架设工程则是他承担的第一项大型工程。从工程技术角度看，盛宣怀从来没有接触过，此类知识对他来说是全新的东西；从工程施

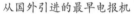
从国外引进的最早电报机　　　　　　天津电报总局旧址

工组织管理来说，他也从来没有遇到过。特别是工程距离长，从南到北，地理环境、气候条件变化差异大，施工人员大多是新手，其难度是可想而知的，能否圆满地完成线路架设任务，对盛宣怀来说确实是一次严峻的考验。

为此，盛宣怀更加注重学习，他向在电报工程与技术上有经验的郑观应请教。郑观应曾参与大沽、北塘海口炮台与天津之间的短途电报线的架设和试运营，为了便于用汉字发报，郑还将法国驻华人员威基杰编成的第一部汉字电码本《电报新书》改编成《中国电报新编》，为电报业务在中国展开创造了条件。郑观应成为盛宣怀完成津沪电报线路架设工程的主要依靠对象。与此同时，盛宣怀也认真向丹麦工程师学习、请教，他还要求在电报学堂学习的每一个学员必须认真完成学业。

为了加快津沪电报线路的架设，盛宣怀聘请有经验的丹麦大北公司洋监工霍洛斯制订了详细的工程进度计划。霍洛斯做出的规

在天津架设电报线路

划表明：津沪线路"每日可做 20 里，自津至沪 2800 里，计须做工
140 天，以五月初一动工，除下雨耽搁之日，计需 11 月内完工，大
约来岁封河之后总可通报"。

历经 250 多天，津沪电报线架设全线竣工

这么长距离的工程，如何组织人力、物力，有序地开展实施，
在中国历史上是极其罕见的，没有现成的经验可以借鉴。为提高工
程效率，津沪电报线架设工程采取南北两地同时开工的修建方案，
设立南北两个督造电线工程委员会，负责全线工程，任命佘昌宁为
北路负责人，王锦堂为南路负责人。王锦堂的两个助手俞书祥（江
苏太仓附生）、黄文海（广东番禺人），俱从天津电报学堂选出。

为了提前为电报传送与设施维护做好准备，盛宣怀在总局之下
设立七个分局。据 1881 年 12 月 4 日《申报》记载："自总局外，紫
竹林、临清州、济宁府、清江府、镇江府、苏州府、上海县共立七

分局，计共总分八局，每局各延洋人一名总司报务。"由于大沽局早于津沪线而存在，当津沪电报线建成后，将大沽局也纳入其管辖。

各分局负责人分别为：上海分局郑观应、谢家福，苏州分局刘庭来、谢庭芝，镇江分局严作霖、张世祁，清江分局陈同源，济宁分局陈锡纯，临清分局朱福春，这些负责人在经营管理上都有较强的能力。

盛宣怀与霍洛斯反复商讨，认为"材料及应用器具，必须分布各段，以便临时取用，拟以二百里左右为一段，分作十六段为存材料处，除天津、临清、济宁、清江、镇江、上海、苏州七处本须设局外，其余兴济、连镇、故城、史家口、夏镇、台儿庄、宿迁、高邮、常州九处设存放物料栈房，已经酌妥，二等分局应设几处，再行随时督定"。对于施工技术人员及工人，也请洋匠做了培训，重点是如何掌握工程进度，防止雨天拖累工期。

为了确保施工过程顺利进行及便于日后的日常管理，盛宣怀在与霍洛斯商议后，确定"五十里应设一巡电房，选派本处巡兵二名，以资巡逻，每月酌给津贴银数两，凡该管五十里之内，均责成该营兵往返巡逻，由霍洛斯及各洋匠教其接线通电之法并收拾之法，以便遇损即修，免耽要信，并由地方严谕各段地保认真看守，勿使损失，俟另定保护章程，再拟详请通行"。此外，盛宣怀还规定："电线安置一段即设巡电房，其巡电房存料处，皆分隶七局，就近照管，以相维系。"以此确保一段工程完工，经过验收之后，就纳入相应的管辖分局，予以管理。

1881 年 4 月，在盛宣怀的主持下，中国的第一条长途公众电报线路架设工程，比原先预定的开工日期提前一个多月，从上海、天津两端同时开工。

为了保证工程进展顺利，李鸿章除用淮军军饷垫付建设费用外，还动用军工协助施工，逐段派定巡兵，并由地方政府颁布晓谕，令"民人一体知晓，庶设线到境，不致阻碍耽延"。线路沿途设移巡电房，由绿营汛兵看守。

7 月 5 日，上海端第一根电线杆在南京路（近外滩）大北电报公司门前竖立，约每50步立一线杆。8月，电报线架至苏州，新式植杆工具挖洞铁钎派上用场，将铁钎插入土中左右旋转，片刻即可挖成，操作自如，"苏人得未曾见，故观者皆啧啧称奇"。初选路径街道狭窄且店铺林立，故立杆困难，后改取地域宽阔之处，工程速度明显加快，每日可成10里左右。施工中采取每建成一段即试通一段的办法，为全线之畅通提供了保障。8月中旬，上海—苏州段完工，当即试行通报。

1881年8月18日，《申报》报道了电报在苏州试验的情形："苏州电局员董以自申抵苏各处工程已竣，恭请抚藩臬三宪赴局试验。三宪均于午前亲自驾临发报至沪，即赴七襄公所午膳。膳毕，申局回信已到，时刻不爽锱黍。"苏沪间电报往返仅需一顿饭的工夫，较之传统驿递传送已是极大的进步，因此获得人们的赞叹。当时苏州电报局还每日代传钱业公所报送申地行情两次，"唯各项寄报尚未议定章程"，故暂不收费。

施工进程按最初的规划顺利展开，但是在有些地段遇到不少麻烦。少数乡绅带领部分乡民横加阻拦，造谣说架设的电线杆亵渎了庙里的菩萨，破坏了当地的风水，不让工程队施工。更有甚者，施工队白天架设的电线杆及相关的器材到晚上就被乡民破坏。为此，盛宣怀要求地方官府认真查处，杜绝再犯，并请地方大员布置各段地保对乡民进行教育，逐渐平息了乡民的盲目行动。

为了如期完成任务，工程技术人员及施工工人克服各种困难，风餐露宿，不顾恶劣的气候条件，抢赶工期。盛宣怀多次到有关工段视察，看望技术人员和施工工人，确保工程质量达到标准。

9月，南路已造至镇江；北路工程亦进展顺利，已造至距北京700余里的山东临清。报载，电报局计划各路通行须设立分局30处。11月，北路电线造至台儿庄，"适当自沪至津道途之半，其由津而南者大约两礼拜内可以两边接连矣。然则电线之成功可计日而待，亦一可喜之事也"。11月，南路镇江段建成；12月，山东境内南、北线路工程汇合。12月3日，总理衙门的一封电报由天津电报局传送至上海，转由上海外国电线行寄至德国使署，"是为中国电报试传外洋之第一信"。12月8日，津沪电线架设完工。因清江浦和济宁两局机器尚未装妥，故延至12月24日全线始行试通，并照章收资。向公众开放之前，先由政府试用。

整个工程历经250多天，在工程技术人员及施工工人的共同努力下，全长3075华里的津沪电报线路全线竣工。12月28日，电路沿线各局正式向公众开放营业。津沪电报线路得以按时完工与运营。

重视电报专业人才的培养

盛宣怀从办电报开始就清楚地认识到，中国要自己掌握电报的利权，必须有自己的人才。他除了依靠郑观应这样的技术管理人才之外，还借鉴了丁日昌在福建船政学堂附设电报学堂、培训电报技术人员的做法。盛宣怀很清楚，科举培养出来的人，承担不了这些科技含量相对较高的工作，要办电报就必须办新式学堂，培养新型的工程技术人才。

盛宣怀还意识到，中国人要掌握电报，必须改变依靠洋人的办法，但是如何改变这种状态，还得先向洋人学习。因此，他在建立电报总局、开办天津电报学堂时，最初聘请的是丹麦人博尔森和克利钦生，请他们担任学堂的教师。

一开始，电报学堂是由电报总局这个企业负担费用的。为了提高学堂的政治地位，提高学生学习的积极性，盛宣怀提议学堂应以朝廷的名义开办，由朝廷提供办学经费。他对李鸿章说："学生俟到局派事之后，薪水由本局开支，所有设立学堂经费系为国家造人才起见，应在军饷内开支，免在商本内归还。"此提议得到了李鸿章的首肯。这一举措将电报学堂的性质由原来的民办变为官办、私设变为正式，吸引了更多好苗子前来进修。电报学堂原定开办一年，因为天津、上海、浙江、福建、广东和长江沿线需用人才，就连续办了几年。后来，电报学堂还在上海等地开枝散叶，比如广州起义烈士陆皓东、民国驻英公使刘玉麟等，都是从电报学堂毕业的。

1881年5月，上海继天津之后设立电报分局，因缺乏人才，盛

盛宣怀 我的曾祖父

116

宣怀聘请苏州文人谢家福参与工作。谢家福（1847—1897），字绥之，其故居位于苏州桃花坞大街的西端，他从小发奋读书，立志以"经世有用之书"强国富民。

谢家福先后在苏州分局、上海局任职。1884年，浙江、福建、广东三省电报线路竣工以后，谢担任上海电报总局提调。他从事电报工作十分投入，盛宣怀屡次在李鸿章面前称赞其"殆堪大用"。李鸿章也表扬谢家福"帮助、协同盛宣怀办理电报事宜，认真办事，井井有条，凡有所见，地无论远近，事无论巨细，皆竭诚筹助，其议论亦多可采用，在电局五年，劳苦功高啊"。

特别难得的是，饱读诗书、中西兼通的谢家福很重视电报人才的培养。他原先在离其故居不远处的五亩园正道书院故址上创建义塾"儒孤学舍"，专授新学。1892年，便根据盛宣怀的建议，在儒孤学舍内成立了苏州电报传习所（苏堂），三年间为电报界培养输送了报务人才800余人，遍布全国。一时间，苏州电报传习所闻名电报界，影响十分深远。

盛宣怀办电报的过程中，在建设与管理上依靠郑观应、谢家福等肯于钻研、对工作精益求精的人才；在工程技术上大胆聘请洋监工霍洛斯等人；在办学中聘用有真才实学的洋教习博尔森和克利钦生等，先后在天津、上海、苏州等地办学，为电报界培养了大批中国自己的专业人才，确保了中国在电报业中的利权。

20年内电报线的架设遍布大半中国

在盛宣怀的主持下，中国电报总局于1881年架设完津沪电报线路（途经河北、山东、江苏等省）之后，加快了在国内架设电报线的速度。

经过工程技术人员的全面规划与设计，中国电报总局于1882年建成了江苏、浙江、福建、广东等省的陆线，1883年完成了左宗棠原先打算架设的自上海至武汉的长江线。

其中有一部分电报线的架设，是因为战事、赈灾的需要而提前安排上马的，如1884年—1885年因海防吃紧，为支援战事，加紧架设了济南至烟台的电线，随后又延至威海、刘公岛、金线顶等地；1887年因郑州黄河决口，需要"筹办工赈事宜"，由山东济宁设线至河南开封；1888年架设了自江西九江至赣州的电线，通过大庾岭入南雄与广东官线相衔接；1889年，因东三省边防需要，由奉天（沈阳）加接吉林至珲春的陆线；1890年，"因襄樊地方为入京数省通衢，楚北门户边境要冲"，从沙市设线直达襄阳；1893年又由襄阳加铺至老河口；1895年由西安起设电线与老河口相接；1896年设线由武昌至长沙；1898年又由长沙设至湘潭、醴陵、萍乡等线……这些电线的兴建，除了保障军事需求外，在经济、商务上也发挥了很大的作用。

除了以上这一系列干线的铺设外，盛宣怀还主持设立了许多电报支线，如1884年添设的天津至京城、山东掖县之沙河至胶州的电线，1898年胶州至青岛、湖北武昌至大冶、大冶至江西九江之线等，1891年徐州至台庄线，1892年安庆至芦州线，1898年徐州至宿迁线等。这些电报支线主要是因为经济、商业上的需要而兴建的。

在盛宣怀的主持下，西北、东北、西南以及朝鲜等处敷设的电报线，将近30%为官线，它们在军事与经济上发挥了很大的作用。1882年，中国军队在朝鲜"壬午兵变"期间取得的胜利，"实赖电报灵捷"。

自1880年秋，盛宣怀担任中国电报总局总办始，至1898年底止，将近20年的时间内，中国的电报线架设遍及黑龙江、吉林、辽宁、内蒙古、北京、天津、河北、河南、山东、山西、陕西、甘肃、上海、江苏、安徽、江西、湖北、湖南、浙江、福建、广东、广西等20多个省市，几乎遍及了大半个中国，这大大提升了中国通信近代化的水平。（见盛承懋：《盛宣怀与津沪电报线的架设》，《新华路时光》，2022年1月16日）

4.3 盛宣怀的钢铁情缘

盛宣怀一生与钢铁有着不可分割的情缘。他在64岁的时候，即

汉阳铁厂（湖北），后与大冶铁矿、萍乡煤矿组成汉冶萍公司

1908年，终于实现梦想，创办了汉冶萍煤铁厂矿有限公司，即"汉冶萍"。这是"中国钢铁工业的摇篮"，也是当时亚洲最大的钢铁联合企业，堪称"中国的第一个钢铁托拉斯"。

20岁时对开采煤铁充满憧憬

早在1864年前后，盛宣怀才20岁的时候，就关注起湖北的矿产。一次，他在父亲盛康的任所（湖北盐法道）偶然看到一份文件，内容是湖北广济县向朝廷禀报禁止开挖武穴煤山的缘由与具体做法，这引起了他的兴趣，让他第一次注意到湖北各地蕴藏着丰富的煤矿与铁矿。

他不明白为什么广济县的官府要禁止开挖武穴煤山，他在长江边上看到外国的轮船运了许多洋煤到武汉，高价卖给中国人。他想，如果广济组织当地百姓开挖武穴的煤矿，把煤运到武汉去卖给当地人，由于运输成本低，价格一定会便宜得多。与此同时，武汉街头没事干的人多得很，这些人穷困潦倒，又找不到事做，如果将他们组织起来运输与销售煤料，不就能解决他们的生计问题吗？为此，盛宣怀将自己的一些意见向文案房的几位师爷表白了一下。当然，他知道自己人微言轻，所以也只是说说而已。

然而到了 1867 年，盛宣怀突然接到由湖广总督府发出的通知，让他参加官府组织的考察湖北广济煤矿的活动。他有些意外，又有些兴奋，估计是当年与文案房几位师爷说的话传到了湖广总督的耳中，才会邀请他参加这次考察活动。

此时盛宣怀已经回到江苏，正在家乡准备科举考试，生活相对安定。湖广总督让他到广济考察，当然是表明很看重他，这对他而言是一次难得的机会。于是，他毅然从江苏返回湖北，实地考察了广济武穴煤山。

盛宣怀不仅参与了实地考察，而且仔细查看了广济地方志，又向当地官员与百姓请教，对武穴煤山的蕴藏有了更深入的认识。这次考察给他的印象很深，他清楚地意识到，国家富强是离不开煤矿与铁矿这些矿藏的，需要有人将它们开挖出来。想不到十年后，李鸿章的一纸密谕让他实现了开挖武穴矿藏的梦想。

30 岁时奉命赴湖北勘查煤铁

鸦片战争后，清廷以庆亲王奕劻、曾国藩、左宗棠、李鸿章等为代表的洋务派，在推行洋务新政中，对发展钢铁工业的重要性已经有了相当的认识。1874 年下半年，李鸿章指示盛宣怀："中国地面多有产煤产铁之区，饬即密禀查复。"盛宣怀由于早年在湖北生活，知道湖北广济、大冶一带有煤铁，1875 年初，已经 30 岁的他立即奔赴湖北，决心在勘查与开采煤铁上做出一番业绩。

1875 年 7 月 24 日，在湖广总督李瀚章、湖北巡抚翁同爵、湖北汉黄德道李明墀的支持下，湖北广济煤矿终于"设厂雇工开挖"。由于又在兴国一带发现除了有煤之外还有铁，1876 年 1 月 13 日，李明墀、盛宣怀向李鸿章禀报湖北勘矿进展时认为："讲求制造，煤铁并重，且铁矿必借煤窑就近熔炼，故以煤铁兼产之处为贵。现又访闻附近之兴国州所属山地，兼产铁矿……"（见陈旭麓等：《湖北开采煤铁总局·荆门矿务总局——盛宣怀档案资料选辑之二》，上海人民出版社，1981 年）李鸿章对煤铁开采计划十分支持，1876 年 1 月 15 日，李鸿章与沈葆桢、翁同爵会奏，认为"所采煤铁，即以售给兵、商轮船及制造各局之需……"于是委派盛宣怀办理湖北矿务。当月，盛宣怀在广济盘塘成立湖北开采煤铁总局。

由于原先聘用的洋矿师不称职，盛宣怀重新聘用新矿师。1877 年 5 月 6 日至 7 月 6 日，新聘用的英国矿师郭师敦在总局官员的陪同下，遍查长江沿岸的煤铁矿藏。1877 年 9 月下旬，郭师敦正式提交了大冶铁矿的化验报告。报告说，大冶铁矿的"铁质净六十一分八八之多，矿之佳者推此为最。以熔生铁，洵称上等，再炼市销熟铁，亦无不可"。同时，还在旁近之地发现优良锰矿。由于储量甚大，郭师敦估计："足供中国各厂一切需铁之用，所冀久挖不完，即所得之矿悉是佳钢佳铁矣。"

1878 年 2 月，盛宣怀"以湖北开采煤铁总局名义买得大冶铁矿山"，并开始订购机器设备，为日后炼铁做适当的准备。盛宣怀还提出，湖北矿务"先煤后铁""以铁为正宗"的宗旨。

然而，此时李鸿章深陷广济煤矿债务危机之中，30 万串官款，亏损近 10 万串，朝廷对他与盛宣怀的指责不绝于耳，而且他更担心煤铁计划半途而废，徒费巨款而无寸功，甚至影响其政治地位。他表示无力承担煤铁同时开采所需的巨额资金，要盛宣怀通过招商来解决。

1878 年 8 月，盛宣怀决定选择荆门窝子沟作为主要采煤点，又经郭师敦反复探签，确认煤质上佳，矿藏量达 200 多万吨，足够开采十余年。郭师敦催促盛宣怀速将上海的机器设备运至荆门，尽早开工挖井，约 3 个月后即可出煤。

盛宣怀欲同时开采煤铁，然而招商股并不如预期，负责具体招商集股的李金镛能力有限，荆门总局原计划招集 10 万两股本，但真正到账的只有 19200 两，与实际需求的资金相差甚远。由此，盛宣怀决定只能先用土法采煤、洋法炼铁，规模由小而大。1880 年 12

月，荆门总局再次招股，应者寥寥无几。结果是，荆门煤矿未能扩充，大冶熔铁炉没有开办。

资金不足，加上荆门总局内部管理不善，具体经办人不抓生产，只通过收购老百姓挖的煤，再转售出去，引起了地方的不满，地方官员将状告到了李鸿章那里。

37 岁时因矿务而受训斥与赔偿

李鸿章根据实际情况，给予盛宣怀"实属办理荒谬"的训斥（见盛档，李鸿章：《札盛宣怀》，光绪七年七月二十七日）。李鸿章的批评并不是轻描淡写，1881 年 8 月 21 日，李鸿章批评盛"试办武穴煤矿数年，既无丝毫成效，反多累官帑。开采荆煤，未几交金董接手，官气太重，事不躬亲，一任司事含混滋弊。所运之煤竟买自民间，运赴下游各口出售，攘夺民利，以致怨讟迭兴。荆煤既无可采，应即将该局裁撤"。

9 月 2 日，盛宣怀向李鸿章申述试办武穴煤矿不成的原因："误听矿匠马立师之言，土法开采百余处，见煤者亦四五十处，而煤质碎劣，煤层薄散。"随即又说："开煤窿甚多，养活穷民不少，颇得人心。在官在商，尚未能收成效，而于民则不为无益。"接着又向李鸿章禀告："湖北矿务开局以来，收支尚不敷钱六千四百二串二百六十七文，统由盛尽数垫赔，历经造具清册详报在案。"10 月 28 日，荆门矿务总局正式撤销，盛宣怀在湖北的矿务告一段落。

事实上，那几年盛宣怀除了管理轮船招商局及赈灾等事项，可以说全身心扑在湖北矿务上，连家眷、孩子都顾不上。董夫人操持家务，身患重病，盛宣怀也没有回去照顾。1878 年 11 月，董夫人病危，12 月病逝，盛宣怀深感愧疚。

朝廷上很多官员或与之共事者，都对盛宣怀办矿务有正面的评价。面对李鸿章等人的批评与指责，盛宣怀甚感委屈。1882 年春，他与人书云："五年艰苦，屡濒于危，十万巨亏，专责莫诿。地利亿万年，暂置之犹可望梅止渴，竟舍之则泼水难收。天理人心，昭昭如揭。原拟俟东海得手，分资派员，先办荆矿，俟煤可供用，而冶

中国工业遗产——大冶铁矿狮子山矿旧貌

炉反掌可成矣。"（见夏东元：《盛宣怀传》，四川人民出版社，1988年）盛宣怀在湖北开矿所承担的赔偿，几乎将他与父亲盛康开设典当、钱庄十来年的盈利赔得精光。

　　盛宣怀在广济、荆门、大冶办矿，遇到了挫折，亲身体会到了创业的艰辛与磨难，但是这并未泯灭他办钢铁厂的梦想与信念。

45岁时关注张之洞筹建汉阳铁厂

　　1889年8月9日，张之洞奉调到湖北任湖广总督，原先准备在广州凤凰岗兴建炼铁厂，被迫中止。经清廷批准，他欲将原拟建在广州的铁厂移至湖北。

　　11月8日，张之洞接到醇亲王奕譞"大冶下手，自是正办"的电令后，积极进行筹备。为此他一再致电盛宣怀，询问大冶铁矿的有关情况，探讨有关炼铁的问题。

11 月 18 日，张之洞致电盛宣怀："阁下能来沪面商铁事甚好。……缘海署来电，注重先办大冶。"此时，张之洞即将离开广州，他打算走水路，经过上海赴武昌上任，借此机会与盛宣怀在上海会面。当时盛宣怀任山东登莱青兵备道兼烟台东海关监督，这是盛第一次担任道台之职。张之洞作为湖广总督，与盛宣怀在行政上没有隶属关系，11 月 24 日，张之洞向海军事务衙门报告，鉴于开发大冶铁矿的决策，考虑到盛宣怀曾对大冶铁矿的资源做过考察，并且又了解湖北煤矿的情况，"拟请代为转奏，令该道至沪一晤，俾得询商大冶铁矿并开煤设厂一切事宜，实于公事有益"。

张之洞在办铁厂事上对盛宣怀的倚重、盛宣怀对张之洞办铁厂的关注与热心，已经十分明显。张之洞与盛宣怀所商谈的主要议题，一是铁厂是采取"官办"，还是采取"商办"；二是铁厂的选址问题。前一个问题因为意见不一致，没有进一步深入下去。后一个问题源于清政府已经准备修建卢汉铁路，当时商议提出的设厂地址是"在湖北大冶和当阳、江苏徐州利国、贵州青溪等煤铁产地选择一处开办"（见吴剑杰：《张之洞年谱长编》，上海交通大学出版社，2009 年）。盛宣怀因与张之洞的意见不甚相同，之后没有参与铁厂的筹备工作，但是张之洞答应，在铁厂建成投产后，将会弥补盛在办湖北煤矿开采时的损失。

当然，盛宣怀与张之洞在办铁厂这个问题上最大的分歧是究竟采取"商办"，还是"官办"。盛宣怀因张之洞听不进他的意见，放弃了参与铁厂筹备的打算。

此时盛宣怀正好 45 岁，这是干事业最好的年龄。他与张之洞虽然没有合作，但将比自己小 7 岁的侄子盛春颐留在张之洞身边，为他日后继续办钢铁厂提前做了安排。

52 岁时从张之洞手上接办汉阳铁厂

从 1890 年底开始，张之洞经过三年的建设，汉阳铁厂于 1893 年 11 月正式建成投产。全厂包括生铁厂、贝塞麦钢厂、西门士钢厂、钢轨厂、铁货厂、熟铁厂等六个大厂和机器厂、铸铁厂、打铁厂、造鱼片钩钉厂等四个小厂。汉阳铁厂创办时，经费预定为 246 万两，1892 年清政府增拨 42 万两，到建成时，实际支出 560 万两左右。

汉阳铁厂正式投产，然而燃料问题一直未能解决，这也成了铁厂前进的羁绊。更大的问题是，铁厂的产量与质量无法得到保障，产品销售不出去，资金无法回笼。由此，张之洞由"借债"之人转为被"逼债"之人。甲午战败后，清廷国库空虚，处于矛盾与困难之中的张之洞，为了尽早摆脱困境，决定请盛宣怀来接办汉阳铁厂。

双方反复磋磨，其间盛宣怀与张之洞身边的亲信幕僚、自己的武进同乡恽祖翼（湖北按察使）和恽祖祁（负责办理湖北唐心口筑堤工程）兄弟，进行了频繁的接触，并与自己的侄子盛春颐保持着密切的联系。1896 年 5 月 14 日，张之洞正式委任盛宣怀为汉阳铁厂督办，盛宣怀正式接办汉阳铁厂。（见夏东元：《盛宣怀传》，四川人民出版社，1988 年）

盛宣怀从张之洞手中接办汉阳铁厂，意味着他可以改变张之洞"官本官办"的办厂体制，按照自己"商股商办"的主张来行事了。但是，他接过这根"棒"的同时，也将张之洞已用于铁厂的官款作为铁厂的债务接管了下来，铁厂"所有已用官款五百余万，责成商局承认。所出生铁，每吨提抽银一两归还官款"（见王尔敏、吴伦霓霞编：《盛宣怀实业函电稿》，香港中文大学中国文化研究所，1993 年）。盛宣怀一接办汉阳铁厂，身上就已背负了沉重的债务。

随后，盛宣怀聘任郑观应担任汉阳铁厂总办。1896 年 5 月 24 日，郑观应正式到任，开始对汉阳铁厂进行整顿。

55 岁时为开发煤矿向德国贷款 400 万马克

盛宣怀上任后抓的第一件大事，就是要寻找煤矿，解决铁厂的焦炭问题。1896 年，盛宣怀聘请了两位德国高级矿师，一位叫赖伦，另一位叫马科斯。盛宣怀要求他们放开视野，在相对更大的范围内勘矿。

汉阳铁厂的外国专家（资料来源：欧仁·吕柏《中国采矿业与钢铁工业》）

1896 年 10 月，赖伦二人在江西萍乡发现了一个大煤田。该煤田位于天子山之支脉安源山，内含煤矿甚富，是制造焦煤的上品。为了尽快核实萍乡煤田的情况，1897 年 6 月，盛宣怀委派武进同乡、得力助手张赞宸赴萍乡复查煤务，随同张赞宸赴萍乡的还有江苏扬州人李寿铨。1897 年，盛宣怀亲赴江西萍乡，为了便于张赞宸及矿师们找矿并协调与铁厂之间的关系，成立了煤、矿、钢三合一的萍宜矿务利和有限公司，使得萍乡煤矿的勘探得以顺利推进。

1898 年 3 月，张之洞与盛宣怀合奏在江西萍乡安源采煤炼焦。3 月 22 日，经清政府批准，汉阳铁厂在萍乡设立"汉阳铁厂驻萍乡煤务局"。盛宣怀委任张赞宸为首任总办，李寿铨为机矿处处长。

1899 年 2 月 28 日，盛宣怀以招商局房产做担保，向德国礼和洋行借款 400 万马克。其中 300 万马克用于购买德国成套设备，100 万马克用于修建萍安铁路和置办湘潭至汉口的驳轮。1899 年，修通

萍乡煤矿（江西）

了安源到萍乡的铁路，初步解决了煤的运输问题。

为了进一步为萍乡煤矿募集资金，盛宣怀于1899年和1901年两次发行股票。

1907年10月15日，盛宣怀亲临萍乡验矿，历时10年的萍乡煤矿宣告正式建成。萍乡煤矿总耗银676.8万两，生产能力达到日产原煤1300吨，日洗原煤3400吨，日产焦炭600吨，年产煤砖5万吨。萍乡煤矿建成后的当年即产煤40万吨、焦炭11.9万吨。（见吴杰：《安源：百年煤矿话沧桑》,《国企》, 2012年01期）萍乡煤矿的平均出焦率高于同期的英国，低于德国、法国和比利时，与美国基本相当。

63岁时炼出第一炉真正合格的钢材

盛宣怀在紧抓萍乡煤矿开发建设的同时，把解决铁厂的产量与质量问题也提上了议事日程，特别关注由于生铁含磷过高而引起的质量不稳定问题。

盛宣怀看到汉阳铁厂所生产出来的钢材，样子很好看，但是质

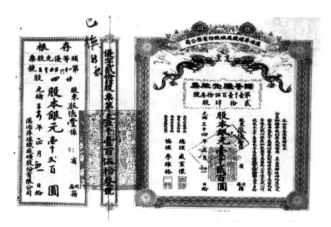

汉冶萍煤铁厂矿有限公司发行的股票

量不行，材质发脆，容易断裂。他弄不明白，为什么同样是煤和铁沙，同样是洋人的技术和进口设备，洋人生产出来的钢材质量好得很，而汉阳铁厂生产出来的钢材质量就不行。国内聘请的洋人技师也讲不出个所以然来，那只有派人到国外炼钢厂去，在炼钢生产现场一个环节一个环节仔细考察，找出问题所在。

盛宣怀很想亲自赴国外考察，彻底弄个明白，但这是不现实的。为此，他首先要找一位既通西文又谙熟厂务的人，携带铁厂的原料和产品出洋"求医问诊"，经过再三思考，盛宣怀决定请他的莫逆之交、汉阳铁厂的总翻译李维格（1867—1929，字一琴，祖籍江苏吴县，1867年生于上海南市区，幼时家境贫寒。早年游学英伦，注重物理学等自然科学，称得上博学多才）出马。

1902年和1904年，李维格等一行先后两次赴日本、美国、英国和德国考察，找到了汉阳铁厂钢材质量问题的关键所在，即矿石含磷过高，导致钢轨易脆、易裂。他发现，汉阳铁厂所采用的炼钢设备与炼钢方法不适宜炼含磷过高的矿石。（见方一兵：《汉冶萍公

中国近代著名钢铁冶金
专家李维格

司与中国近代钢铁技术移植》，科学出版社，2011 年）

李维格回国之后，针对矿石含磷过重的原因，立即向盛宣怀建议，购置新设备，改造旧式炼钢炉，放弃原用的贝塞麦转炉，改用马丁碱法炼钢炉，同时改进工艺，去除磷质。盛宣怀对这一建议颇为称许，并指示照办。

经过李维格等工程技术人员的努力，1907 年冬，汉阳铁厂终于炼出第一炉真正合格的钢材。不几天，盛宣怀就赶赴湖北"验视新钢"，为"居然媲美欧洲"而自豪，为"东西人来阅者，皆称中国亦能做到如此"而高兴。（见方一兵：《汉冶萍公司与中国近代钢铁技术移植》，科学出版社，2011 年）

64 岁创办汉冶萍煤铁厂矿有限公司

所有有利因素的汇合，使得汉阳铁厂大有起色。盛宣怀认为，汉阳铁厂不仅站稳了脚跟，且有大发展的可能，具备了煤铁厂矿联合起来的条件，可以实现自己多年煤铁"合为一家"的夙愿了。

外国商会代表团参观汉阳铁厂

　　1907 年，汉冶萍煤铁厂矿公司正式挂牌宣告成立。1908 年春，盛宣怀赴清政府农工商部注册，奏请朝廷批准，将汉阳铁厂（汉）、大冶铁矿（冶）、萍乡煤矿（萍）合并为一，成立汉冶萍煤铁厂矿有限公司。

　　1908 年 11 月 7 日，清政府正式批准汉冶萍煤铁厂矿股份有限公司成立，确定公司设在上海，由盛宣怀任总理，李维格任汉冶萍公司经理兼汉阳铁厂坐办。"汉冶萍"堪称"中国钢铁工业的摇篮"，也是当时亚洲最大的钢铁联合企业。从 1908 年汉冶萍公司成立到 1916 年盛宣怀去世，中国国内所生产的生铁产量如下：1908 年 6.64 万吨，1909 年 7.44 万吨，1910 年 11.94 万吨，1911 年 8.33 万吨，1912 年 0.80 万吨，1913 年 9.75 万吨，1914 年 13.00 万吨，1915 年 13.65 万吨，1916 年 14.99 万吨（见丁格兰：《中国铁矿志》，谢家荣译，农商部地质调查所，1940 年）。汉冶萍公司的钢铁产量在当时的国内基本占据了垄断地位。

铁厂轧制的钢轨

汉冶萍公司，为卢汉铁路及其向东南西北的伸展提供了合格的
钢轨。据统计，粤汉铁路全长 1096 公里，其中的 670 公里使用"汉
轨"；正太铁路全长 123 公里，1907 年 10 月通车，全部使用"汉轨"；
津浦铁路全长 1009.5 公里，1911 年完工，其中北段中的 290 公里使
用"汉轨"；广九铁路全长 179 公里，分华英两段，其中华段由大
沙头至深圳长 143 公里，全部使用"汉轨"；吉长铁路全长 127 公里，
1912 年通车，全部使用"汉轨"。此外，"沪杭甬"使用"汉轨"185
公里，"株萍"使用 90 公里，"陇海"使用 456 公里，"四洮"使用
88 公里，"南浔"使用 78 公里（顾必阶：《中国铁路建设与汉冶萍》，
见蔡明伦、张泰山主编：《第一届汉冶萍国际学术研讨会论文集：
中国·黄石》，长春出版社，2016 年）。这为盛宣怀依托卢汉铁路这
个核心较快地向东南西北发展，创造了条件。

1913 年 3 月 29 日，汉冶萍公司召开股东大会，盛宣怀被选为
总理，会后又被选为董事会会长。

1913 年 6 月，盛宣怀在《送儿孙游学箴言》中说："我生平就最喜欢迎难而上。钢铁是国家的支柱产业，也是我们家的祖业，能继承钢铁事业才是真正的豪杰，才是我们家的好子孙！"

张之洞称湖北铁厂是"创地球东半面未有之局"。盛宣怀说："汉冶萍为东方杰出之一事，震动欧亚。"汉冶萍人有极大的抱负，他们的目标，是自立于世界钢铁工业之林。在近代中国军事一再败于西方的惨痛教训面前，汉冶萍公司以煤铁角胜于世界市场，是对中国尊严、中国民族自信的一种拯救。

拼搏、坚韧、担当、自立自强，就是汉冶萍精神。与西方钢铁业相抗衡，角胜于世界之商场，就是盛宣怀与汉冶萍人的梦想。（见盛承懋：《盛宣怀与汉冶萍》，武汉大学出版社，2019 年）

4.4 盛宣怀与张裕葡萄酒

在中国，最知名的白酒是茅台高度酒，最知名的啤酒是青岛啤酒，最知名的葡萄酒则是张裕葡萄酒。而张裕葡萄酒厂的建立和前期发展，都与我的曾祖父盛宣怀有着密不可分的关系。

1886 年 7 月，盛宣怀被任命为山东登莱青兵备道兼烟台东海关监督。他上任后就进行了认真的调查研究，发现山东烟台等地盛产水果，品质上佳，尤其是苹果、葡萄等品种，深受百姓欢迎。但是由于受到交通运输的制约，一到采摘季节，许多果农反而更加犯愁，担心水果运不出去，烂在地里，遭受损失。于是，盛宣怀想到了水果深加工的问题，就与时任三品衔候选知府张振勋商议筹建葡萄酒厂事宜。

张振勋（1841—1916），字弼士，号肇燮，出生于广东省梅州市大埔县，近代华侨资本家。他家境贫寒，小时候只读过三年书，15 岁就到印尼荷属的巴达维亚（即今天的雅加达）谋生。抵达当地后，由于既没有资金又没有技术，张振勋只好在一家米店里打临工。但是他干活既麻利又肯动脑筋，结果被邻店一位姓温的老板看中，招为女婿，从此踏上了创业之路。从 1866 年起，他先后开办了裕和、

张裕葡萄酒公司原址

亚齐、笠旺和万裕兴垦殖公司，以及东兴矿务公司，广福和裕昌轮船公司等，逐步成为南洋巨富。

1890年，张振勋从南洋回到祖国，在山东一带发展，曾在烟台和青岛等地住过一段时日。经过实地考察，他也发现山东的水果特别好，但储存是个大问题，所以当盛宣怀找到他时，他对盛宣怀提出的水果深加工的想法大为赞同，两人一拍即合，决定把目标首先放在用葡萄酿酒上。1892年，张振勋在盛宣怀的支持下，投资300万两白银，在山东烟台正式创办了中国第一家葡萄酒厂，取名为"张裕葡萄酒厂"。张即张振勋，裕是兴隆之意。它是中国第一家工业化生产葡萄酒的工厂，也是当时中国乃至亚洲最大的葡萄酒制作和经营企业。为此，时任直隶总督、北洋大臣李鸿章和清廷要员王文韶亲自签批了该公司的营业准照。光绪皇帝的老师、时任户部尚书和军机大臣的翁同龢亲笔为公司题写了厂名。张裕公司的创建，后来被北京中华世纪坛记载为中国 1892 年所发生的四件大事之一。

由于葡萄酒生产有别于中国传统的白酒和黄酒的制作，没有先例可循，张振勋决定聘请美国和日本工程师来参与厂房的设计和建设，以便进行机械化生产。经过多方面的努力和不断的摸索，最终成功酿造出了中国最早的葡萄酒。

1895 年 4 月 26 日，已成为清政府驻英属海峡殖民地槟榔屿（今马来西亚槟城）领事的张振勋，给盛宣怀写了一封信，向他详细描述了葡萄酒的试制过程："唯该酒做出初年，必须落窖，以一年为期，第二年始能装罐，次第开售。"从这封信中我们可以看到，事实上张振勋所提的"第二年始能装罐"就是指 1896 年可以在酒庄装瓶的意思，也就是说，张裕葡萄酒在酒庄装瓶要远早于法国波尔多木桐酒庄庄主菲利普男爵在 1924 年首倡的"在酒庄装瓶"。

张裕公司早在 1894 年就动工兴建酒窖，耗时两年初步建成。但大酒窖其实前后共建了 3 次，历时 11 年才真正完成。当年破土动工，因土层为沙质，开工不久即因渗水而坍塌。后来改以洋法再建，全部采用钢铁构件以期长久，岂知地下潮湿使构件锈蚀严重，连降几天暴雨后就有洪水涌入，终于不保。面对接连的失败，大家只能集思广益，商定顶部采用石头发碹结构，墙壁用石块加水泥砌成，墙体内再以乱石填充，使窖体异常坚固，并科学设计了排水系统，保证了酒窖不再渗漏。大酒窖自 1905 年真正竣工后，就一直使用到今天。

张裕公司的百年大酒窖素有"亚洲奇观"之美称。沿螺旋式的石级下行数米，便可来到地下大酒窖。该酒窖沉入地下 7 米，低于海拔 1 米，整体方位距海边不到 100 米，占地 2666 平方米。酒窖虽傍海所建，又低于海平面，但不渗漏，四季常温 14 摄氏度左右。酒窖用中国传统烧制的大青石砌成，纵横交错，共有 8 个幽深的拱洞。拱洞交错连环，就像迷宫，无人指点难以找到出口。

酒初酿成，口味生涩，不太协调，须经过一段时间的贮藏陈酿，才能使其自然老熟，芬芳浓郁，口味醇厚。在大酒窖两旁，安放着一排排橡木桶，有大有小，共有148种型号，其中有3只大桶是用法国林茂山所产橡木制成，橡树树龄都在百年以上，且锯开的桶材都置放三载，经日晒雨淋，直到寄生出野生山蘑菇，并呈黑色，才被优选制桶。用橡木制成的桶，酒液不外渗，透气性又强，有利于酒液"呼吸"，还能散发出特殊的香气。每只桶可以贮酒15000公升。张裕最早的酒桶是从奥地利运来的，运来时是一堆加工好的木板，在地窖中一块块拼起来，加上铜器才算完成。这些木桶虽已百年，但保存完好，如今作为文物供人观赏。

张振勋在给盛宣怀的信中还说："查该酒如自己专做，利源确有把握。必须宪台与北洋大臣斟酌，奏准奉天、天津、山东三省，他人不得再运机器冒效争利，或五十年或三十年；试办免饷，或十年或五年。一俟卓有成效，然后计各酒承本之多寡，核定额税之等差。"他希望清政府能出台政策，支持张裕葡萄酒的发展。

盛宣怀那时尽管已经调离山东，但是仍然十分关心张裕葡萄酒厂的发展，接到张振勋的来信后，他随即致函北洋大臣王文韶，谈道："职道前在东海关任内，查得烟台、天津、营口等处所产葡萄可照西法酿酒，曾与广南槟榔屿领事、三品衔候选知府张振勋筹商酿造，并于上年延请酒师到烟试造，尽合外洋销路……现拟在烟台地方建一酒厂，曰张裕公司，集华商资本采办烟台、天津、营口三处葡萄及所种水果酿酒出售……拟请援照西例，该厂既设，准其专利三十年，凡奉天、直隶、山东三省地方，无论华洋商民，不准再有他人仿造，必俟限满，方准另设。并准以运酒出口之日起，准免税厘三年。"（见盛档，盛宣怀：《上北洋大臣王文韶禀》，光绪二十一年四月）这表明了他扶持张裕葡萄酒发展的坚定态度。

1915年2月，第一届世界博览会——巴拿马太平洋万国博览会召开，张裕葡萄酒厂生产的4个产品在会上同获金奖。曾祖父盛宣怀获悉后大喜，对自己倾力扶持的项目获得如此殊荣倍感欣慰，并为他当初的决策感到无比自豪。

4.5 投身中国纺织业

19 世纪中叶，西方列强对华经济侵略逐步加强。在外国输入中国的商品中，除鸦片之外，棉纺织品所占的比重最大。外国洋纱洋布在中国倾销，很快占领了中国市场。中国本来是个产棉大国，此时国人纷纷摒弃土纱土布，改用洋纱洋布，形势不容乐观。于是，1874 年李鸿章提出自行设厂进行纺织的建议，要用中国自产的棉花仿织洋布，与洋人展开竞争。

1876 年，李鸿章在致两江总督沈葆桢的信中说："英国洋布入中土，每年售银三千数百万，实为耗财之大端。既已家喻户晓，无从禁制，亟宜购机器纺织，期渐收回利源。"

19 世纪 70 年代关注纺织业的发展

1878 年，由前四川候补道彭汝琮倡议，经李鸿章、沈葆桢奏准，设立上海机器织布局，厂址设在上海杨树浦，李鸿章委派北洋工程技术人员魏纶先负责筹建工作。

此时，盛宣怀正奉命参与河北河间地区的赈灾。经过 1877 年至 1878 年的一场大旱灾之后，盛宣怀向李鸿章提出，以后可由非官方委派的民间士绅来主持各县的赈灾工作。在清政府财力亏空之时，盛宣怀的劝捐将民间力量引入救灾、义赈补充官赈，不得不说，具有历史性的进步意义。随后，盛宣怀又发现河间地区的纺织业较发达，就禀明李鸿章，建议在当地设局购买，同时在收容灾民儿童的抚幼局中派人教导年龄稍大一些的孩子学习纺织技艺。对此，李鸿章称赞"养民不若令民自养之为佳"，希望每一个院童都能学一门手艺的做法被盛宣怀用在了他日后所创办的孤儿院当中，这是其以工代赈做法的雏形。当时也是他最早关注纺织业，并将纺纱织布与赈灾结合在了一起。

1886 年，盛宣怀在出任山东登莱青兵备道兼烟台东海关监督之后，为筹措山东内河小火轮通航之事，对山东内河航运及进出口进行了较深入的调查研究。他在《上李鸿章禀》中说道："查东海各口，南与江苏盐城毗连，北与直隶盐沧毗连，所辖一千三百余里，大小海口一百余处，而水深七八尺可驶浅水小轮者约有十余处。如掖县出草帽缏，岁约三四万包，皆由陆路盘山驮运，每包须运费京钱四千，间有民船海运，常虞倾覆，商民畏之。而距掖县三四十里，即有太平湾、虎头崖两口，可驶浅轮，若水脚每包一两，即可收银三四万两，其枣子、粉丝等物出口，洋布等物进口，每年水脚亦有数万两。"

山东百姓对洋布的需求，受到了盛宣怀的关注。当时他主要管辖轮船与电报，不可能分出精力在山东筹建纺织厂，但是，在他所管辖的范围内发展内河小火轮通航，花少量的运费进口民生急需的洋布，也是在为百姓做实事。

19世纪80年代盛宣怀父子投入纺织业

上海机器织布局因筹集资金困难，1880年进行了改组，李鸿章奏请朝廷拨付官款，派候选道郑观应、江苏候补道龚寿图等主持织布局的工作，并以郑观应为主拟定了《上海机器织布局招商集股章程》，从办厂的动机目的、招商集股、购机、买地、建厂到生产、销售、赢利分配，以及商办、用人、发展前途等，都做了明确的计划和精细的计算。织布局采取官督商办的办法，并请准享有专利10年。规定10年内只准本国商人附股搭办，不准另行设局。上海机器织布局遂订购英、美两国轧花机、纺纱机、织布机等全套设备，它是清末最大的机器棉纺织工厂。

与此同时，盛宣怀的大儿子盛昌颐（即我的祖父）也在湖北创办织布厂。1891年，盛昌颐在德安府（今孝感市）任知府，他对周边地区的经济状况做了研究，了解到孝感县工场手工业"发展颇早"。根据有关资料，当年该县城关镇即有较大的轧花厂3家，每家备有脚踏轧花机30～40乘，盛昌颐得到父亲盛宣怀的支持，在安陆创办了织布厂，这在机械化水平与生产规模上，远远超过了周边地区，在当地轰动一时。人们评论"得时代风气之先的盛知府，与当时安陆境内的商人交往频繁"，对推动德安地区经济的发展起了不小的作用。

上海机器织布局由于管理不善，加上美国技师的刁难，封建官吏营私舞弊、抽逃资金，因而十年来一无利润，筹建工作几乎陷于停顿。1887年、1890年、1891年又数次改组，最后由天津商界名人杨宗濂（他是盛宣怀的好朋友）、杨宗翰兄弟主持局务。李鸿章决定委派盛宣怀参与织布局事务，盛宣怀逐步成为织布局的参谋。

1890年10月，在盛宣怀的主持下，仁济和保险公司拿出公积金30万两，投资上海机器织布局。对此，1891年5月3日《申报》刊载的仁济和保险公司第五届账略记述了这件事情："查本公司章程，所收本银尽数并存银行，因奉北洋商宪札提银三十万存放织布局内，周年六厘行息。昨宣怀接建忠电报，布局借保险三十万，俟光绪二十五年还清官款后，接还保险，每年六万，至光绪三十年为止等语。容俟禀明，再行布告，此本项存拨大略也。"

盛宣怀与朱鸿度另设纺织分局

1892年6月，盛宣怀从登莱青道调补天津海关道兼海关监督。7月，他上禀李鸿章，提出："上海织布局奏设已逾十年，官商资本已逾百万。原奏准其专利二十年，今则织布无利，非借纺纱不能保全已耗之本。为大局计，应添集巨本，纱布兼筹，盈亏相共，毋庸纷歧。唯有准由布局禀请新商另行招股，另设纺纱分局……"

盛宣怀欲于上海机器织布局之外另设纺纱分局，此时他刚被任命为天津海关道，不可能亲自去操办，只能物色能经办此事的人选。他想起了不久前到天津拜访过李鸿章的江西盐商朱鸿度。朱鸿度出生在一个儒商世家。1860年，因避战乱，其父朱宗溓带领全家离开黄田，去江西南昌经办盐业。在江西，朱宗溓承办西鄂两岸盐引，为曾国藩整顿淮盐以裕军食出力。由此，朱宗溓结识了李鸿章。朱宗溓去世后，产业由其子朱鸿度、朱树斋继续经营。1893年，经过盛宣怀推荐，李鸿章委任朱鸿度正式筹建纺纱分局。同年8月10日，朱鸿度致盛宣怀函中说："创设机纱之举，蒙傅相（即李鸿章）委任之重，阁下推许之隆，奉到宪机之日，亟思勉竭愚忱，以图报称……"

朱鸿度来到上海，先到厂内了解机器的运作、出纱织布的过程以及出厂销售的大致情况，然后去市场了解原棉、棉纱、布匹等价格行情，再通过不同的洋行了解最新机器的性能、产量、价格、质量保证与交货期情况，以及所需建造厂房、锅炉房、烟囱的布局、面积、造价与工期等情况。他还去杨树浦视察正在勘查和施工的基地等。

通过调查，朱鸿度确实看到棉纱市场需求量很大，棉纱市场价飞涨至每包 65 两，因此认为纱厂办得越早越好。订购机器是最迫切的任务，是关系产量多少与获利厚薄的基础。为此，他花大力气进行纺纱机器的调查和订购事宜。他还反复研究什么样的机器最为适用、生产棉纱最多，什么样的机器价廉物美。盛宣怀对朱鸿度如此慎重非常满意，他在给朱鸿度的信中说："益见阁下亦知购定机器之难，无任钦佩。"

经过一段时间的筹厂活动，朱鸿度发现原计划的资金不够，便向盛宣怀报告。盛宣怀即于 1893 年 9 月 7 日给朱鸿度回信："唯订合同之日，即须付价三分之一，造厂亦须用款，照杨观察来函，必须现银六十万两，拟请阁下与弟各招一半。以后凡有付款，不论迟早，皆各付一半，两无偏倚，想尊意亦以为然。"9 月 18 日，朱鸿度回信："股份各招一半，付款迟早皆各一半，谨照遵筹。"

通过一段时间的合作，朱鸿度发现事事要写信与盛宣怀商量，很不方便，特别是冬季封河以后，来往信函更不方便。于是，他提出机器各定一半、各负其责的建议。他在给盛宣怀的信中说："鄙意封河伊迩，将来往返函商事多不便，所有机器或彼此各定一半，仍设纱机一百张，照初议办法，或先由敝处定购五十张，一切用人、造厂等事亦暂归一手办理，以专责成。阁下如以为可，仍是彼此各半。如嫌不宜，此五十张即由弟一人承办。好在并无公款，其中股份亦是两三亲友集腋而成，于商务大局毫无妨碍也。"盛即表示同意，说："适奉尊示，以往返函商事多不便，欲由阁下一人承办，所有纱机五十张，即请尊处自行独办。"

盛宣怀奉命重建织布局

上海机器织布局于 1890 年投产后，在杨氏兄弟的经营下，经过三年，已有纺锭 35000 枚，布机 530 台，雇工约 4000 人，营业方始兴盛，每月可获利白银 12000 两。

上海机器织布局正在方兴未艾之时，1893 年 10 月 19 日，距离上海开埠 50 周年纪念日还不满一个月，早晨 7 点半左右，机器已经运转起来了，清花机每分钟 1400 转，清好后的棉花即成松软的棉絮，引缠在卷轴上，然而不知是何硬物碰着锤子，机器又转动得飞快，铿锵撞出火星，引燃了松棉絮。工人们见花子堆里起烟，扒开探视，却为燃烧提供了大量的空气，火势猝发，顷刻冒穿屋顶。大火一直烧到下午 5 时，偌大的厂房无一寸不成焦土，机器销熔，变成了一堆废铁。

朱鸿度第一时间给天津的盛宣怀做了汇报："布局不戒于火，一炬成灰。其火闻得确由清花厂地板下而起。板下有深窖，自开机以来，所积败花从未清理，竟堆有七八尺之高。而屋上又以牛毛毡盖顶，加柏油油饰，以致星星之火成为燎原。虽曰天意，亦由人事未尽也。"朱鸿度尖锐地指出这是人为责任事故。他的看法立即得到盛宣怀的支持，盛宣怀回复朱鸿度说："布局被焚，未经保险，诚如尊论，人事未尽。"朱鸿度对美国顾问的责任也不放过，他说："即如布局清花厂并设一处，上用牛毛毡盖屋，丹科似亦不能辞其责。"

一场意外的大火，使数千工人流落街头，哭声震天。局中大部分机器设备被烧毁，损失约值白银 70 万两。李鸿章倾 14 年心血一手创办的这家中国最早的棉纺厂，付之一炬。李鸿章毫不犹豫地将杨宗濂、杨宗瀚就地免职，决定委派盛宣怀负责重建织布局。

李鸿章在织布局遭到挫折时没有后退，而是认为中国纺织业一定要做到"所纺之纱与洋纱同，所织之布与洋布同，庶几华棉有销路，华工有生机，华商亦沾余利"，因此，织布局必须立即着手恢复。李鸿章认为盛宣怀"于商务洋务，尚肯苦志研求"，决定委派他负责重建织布局。社会上也公认"盛宣怀的身份、势力和财力都适宜于担当此任"。

当时，张之洞正在邀请盛宣怀去湖北接办汉阳铁厂。此时，铁厂与织布局孰轻孰重，在盛宣怀的心目中，已经十分明确了，他毅然放弃了接办张之洞汉阳铁厂的想法，立即投入重建织布局的工作中。

1893 年 11 月 26 日，盛宣怀"奉到规复上海机器织布局札委"。11 月 30 日，盛宣怀在《上李鸿章禀》中提出了新的设想，他说："上海织布局被焚，仍须激劝殷实华商购用机器，纺造布纱，多多益善。应在上海另设机器总局，筹集款项，官督商办，以为提倡，并厘定章程……凡有华商自愿招集华商股份置办纱机，在通商口岸设立分厂者，皆准其具呈请题厂名，悉归商办。"概括起来，就是"多多设厂，全改商办"，而所有工厂每生产一包纱要捐纳白银一两，以补偿前织布局的损失。

12 月 8 日，盛宣怀"自津抵沪，从事规复织布局重任"。面对变成一片废墟的织布局，面对痛不欲生、流落街头的工人，面对曾经是自己的恩人而又受到重创的朋友杨宗濂兄弟，面对曾经为织布局付出十四年心血的老上级李鸿章，他毅然把重建织布局的重任担当了下来。就这样，盛宣怀尽管刚出任天津海关道不久，却又回到上海来重建织布厂了。

盛宣怀在接受重任之后，把已经有一定工作经验的儿子盛昌颐与五弟盛星怀，都带到了织布局，一方面让他们做一些最基础的工作，如清理账目、整理织布局以往的档案资料、清点尚存的机器设备、组织工人清理清扫被大火烧毁的厂房等；另一方面，也是让他们得到一些历练。

盛宣怀也立即投入重建织布局的工作中。12 月 20 日，他向李鸿章递交了《规复织布局禀》，系统地阐述了重建织布局的想法，主要包括：第一，评估织布局剩余财产，制订弥补损失方案；第二，积极筹集资本，加快重建步伐；第三，为织布局谋求优惠权，力图营造良好的经营环境。

对于结束之前的账目问题，经过盛昌颐等人的清算，"布局官款二十六万五千余两，商股五十五万四千余两，其他股份约二十万两"。如何来归还官款与商款，盛宣怀"与原织布局总办杨宗濂等协商，结束前账，招股集资，很快有了头绪"。他一反通常先官后商的做法，而主张"所欠官款，悉归以后局厂按每出纱一包捐银一两，陆续归缴"。而非官款的损失，将布局的地产等进行估价，所剩价值十余万两，盛宣怀以此"售以新商"，把这仅剩的十余万两全给商家摊派。"按旧股一千两先摊得二百两，填新股票，一律取利，其余旧股八百两，等新商获利陆续抽捐归补"。

为了加快筹建新厂，他将筹款计划分为两个阶段：先募集资金50万两，安装纺纱机70台，纱锭2.5万枚，先行纺纱；再筹集资金100万两，订购织布机1000张、纺纱机100台，在原有的基础上建一个大厂。

按此设想，他力图从上海、宁波、苏州等地的绅商中筹集资金60万两，其余则从仁济和保险公司、上海电报局等企业中筹集。但是民间的筹资活动并不顺利，至1893年底，只筹集到股银30万两左右。无奈之下，盛宣怀只得从官方机构及自己所掌控的企业筹集。第一阶段缺少的20万两，经李鸿章批准，由天津支应局和天津筹赈局各调拨官银10万两；第二阶段所需资金，主要通过仁济和保险公司和盛宣怀名下的钱庄来提供（其中仁济和保险公司"凑成32万两附入"）。至1894年2月5日，盛宣怀向李鸿章报告说："规复织局，筹本百万，已有就绪。"〔见陈明杰：《盛宣怀与华盛纺织总厂》，《长春工业大学学报（社会科学版）》，2007年12月〕

盛宣怀与华盛纺织总厂

1893年底，盛宣怀即委托天津信义洋行满德在英国劳得等厂购办纺细纱机110座，计4.004万锭子，共计英金51270镑16先令。

上海机器织布局着火前，盛宣怀与朱鸿度合作筹办纺纱分局，各筹一半。面对现状，盛宣怀只能独自将织布局接过来，与朱鸿度将股份分拆，朱鸿度走出逐步将官产变成私产的第一步，成全他成为民办纺纱厂的第一人。

上海华盛纺织总厂大门

　　张之洞得知盛宣怀署理织布局的事宜果敢、得力的消息后，于1894年2月17日上奏朝廷委派盛筹办湖北纺织局，说将来此厂办成，即委该道兼充总理局务，以资整饬，但盛未就。

　　盛宣怀为了照顾商股的情绪，将原来官办性质"织布局"的名称改为商办性质的企业的名称——华盛纺织总厂。1894年2月17日，他亲赴南京拜访总督刘坤一，为新建的华盛纺织总厂在江苏、浙江设分厂，征求他的意见。不久，总厂决定在上海、镇江、宁波等地再设10个分厂，计划纱机32万锭子、布机4000张。

　　1894年4月27日，"华盛纺织总厂的建设接近完成。'神旅'号轮船已抵吴淞，载有六百箱纱锭，'巴拉梅'号轮船另载来五百箱纺织机器设备"。由于设备的引进，5月1日，盛宣怀先后与美国人哈顿、威林顿订立了雇佣合同。6月5日，盛宣怀"禀南北洋大臣为华盛进口机器三年免税"，请求政府给予支持。

　　纺织厂的恢复速度比想象的还要快。不到一年，就于1894年9月16日投产了，工人重新回到了纺纱机、织布机面前，脸上又出现了笑容；商人的损失逐步得到了补偿；李鸿章要把纺织业做大的愿望也实现了。

华盛纺织总厂的重建，对江南纺织业的发展起了很大的推动与促进作用。1895年，张之洞提议在苏州办纱厂和丝厂，资金由官方向苏州、松江、常州、镇江、太仓五地典当业为主的商人借银547600两。这些典当主既是债权人，又是股东。工厂于1897年建成，在工厂的筹建与发展过程中，如厂房的设计、机器设备的选用、工人技术的培训、企业的管理等，都前去借鉴华盛纺织总厂的经验。

华盛纺织总厂的重建，使盛宣怀掌管的实业由原先的轮船、电报，又扩展到关系国计民生的纺织业，他的所作所为无疑对中国近代纺织业的发展起了很大的推动作用。

4.6 督办近代中国铁路建设

1896年10月20日，盛宣怀奉命"以四品京堂候补督办铁路总公司事务"，并被授予"专折奏事特权"。12月9日，盛宣怀由天津抵达上海；11日，他致电两江总督刘坤一通报："昨抵沪拟即举充商董设立总公司，北路先造卢沟至保定一段，南路先造汉口至信阳一段，已赶紧购料，来春开工⋯⋯"也就是卢保段、汉信段已纳入最先修筑的路段。

1897年1月6日，铁路总公司在上海成立。卢汉铁路款项并未如数筹足，故只能分段施工。首先施工的是卢保工程段。

拒"洋股"，借"洋债"

"时各国商人先谋入股，继谋借款包揽路工。美商华士宾等图之尤力，而京外绅商亦竞请分办支路，实则影射洋股与借名撞骗者各居其半。"盛宣怀通电枢译、直、鄂，一律驳置不理，坚持先尽官款开办。然后择借洋债，再集华股。抱定层次，扫除葛藤，乃渐渐得所借手矣。（见盛同颐等：《杏荪公行述》，《龙溪盛氏宗谱·附录

144

二》，2011 年）

　　盛宣怀担任铁路总公司的督办，对自己肩上的责任与可能遇到的困难是有足够认识的。他在给两江总督刘坤一的信中说，铁路修筑之事"在泰西为易办，中国则有三难：一无款，必资洋债；一无料，必购洋货；一无人，必募洋匠……风气初开，处处掣肘"（见盛档，盛宣怀：《致刘岘庄制军》，光绪二十三年正月初五日）。这三难中，资金可以说是最难的了。

　　事实上，清政府原来是打算铁路实行"官督商办"，由各省富商集股修建，但当时清政府信誉扫地，华商"各怀观望"，无人问津，不得已只好想办法用洋人的钱了。

　　至于用洋人的钱，实际上也有两种方式，即"借洋债"与"招洋股"。尽管这两种方式都是用洋人的钱，但是差别很大。借了洋人的钱，本利还清后，他对铁路的权益无法干涉；招洋股，那一旦洋人的股权变大后，他就有可能掌控铁路的主权，这与盛宣怀一贯坚持的"权自我操"的立场是格格不入的。

　　当时，清政府的倾向是以"洋商入股为主脑"，李鸿章也认为"洋债不及洋股容易"（见盛宣怀：《愚斋存稿》，中国台北：文海出版社，1963 年），他们均认为以招洋股为宜。盛宣怀则说："所议借洋债与招洋股，大不相同。若卢汉招洋股，鄂、豫、东、直腹地，原不至遽为所割，但此端一开，俄请筑路东三省，英请筑路滇、川、西藏，法请筑路两粤，毗连疆域，初则借路攘利，终必因路割地，后患无穷。是何异揠苗助长！若借款自造，债是洋债，路是华路，不要海关抵押，并不必作为国债，只需奏明卢汉铁路招商局准其借用洋款，以路作保，悉由商局承办。分年招股还本，路利还息，便妥"。（见盛档，盛宣怀：《寄王夔帅》，光绪二十二年三月二十七日）

　　张之洞赞成盛宣怀的意见，他说："唯有暂借洋债造路，陆续招股份还洋债之一策，集事较易，流弊较少。盖洋债与洋股迥不相同，路归洋股，则路权倒持于彼，款归洋债，则路权仍属于我。"（见张之洞：《卢汉铁路商办难成另筹办法折》，光绪二十年七月二十五日）经过再三考虑，盛宣怀决定，"无论议借何国路债，必须先用华款，后用洋债"。因为先用华款自造，造成一段，用路做抵押，可以免去苛条，"庶可权自我操，不致贻后来无穷之患"（见盛档，盛宣怀：《密陈筹办卢汉路次序机宜折》，光绪二十三年三月）。

由于官款已无法再挪措，商股难以募集，盛宣怀只有一条路可走，就是向洋人借款。借款筑路的消息一经传出，美、英、法、比等国商人纷纷行动，他们先谋入股，继谋借款包揽路工，盛宣怀则坚决反对招洋股而同意借洋债。1896 年 11 月 1 日，盛宣怀与美国华美合兴公司代表柏许进行谈判，由于美商"欲以包工渔利，密函饵我二百万两，当美总领事面前掷还原函，旋即罢议"（见北京大学历史系近代史教研室：《盛宣怀未刊信稿》，中华书局，1960 年）。1897 年春，盛宣怀又分别与英商恭佩珥、德国人德璀琳商议借款事宜，皆因要价太高而作罢。

"丁酉正月，比商至鄂议铁路借款。府君（盛宣怀）就商于文襄，金以比为小邦，重工业但斤斤于购料趱工，无他觊觎，即阴附他国商股。我于条款内坚明约束，只认比公司，不认他人，可无流弊，其息率亦视他国所索为轻。且允既以铁路作保，无须再用国家名义磋议。"（见盛同颐等：《杏荪公行述》，《龙溪盛氏宗谱·附录二》，2011 年）

1897 年 2 月，比商至鄂，议铁路借款。3 月 17 日，比利时驻汉口领事法兰吉会见张之洞，面商筑造卢汉铁路事宜。盛宣怀认为，其他国家胃口太大，而比利时是个小国，钢铁资源丰富，铁路技术成熟，尽管它有法国做后台，但它"国小而无大志，借用比款利多害少"（见盛档，盛宣怀：《遵旨沥陈南北铁路办理情形折》，光绪二十四年五月）。经过与比利时代表的艰难交涉谈判，1897 年 5 月 11 日，卢汉铁路借款比利时的条件基本谈妥；27 日，盛宣怀与比利时银行工厂合股公司代理人马西、海沙地在武昌签订《卢汉铁路借款合同》十七条。合同规定借款 450 万英镑，年息 4 厘，期限 20 年；借款由国家批准，而由卢汉铁路及其一切产业作为担保；铁路限 5

年完工；由比利时派总监工负责聘用铁路工程人员和建造铁路，而由中国铁路总公司督办节制总监工；铁路所用材料，先用中国制造，中国不能制造者，如比利时商人在公开投标中以最低价中标，可允其为铁路购料，并按购料价值给佣金5厘。

关于与比利时签订的借款条件任何，1897年5月11日，盛宣怀在致电李鸿章时，更详细地谈了与比利时签订借款合同的优劣，云："比合同磋磨以至极处，唯吾师酌知此中艰难。五年必成，彼未勘路，故欲作活笔，要删亦可。买料五厘佣钱，除自造钢轨外，约购外料千万两，所费仅五十万两，四厘九扣较五厘不扣，约便宜二百余万两。借款一成则不致偾事，乞密达首座。"（见盛宣怀：《李傅相来电》，《愚斋存稿》，中国台北：文海出版社，1963年）

1906年4月1日，卢汉（京汉）铁路全线通车

1897年10月，盛宣怀代表清政府与比利时公司签订了卢汉铁路借款合同草约。该合同规定，筑路工程由比利时公司派人监造；所需材料除汉阳铁厂可以供应外，都归比利时公司承办，并享受免税待遇。按草约规定，"比公司举荐总工程师监修路工"。以卢汉铁路借款合同为蓝本，以后各路借款合同中，均确定由债权方举荐工程师监修铁路。

1898年2月，因胶州之疫情势变迁，比欲翻议；借口东线将筑津镇路，延不交款，多方要挟。盛宣怀乃以卢汉、粤汉两路均将改用美国贷款，对比利时公司予以威慑，几经磋磨，续议条件，并允适当加息，才使比未予悔议。

1898年6月23日，《卢汉铁路比国借款续订详细合同》和《卢汉铁路行车合同》正式签订，清政府向比利时公司借款450万英镑（年息5厘，9折付款，期限30年）。该合同规定，筑路工程由比利时公司派人监造；所需材料除汉阳铁工厂可以供应外，都归比利时公司承办，并享受免税待遇。在借款期限30年间，一切行车管理权均归比利时公司掌握。8月11日，借款合同奉光绪皇帝朱批"依议"，《卢汉铁路比国借款续订详细合同》和《卢汉铁路行车合同》

正式生效。

合同签订后，此前仅断断续续修筑了100多公里的卢汉线终于可以大举兴建了。不久，清政府又以同样的条件向比借款1250万法郎。

在铁路建设资金的筹集上，盛宣怀在张之洞的支持下，力主"争权让利"，宁偿高息，借用"洋债"，拒参"洋股"，力争铁路主权在我。将"借款与造路分为二事"，减少债权对路权的干预，在一定程度上维护了国家主权。

比利时公司接办卢汉铁路修筑工程后，将铁路南端起点改为汉口玉带门，北端起点改为经北京西便门至正阳门（前门）西车站。1898年11月5日，汉口至孝感段正式开工，盛宣怀由沪驰赴鄂，料理开工，亲自主持开工仪式。1898年底，卢汉铁路从南北两端同时开工。1899年夏，卢保路段工程得以首先告竣，卢汉铁路首战得以告捷。

1899年9月14日，盛宣怀"扶病北行，验收卢保路工。由上海附乘轮船，十五日到天津"。9月29日，"驰至卢沟桥顺轨西行以达保定"。10月4日，乘车进京。11月，奏请"卢汉铁路北端接轨至马家铺"。

1900年春夏间，义和团向津京地区发展，受影响最大的是卢汉铁路施工现场。直至1901年9月7日《辛丑条约》签订，濒临停滞的卢汉铁路修筑工程才得以逐步恢复。

修建卢汉铁路的最大困难是通过黄河天堑。卢汉铁路郑州黄河大桥工程，理所当然地由作为债权方的比利时公司包揽和承建，这也是中国第一座横跨黄河南北的钢体结构铁路大桥。开始规划时，铁路面临的最大问题便是从哪里过黄河。比利时工程师沙多历经4年才结束桥址勘察工作。经张之洞、盛宣怀拍板，大桥选址定在郑州北邙山脉尽头，就是郑州人常说的"邙山头"附近，距黄河河槽约3公里，此处最大的特点就是"滩窄岸坚"。

黄河铁路大桥总长3010.2米，共102孔，是卢汉线上最长的桥梁。但比利时公司为了减轻投资负担，加快施工进度，没有采用

卢汉铁路黄河铁路大桥施工现场

压力沉箱法修建石质桥墩，而是选螺旋钢管作为基础，且由于桥墩入黄河底部深度不够，施工期间就有 8 个桥墩被洪水冲毁。桥建成后，保固期只有 15 年，行车时速仅为 10 ～ 15 公里。卢汉铁路建成后，在信阳以北平原如同一道长堤，拦阻了水的去路，每遇夏秋时节，山洪暴发，铁路附近的村庄农田顿时一片汪洋，农民只好被迫挖断路基，泄走洪水，自行抢救家园，但比方恃强行暴，武力阻止镇压群众。此后，每年洪水期黄河大桥必须加固，均需要抛掷大量蛮石，维修成本巨大。

　　1905 年 5 月中，盛宣怀北上勘黄河桥工、正太路工。5 月 22 日，盛宣怀被召见，面奉皇上垂询卢汉铁路工程及黄河桥工情形。盛宣怀以京汉全路完工，引疾求退。慈禧太后谕："国家正值多事，汝系旧臣，不应出此。"及再叫起，奏对逾四刻，上口："汝今日精神已大好。"

1906年4月1日，张之洞等要员验收卢汉铁路

　　6月，盛宣怀密陈整顿卢汉铁路办法三端，其中着重谈了收赎问题。说借款还清，合同即废，行车进款可无外散。其中尤要者，有事之秋他人不能干预。

　　7月27日，奉谕：着加恩在紫禁城内骑马。盛宣怀以屡荷温纶，未敢再求退。11月，盛宣怀奉旨自沪赴荣泽会同唐绍仪验收黄河桥工，并举行全路落成典礼。后咯血病发，未及复命即回沪。

　　1905年12月5日，盛宣怀电奏朝廷："上海铁路总公司请即裁撤，并归铁路总局唐绍仪督办，以一事权。"

　　1906年，大桥正式建成通车，它是中国第一座横跨黄河南北的钢结构铁路大桥，也称卢汉黄河铁路大桥。从此，郑州与铁路绑在了一起，并因铁路而兴。目前，郑州黄河风景名胜区有一段长约160米的铁路桥遗址，就是这座大桥的历史见证。

黄河大桥的建成是卢汉铁路建设的里程碑，标志着卢汉铁路全线贯通。大桥竣工时竖立于南北桥头的铁碑是一种纪念。

1906 年 3 月，盛宣怀报交卸铁路差使裁撤上海总公司。督办铁路总公司事至此结束。卢汉铁路全线通车时，全部工程投资 43498787 两白银，平均每公里造价为 35813 两白银。该线路上包括漯河（郾城）在内共建有长度 20 米以上大中桥 127 座（包括黄河特大桥），桥梁大多是钢结构，但类型复杂，载重等级不一致，且钢轨大多是汉阳炼铁厂制造的。卢汉铁路包括漯河（郾城）初设车站 70 座，后陆续增加至 125 座。

京汉铁路告成铁碑

1906 年 4 月 1 日，连接北京与汉口、全长 1214.49 公里的铁路干线卢汉铁路，全线通车。因力主修建这条铁路才被委任湖广总督的张之洞与直隶总督袁世凯一道验收工程后，改"卢汉铁路"为"京汉铁路"。

与此同时，汴洛铁路也由法国和比利时公司中标修建，以郑县车站为中心，东至开封，西到洛阳。1905 年 6 月，汴洛铁路在开封破土动工，两年后建成。

1909 年，卢汉铁路向比利时的借款全部归还，正如有关文书中记载："是岁，京汉铁路所借比款十年期届，如约收续，毫无违言。粤汉原借美款，南皮相国（张之洞）既徇湘人意罢约，今则仍贷诸德、法、英、美，营鄂、湘所经川粤汉路，而两省亦拒之。设当日不废美约，则粤汉、京汉早已南北贯通。"

武汉二七纪念馆陈展着一件极为珍贵的历史文物——京汉铁路告成铁碑。铁碑高 139 厘米，宽 59 厘米，厚 4 厘米，铁碑上用中文、法文两种文字镌刻，上半部两边两条巨龙飞舞，中间中文为："大清国铁路总公司建造京汉铁路，由比国公司助理，工成之日，朝廷特派太子少保、前工部左侍郎盛宣怀，二品顶戴署理商部左丞唐绍仪，行告成典礼，谨镌以志。时在光绪三十一年十月十六日。"下半部法文书写的是同样的内容。

1908 年 4 月 1 日，沪宁铁路全线通车

盛宣怀在修筑卢汉铁路的时候，已经将修筑沪宁铁路的事宜提上了议事日程。1897 年，两江总督张之洞等建议清政府修建吴淞至江宁的铁路，并从苏州接一条支路到杭州。

当时清政府的国库中是拿不出这么多银子来的，因此只能采取分段筹筑的办法。1897 年 1 月，先恢复修筑吴淞至上海段的铁路，至 1898 年完工，全线长 16.93 公里。此时距当年拆毁此路已整整 21 年。

1898 年，英国政府以最惠国待遇为由，向清政府索办沪宁铁路。这时借款修路已逐渐成为清政府可接受的方式，1898 年 4 月，英国终于获得清政府总理衙门的准许，承办沪宁铁路。当年，盛宣怀派员会同英国工程师玛利逊对沪宁铁路进行了为期两年的初勘。1903 年 7 月 9 日，盛宣怀与英方中英银公司（汇丰银行与怡和洋行联合组成）代表碧利南正式签订《沪宁铁路借款合同》共 25 款。合同规定，借款总额 325 万英镑，按九折实付；以全部路产及营业进款担保期限 50 年，25 年后开始还本，每半年须按年息 5 厘付息一次；而且还要分红，每年铁路营业的余利提取五分之一为英方所得。根据合同，盛宣怀聘请在中国已经有好多年、曾经参与津浦铁路设计的格林森，担任沪宁铁路的总工程师。筑路的材料由英方工程司认可，并按材料费 5% 付给英方酬劳。同时，合同第 25 款还规定："本合同有中英文本各 5 份……若有文字可疑之处，以英方文本为准。"1903 年 8 月，沪宁铁路在格林森的带领下开始

1908年竣工后的苏州火车站

分上海至苏州、苏州至常州、常州至镇江、镇江至南京4段进行复勘。

1904年3月22日，沪宁铁路动工。全线分4个区段施工，即上海至苏州、苏州至常州、常州至镇江、镇江至南京同时开工。盛宣怀作为铁路总公司督办，亲自主持了沪宁铁路的开工典礼。

经过一年多的努力，沪宁铁路上海—苏州段建成，盛宣怀终于把从上海开出的火车通到了苏州。

苏州火车站是在沪宁铁路第二期工程（即南翔至无锡段铁路工程）中修建的，于1905年4月竣工；站屋系平房，长19.2米，阔10.67米，设售票窗口6处；两侧为辅助用房和月台两座，造价7.15万银元；地道一条，费用为7190银元。

沪宁铁路修建至苏州时，"开设租界时原筑之马路，厥后系沿城而北，以阊门为终点。迨本年（指1905年）苏、沪行车后，复由阊门向北推广，刻已直达于铁路公司自筑之新桥（今钱万里桥），一俟该桥落成，即可与车站之马路互相衔接"。苏州火车站经阊门、胥门、盘门外修建环城大马路时，大马路南端接租界，北端通火车站，成为苏城陆路运输的大动脉。盛宣怀修筑了其中自阊门吊桥堍鲇鱼墩至姚家弄口大马路的石子马路，苏州"石路"由此得名。

苏州至无锡段的铁路是1906年完工的。1906年7月16日，同时举行苏州、无锡站建成通车典礼，两天后即开办营业。建站时，因车站设在苏州，故站名定为"苏州站"。

1905年，沪宁铁路在常州的北乡铺设，至1907年建成。为建沪宁铁路，将坛街一分为二，在北圈门、黄泥坝北筑铁路道口，并设洋旗栏杆，在火车通行时放下关闭，确保行人安全通过。

沪宁铁路进入常州段后，从东门竹林的庵前村开始向北绕行，在前王村、煤史村区域建常州火车站。铁路有意绕城而过，改直行为绕行，这样避免了铁路穿过古城城墙、桥梁和建筑。从今天来看，建造沪宁铁路常州段时，刻意向北绕了个弯，起到了保存常州府衙、府学和青山门完整性的作用。

沪宁线全长311公里（其中南京市境内长33.4公里），丹阳以东地势平坦，以西则丘陵密布，在镇江宝盖山开凿隧道一座，长406米。龙潭至南京段，地势更为起伏，土方量为全线最高。距上

沪宁铁路旧影

海 298 公里处，铁路轨面已比上海地区海平面高出 45.64 米。南京车站（现南京西站）在长江南岸低洼处建站时则大量填土，将地面抬高了 0.75 米。

沪宁铁路全线单轨，铺设 85 磅（43 公斤／米）钢轨，枕木使用了澳大利亚进口的茄拉枕木，比美国、日本的松木枕价格昂贵数倍，有大小桥梁 269 座（其中铁桥 264 座、石桥 4 座、木桥 1 座）、涵洞 424 个。

1908 年 4 月 1 日，沪宁铁路全线通车，由上海北站至南京下关站，沿途共设上海、苏州、无锡、常州、镇江、南京等 37 座车站。当时上海到南京的火车需要行驶 10 个小时，上海与南京之间开行 6 对列车，全线通车后当年即运送旅客 300 余万人次。

沪宁铁路通车的同时，沪宁铁路管理局也正式成立，即今上海铁路局的前身。该局名义上派有华人主持局务，但管理实权仍在英国人手中。其经营管理权直到 1929 年后才由国民政府铁道部逐步收回。

沪宁铁路的通车，为中国长三角的发展奠定了基础。今天中国的现代化高铁已经驰骋于祖国的大江南北，从上海至南京，坐高铁只要一个多小时就可以通达。不得不承认，时至今日，沪宁铁路段仍然是中国最繁忙的铁路段，足见这段铁路在中国铁路网中的地位。

同样，我们不能不想到当年先辈们修建这段铁路时所承受的艰辛。历史给了这样的安排，使沪宁铁路与盛宣怀的名字连在了一起。（见盛承懋：《盛宣怀与沪宁铁路》，《苏州日报》，2019 年 11 月 1 日）

与主干线相关的部分支线的修筑

盛宣怀被任命为铁路督办后，一再强调要抓紧"中权干路"渐及其他支路，清晰地表明了他以修筑卢汉路为起点，逐渐扩大到全国各路的想法。盛宣怀修筑的支线铁路主要有：

一、陇海铁路的前身"汴洛铁路"。汴洛铁路是指自河南开封至

汴洛（开封至洛阳）铁路工程师与同僚合影照

洛阳之间的一条铁路，取两地简称为"汴洛铁路"。1899 年 11 月，盛宣怀以"预筹干路还款、保全支路"为由，呈请清政府批准归总公司筹款建造。1903 年 11 月，盛宣怀与比国代表卢法尔签订了《汴洛铁路借款合同》。1905 年 6 月，汴洛铁路在开封破土动工。

1909 年 6 月，这条东西贯穿河南、总长 185 公里的铁路工程正式完成。现在这条线成为自江苏省连云港市起，经徐州、郑州、西安、宝鸡、天水，直到甘肃省会兰州，并最远延伸至西部的荷兰鹿特丹，长度已达好几千公里的东西大动脉。

二、一波三折的"正太铁路"。1896 年 6 月，山西巡抚胡聘之请求修建太原到正定的铁路支线，当年 8 月，该建议获得光绪帝的批准。

1898 年 5 月 21 日，山西商务局曹中裕与华俄道胜银行代理人

道清铁路清化站候车室

璞科第签订了《柳太铁路合同》。法国钢铁实业团派工程司数人至山西，经初步踏勘，判断工程繁难，修筑费用极贵，并决定采用一米的窄轨。由于内外的形势变化，修路的事便被抛之脑后。

1902年10月15日，盛宣怀奉命与华俄道胜银行驻上海总办佛威郎谈判。双方拟定了《正太铁路借款合同》和《正太铁路行车合同》。合同规定，借款总数4000万法郎，年息5厘，"三年之内全路告竣"。

1904年2月，合同才正式被履行。1907年10月，正太铁路全部竣工，线路总长243公里，设车站35座，有隧道23座，大小桥梁1200多处，最长的隧道640米。建成通车后的25年，石太铁路一直由法国巴黎银行经营。

三、因无烟煤而修筑的"道清铁路"。道清铁路由河南省道口

（今滑县）至清化镇（今博爱县）。1904年1月从道口修至待王镇，1907年1月修至清化，全线长190公里。

1896年，意大利商人罗莎第发现了蕴藏着优质无烟煤（无烟煤被英国女王称为"香砟"，选作英王室专用）的宝地——焦作。罗在伦敦成立了一个英意联合公司——英国福公司，在北京设立办事处，策划掠夺焦作的煤炭资源。1898年3月27日，清政府允许福公司修筑"道泽铁路"道口至清化一段线路。1902年初，盛宣怀得知福公司拟造道清铁路，认为这将损害卢汉铁路的利益，致电朝廷："如有必要，亦须俟卢汉完工之后，察看情形方可。"1905年，英国驻华公使与盛宣怀签订《道清铁路借款合同》，将原道口至清化一段铁路的修建费用作为清政府向福公司借款，清政府以经营权做抵押。该路于1906年2月竣工通车。1907年3月3日，道清铁路正式全线通车。焦作车站开办货运业务，以运送煤炭为主。

四、清末运输效益颇佳的"广三铁路"。1898年2月，盛宣怀获得粤汉铁路督办权，美国合兴公司主动表示愿意贷款。1898年4月10日，盛宣怀委托驻美公使伍廷芳在华盛顿与美国合兴公司签订了粤汉铁路借款合同。广三铁路自广州珠江南岸石围塘，经三眼桥、佛山、小塘至三水，分两段先后修筑，主要包括石围塘站、小塘站、佛山站和三水河口站。1901年12月起，美国合兴公司开始修筑广州石围塘至佛山一段，长16.5公里。1903年10月5日，佛山至三水一段建成通车后，标志着共耗资4000万美元的广三铁路全线竣工，时任两广总督的岑春煊主持了盛大的通车典礼。广三铁路以客运为主，每日平均运送旅客万人以上。据资料记载，当时广三铁路的客运量占广东铁路客运人数一半以上。广三铁路虽短，却是清末运输效益颇佳之路。

五、应与卢汉铁路并举的"津榆铁路"。津榆铁路是由唐胥铁路延长而来，形成于1894年。1888年10月3日，津沽铁路正式竣工，全长130公里。1890年，开平矿务局又在唐山和古冶之间修筑了一条铁路，与唐津铁路相连，更名为"冶津铁路"。1890年，因为国防的需要，李鸿章建议从冶津铁路的终点古冶经山海关至沈阳、吉

马家堡火车站旧影

林修建铁路（称关东铁路）。4 月 30 日，该建议得到清廷批准，于山海关设立北洋官铁路局，开始修建关东铁路。

1894 年，关东铁路修至山海关，天津至山海关铁路改称"津榆铁路"（山海关在历史上曾称"榆关"）。1895 年 12 月 5 日，清政府决定修筑一条从天津至卢沟桥的铁路（称"津卢铁路"），成立津卢铁路局进行筹备。1896 年 1 月，津卢铁路开工。

1897 年 4 月 13 日，外人谣传俄国代造东北铁路至大连湾，盛宣怀致电王文韶，主张卢汉、津榆同时修筑。1897 年 7 月，津卢铁路修至丰台及马家堡（原名马家铺），同时，丰台至卢沟桥的铁路亦竣工。1899 年，开平矿务局为了便于煤炭运输，修建了开平至秦皇岛的铁路。1900 年，关东铁路修至大虎山。1911 年，关东铁路延伸至沈阳。

六、"广澳""广九"铁路的修筑。1902 年，占驻澳门的葡萄牙总督以扩充商务为由，提出修建从澳门到广州的铁路。7 月 8 日，盛宣怀致电外务部："葡萄牙索造铁路，意在推展澳界，图占香山，如不允所请，只能由葡借款筑造作为中国支路，并须订立合同以清界限，而保主权。"10 月 15 日，清外务部同意葡修筑从澳门经中山到广州的铁路，全长 120 公里。

1904 年 11 月 11 日，清政府与葡萄牙签订了《广澳铁路合同》。合同规定，广澳铁路由中葡两国商人集股合建，两国商人各占一半股份，建成通车起满 50 年，即归还中国所有。

就在清政府与葡国为广澳铁路的修建来往争执、摇摆不定之时，英国政府也在积极游说清政府修建由广州至香港九龙的广九铁路，并于 1907 年 3 月 7 日签订了《广九铁路借款合同》。同年 8 月，广九铁路开工，1911 年竣工并使用至今，而广澳铁路则一直搁置了近一个世纪。

七、因萍乡煤矿运煤而建的"株萍铁路"。1898 年，正值卢汉铁路动工，急需更多的煤炭炼钢造轨。为解决煤炭运输困难的问题，盛宣怀会同张之洞上书光绪皇帝，提出在安源修建一条专门运煤的铁路。盛宣怀招股集资 600 万两，其中 200 万两为铁路建筑费用。1899 年 11 月 30 日铁路竣工，路长 7.23 公里，并命名为"萍安铁路"，为株萍铁路之开端。

1899 年，张赞宸与盛宣怀商议，拟修建一条萍乡至醴陵的铁路，将煤先由萍乡运到醴陵，再走渌江下湘江至长江，萍乡的煤炭通过长江可运至汉阳铁厂。朝廷很快批准了这条铁路的建设。1901 年 11 月，萍乡至醴陵段竣工通车，路长 38 公里，并命名为"萍醴铁路"。

本以为萍煤能在醴陵转水路运至汉阳，未料渌江滩多水浅，无法承载煤炭运输。1903 年 7 月，盛宣怀经调研后决定将这条铁路延伸至株洲，直接借助湘江来运输煤炭。1905 年 12 月 13 日，醴陵至株洲的铁路建成通车。株萍铁路共设安源、萍乡、醴陵、株洲 4 座

株萍铁路的株洲火车站（后改为南站，抗战后称西站）

大站，峡山口、老关、板杉铺、姚家坝、白关铺 5 座小站。这是长
江以南最早的一条铁路。（以上见盛承懋：《盛宣怀与近代中国铁路
建设》，武汉大学出版社，2022 年）

从 1881 年李鸿章修筑中国的第一条铁路——唐胥铁路开始，至
1911 年清朝灭亡的 30 年间，清朝共修筑了 50 条铁路，总长 9100
公里，遍布全国 18 个省市。除了西北、西南比较偏远的省份外，其
他省份都通了铁路。光是在 1909 年，清朝就一口气规划了 7 条铁路，
有的在清朝灭亡之时还没有修建完成。可以说，到清朝灭亡时，整
个中国的铁路框架已经搭建出来，之后的铁路都是在这个基础上逐
步修建实现的。

以下是从 19 世纪 80 年代至 20 世纪初所修筑的铁路：

19 世纪 80 年代（8 条）：唐胥铁路（1881）、唐阎铁路（1886）、唐芦铁路（1887）、台湾铁路（1887）、津沽铁路（1888）、津唐铁路（1888）、紫光阁铁路（1888）、津通铁路（1889）。

19 世纪 90 年代（5 条）：津古铁路（1890）、关东铁路（1891）、津榆铁路（1896）、津芦铁路（1897）、京奉铁路（关内外铁路，1897）。

20 世纪 00 年代（26 条）：京榆铁路（1901）、东清铁路西部线（1901）、东清铁路东部线（1901）、粤汉铁路省佛支路（1902）、粤汉铁路省三支路（1903）、东清铁路（1903）、胶济铁路（1904）、南满铁路（1905）、安奉铁路（1905）、株萍铁路（1905）、卢汉铁路（1906）、潮汕铁路（1906）、京苑铁路（1907）、京奉铁路（关内外铁路，1907）、道清铁路（1907）、正太铁路（1907）、同蒲铁路（1907）、京张铁路京门支路（1908）、沪宁铁路（1908）、宁省铁路（1909）、齐昂铁路（1909）、京张铁路（1909）、汴洛铁路（1909）、张绥铁路（1909）、清徐铁路（1909）、川汉铁路（1909）。

20 世纪 10 年代（11 条）：滇越铁路（1910）、漳厦铁路（1907 年开工，1910 年停工）、津浦铁路（1911）、广九铁路（1911）、台枣铁路（1912）、新宁铁路（1913）、沪杭甬铁路（1914）、粤汉铁路广韶段（1916）、南浔铁路（1916）、京绥铁路（1916）、粤汉铁路湘鄂段（1918）。

从中可以看出，盛宣怀所设计的 4 条最急于修筑的铁路干线，在清朝灭亡之前得以建成，即"以卢汉为核心，东面沪宁通上海，西面汴洛达关中，北面京津通吉林，南面粤汉达两广"，这是清末铁路的大致分布，也是中国百年来铁路网的根基。

4.7 为中国近代金融发展打头阵

鸦片战争前，除了钱庄、票号等旧式的金融机构外，可以说整个中国都还没有银行。鸦片战争失败后，依据不平等的中英《南京条约》，上海等 5 个中国东南沿海城市被辟为商埠。上海开埠后的第四年，即 1847 年，英国丽如银行率先抢滩上海，标志着外国银行开始进入我国。

当外资银行争先恐后地在上海发展的时候，国内的金融业还处于钱庄、票号的状态。像盛宣怀这样接受西方思想影响较早的人士，在 19 世纪 60 年代，对西方传入的银行及其作用也还没有多少认识，持观望的态度，他们更多还是相信与看重中国自己的钱庄与票号这样的金融机构。

1868 年 7 月，盛宣怀的父亲盛康与苏州顾文彬等合伙的第一家典当行"济大典"在吴县开张，由盛宣怀与顾文彬的儿子顾承具体负责打理。盛康、盛宣怀看出办典当、钱庄是一种快速的生财之道，他们在苏州、无锡、常州与南京等地大张旗鼓地开起钱庄、典当。不到十年，盛氏旗下的钱庄、典当有了 30 多家，盛氏私有账号"愚记"的资产高达数百万两白银。

尽管外资银行争先恐后地在上海抢滩、发展，而盛宣怀他们的典当、钱庄也办得风生水起，中国其他地区的钱庄、票号依旧运转自如，这就是晚清那段时期形成的"现代与旧式金融机构并存的格局"。

从 1872 年 6 月开始，盛宣怀参与轮船招商局的创办，继而赴湖北广济、大冶勘矿，至 1881 年冬担任中国电报总局总办、1885 年 8 月 1 日担任轮船招商局督办，快速开启了他的实业发展之路。其间，他对银行在投融资中的作用，有了深切的感悟。在第一次世界经济危机触发中国金融风暴的当口，他在处置轮船招商局的坏账、为架设苏浙闽粤电报线筹措资金时，以及借助出生于苏州吴县东山的金融家、英国汇丰银行的买办席正甫的力量，与"红顶商人"胡雪岩争夺市场的过程中，开始对银行的作用与能量有了进一步的认识。

1886 年 7 月，盛宣怀出任山东登莱青兵备道兼东海关监督，这使得他有了一个涉足金融领域的平台。在烟台工作的六年间，他积极涉足金融事务，为后来创办中国第一家商业银行开始了实质性的探索。

　　盛宣怀赴烟台上任第二年，即 1887 年（光绪十三年）7 月，替李鸿章起草了《致驻美公使张樵野函》，其目的是商讨中美合作官办银行事宜，但信函表述的自然是李鸿章的观点。李的意见是美商在华可办银行，但不同意美商在华独办像汇丰、法兰西那样的商业银行，认为这些商业银行"于办理官事处处窒碍，其生意仍难驾乎各行之上。今议华美合办，既有华商在内，名正言顺，凡中国兴利大事，该行均可随时议办"。李鸿章要求张荫桓（号樵野）去美国后要推进华美合办银行一事。

　　事实上，盛宣怀内心是主张银行商办的，替李鸿章起草这封信函后，他又上书户部尚书翁同龢，阐述关于银行应该商办的观点和中国缺乏人才的现实。他说，一个月前美国商人到天津来讨论合作开设官办银行，傅相督办。他"力陈银行只可商办，本钱虽大，其办法与西帮之银号等耳，盈亏听商自主，官不宜过问"。他认为，"泰西各国以兵商二者交相焜耀，实即足食足兵之道"。西方国家"上有商务大臣，下有工商书院"，在人才上与中国也大不一样。盛宣怀在信中还向翁同龢诉说："招商一局尚苦无人，遑论银行？"

　　在探索办银行的同时，盛宣怀在烟台还积极开展铸钱币的工作。鸦片战争前后，外国银元入侵，通行方便，抢夺了中国的块银纹银之权。当时墨西哥等国七钱二分的银元在中国市场上已经很多，盛宣怀对此十分无奈。他认为："官铸银元，使其上下通用，中外通用，不特使元宝及杂色碎银俱可铸成银元，且可收罗洋银改铸华银，徐禁他国银币不准通用，实系塞漏卮之一端。"他明确提出铸币应由国家掌控，不准外币在国内通用。

　　盛宣怀出任登莱青道后，于 1887 年奉山东巡抚张曜之命在烟台试铸银钱，要求"铸钱十万串"。为此，他报告张曜，"职道到烟以来，总以钱可适用，银不亏耗为主"，来铸造银钱（见盛档，盛宣怀：《致张朗帅》，光绪十二年十一月二十四日）。1888 年，他又奉命在烟台开铸钱币。除了铜钱币外，盛宣怀还在烟台试铸银钱币，"打算制钢模大批制造"（见夏东元：《盛宣怀传》，四川人民出版社，1988年）。币样送至李鸿章验看时，李的回答是："银洋钱花纹甚佳。此事造端宏大，非农部同心主持不能开办。得人尤难。钢模应缓制。"（见李鸿章：《寄烟台盛道》，光绪十五年二月初六日）李鸿章的意见是铸币牵涉到国家币制，不是一个中级官吏的道员所能承担的重任。盛宣怀只能作罢，但是他并没有因此而退缩。这事实上为1897年盛宣怀创办中国通商银行后，在铸币方面坚持收回利权并且按照商务原则铸币，打了前战。

甲午战败，清政府面临巨额赔款的筹措问题。已离开烟台三年的盛宣怀向朝廷提出，在兴利方面要速办银行，"若仍不加意商务，未有不民穷财尽不战而弱者也。今言变法者多矣，然坐言易，起行难；立法易，收效难。始就力所能行、效所能速者筹之，则铸银币、开银行两端，实为商务之权舆，亟宜首先创办"（见金延铭：《盛宣怀在烟台》，《烟台文史》，2016年10月）。

甲午战败后，他进一步意识到，中国社会的变革不在制度上图变，不在"练兵"（即军事）上图强，不掌握金融这个经济命脉，想要走上自强之路，还是不行的。仅仅依靠实业的发展、科学技术的进步是不够的，还必须有制度、军事、金融上的优势，当然这必须仰仗人才的优势。

在他受到重用，督办铁路、接棒汉阳铁厂之时，他也问自己：钱从哪里来？1896年11月12日，盛宣怀提出："今因铁厂不能不办铁路，又因铁路不能不办银行。这就要铁厂、铁路、银行三者一手抓。"他在向光绪皇帝上奏的《自强大计折》中说："银行流通一国之货财，以应上下之求给，比之票号、钱庄要好。英、法、德、俄、日本之银行推行来华，'攘我大利'，近年中外士大夫亦多建开设银行之议。现又举办铁路，造端宏大，中国非急设银行，'无以通华商之气脉，杜洋商之挟持'。"强调了中国人办自己的银行的必要性与迫切性。

当年11月12日，光绪皇帝下诏，命盛宣怀"选择殷商，设立总董，招集股本，合力兴办，以收利权"，着手筹办银行。盛宣怀随即就行动了起来。

中国通商银行总行外景

　　由于事先对开办银行已有了较为成熟的考虑，他在奉到上谕的十几天后，就召集了由他选定的既有经济实力又有管理近代企业经验的8位殷商（后又增加两位）组成董事会，并将银行定名为"中国通商银行"，简称"通商银行"。

　　盛宣怀挑选的8位银行董事都是当时上海滩呼风唤雨的非凡人物。张振勋是南洋华侨巨擘；叶澄衷是五金行业巨头，号称"五金大王"，又是纶华缫丝厂、燮昌火柴厂的老板；严信厚是李鸿章的旧属，在上海帮办军饷和军械，后又办盐务，任长芦盐务帮办，积资巨万，成为宁波通久源轧花厂、通久源纱厂、通久源面粉厂、上海中英药房、华兴水火保险公司、锦州天一垦务公司和景德镇瓷业公司的老板；朱佩珍为华商巨擘，拥有华安水火保险公司、华商电车公司、定海电气公司、舟山电灯公司、舟山轮船公司、永安轮船公司、上海内地自来水公司、上海华商水泥公司、中兴面粉厂等；严潆和陈猷是轮船招商局的会办，杨廷杲是电报局总办，施则敬也是一个举足轻重的大资本家。

1897 年 1 月 27 日，盛宣怀在上海召集董事会议，商议银行的章程与董事条例；2 月 20 日正式制定《中国通商银行章程》；3 月 24 日议定《中国通商银行总董条例》。

眼看中国人自己办银行的愿望即将实现，英、俄、美、法、奥等国却开始霸道干涉。比起外部压力，清廷内部顽固派官僚的坚决反对更为猛烈，社会上散布流言蜚语以攻击盛宣怀者不乏其人，筹组银行之路充满荆棘。不过，盛宣怀并不为之动摇，为了挽回颓势，他一方面通过支持他的人居中疏通，另一方面用以退为进的手法，以从此不管银行事为条件，最终使清政府勉强允许通商银行如期开业。

1897 年 5 月 27 日，由盛宣怀创办的中国通商银行在上海外滩 6 号正式成立。这是中国人自办的第一家银行，也是上海最早成立的华资银行，但比第一家外资银行在上海的设立，已落后了整整 50 年。

为了给中国通商银行创造一个良好的生存、发展空间，盛宣怀在银行人员的择取上可谓煞费苦心，既要保证独立控制，又要照顾各方利益，以满足他们的需求，即取"均衡"各方利益的用人之道。

在银行核心人选——董事会成员的构成上，盛宣怀参照汇丰银行的用人原则而适当加以变通，"不用委员而用董事，不刻关防而用图记，尽除官场习气，俱遵商务规矩"，以此确定通商银行"商办"的经营原则；在经理层的构建上则审慎地采取了"不中不西，亦中亦西"的用人策略，"借重外才，征用客卿"，聘用曾任职汇丰银行的英国人美德伦为第一任洋大班，以平衡与外资在华银行的关系；任用中国的钱业领袖陈笙郊为第一任华大班，以融通与传统金融机构的关系。华洋共用的用人机制虽然与汇丰银行"如出一辙"，但总行、分行经理人员则分为两大部分：洋账房和华账房。洋账房的核心是洋大班，有权决定与银行有关的存款、放款、资产处理、人员选聘等业务；华账房的核心是华大班，在此基础上遴选其他经营人员，共同组成银行的经营管理层。

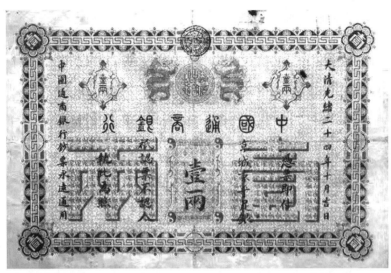

光绪二十四年（1898年），中国通商银行发行的一两券（上图为正面，下图为背面）

中国通商银行大楼始建于 19 世纪中后期，原为东印度式样三层砖木结构建筑。1906 年，经英商玛礼逊洋行设计师格兰顿设计，进行翻建，翻建后的大楼为假四层哥特式风格的市政厅样式建筑，建筑面积约 4541 平方米。

1897 年 5 月 27 日，中国通商银行上海总行开张。此后，自夏徂冬，天津、汉口、广州、汕头、烟台、镇江等处分行陆续开设。

通商银行成立之初，清政府即授予发行银元、银两两种钞票的特权，以为民用，使为整理币制之枢纽，至此国中始见本国纸币与外商银行之纸币分庭抗礼，金融大权不复为外商银行所把持。银元券分一元、五元、十元、五十元、一百元 5 种；银两券分为一两、五两、十两、五十两、一百两 5 种。

通商银行的运作，为汉阳铁厂与卢汉铁路建设资金的筹措创造了一定的条件，加快了其生产与建设的进度。通过发行钞票，通商银行获得了巨额利润。如从 1905 年到 1911 年的 7 年中，通商银行发行钞票没有准备的部分（每年平均 140 万两），按当时贷款最低利率 8% 计算，获取利润就高达 80 万两以上。

中国通商银行的创设，为中国人自己掌控金融打了头阵。盛宣怀一生，对金融从知之不多到逐渐认识，进而全身心投入，以致灵活驾驭、掌控自如，最终被业界公认为当时中国金融理财的高手。不仅如此，在长期的实践中，他形成了一系列金融理财的思想和主张：关于理财，他主张设银行、增税率、改币制；而关于币制，则主张虚金本位。他的思想与主张至今仍为业界所传颂。当然，在晚清腐朽没落的政治体制下，他的所作所为不可能没有局限性，不可能没有当时政治制度的烙印。

当今，发达国家已经形成了"制度 + 军事 + 金融"三位一体的国家能力，其中金融在加速资本的积累和生产的集中、构建世界体系的过程中发挥了重要作用。金融主权、金融竞争力同样成为中国现代国家构建和国家治理绕不过去的核心命题之一。

中国第一家民族资本银行创办初期充满矛盾与艰辛，为近代中国金融史留下了浓重的一笔。我们从盛宣怀当年勇于与西方列强抗争、从他创办中国通商银行的主张与实践、从他的成功与遭遇的挫折中，仍然可以学习良多。（以上见盛承懋：《盛宣怀与近代中国金融和保险》，武汉大学出版社，2022 年）

4.8 创办中国最早的保险公司

鸦片战争失败后，上海等五个中国东南沿海城市被迫辟为商埠。上海开埠后的第四年，即 1847 年，英国丽如银行（其前身为西印度银行，总行设于印度孟买，是英国政府的特许银行）率先抢滩上海。自丽如进入上海至 19 世纪 60 年代中期，先后有 10 家外资银行在中国设立分支机构，其中 9 家是英国的。至此，外资银行已在中国站稳了脚跟。在随后的 40 多年中，以英国资本为主导，包括法国、德国、日本、俄国、美国等国资本在内的 20 多家银行陆续在上海登陆。紧接着，外国的保险公司也跟着进入了中国。

当外资银行争先恐后地在上海发展时，国内的金融业还处于钱庄、票号的状态。然而随着轮船招商局的创设，中国的保险机构却抢在银行之前登上了中国金融史的舞台。

1872 年，李鸿章创办轮船招商局。1873 年 1 月 14 日，招商局正式营业，但是招商局购买的数艘轮船本由各洋商保险行联手，它们却以轮船悬挂中国龙旗和双鱼旗（招商局局旗）不合规则为借口，拒绝承保。几经斡旋，英国怡和洋行、保安行才勉强同意，但一条价值 10 万两的轮船每年须缴纳 1 万两至 1.5 万两的保险费，年费率超过 10%，承保条件极为苛刻。这种近似勒索的昂贵保险费，极大地刺激了刚刚创办、资金紧缺的招商局，使它不得不走上自办保险的道路。

1873 年 9 月 9 日，李鸿章任命盛宣怀为轮船招商局会办。为不受制于洋人，盛宣怀建议在招商局内自立保险，一方面可使船险公积金留在局内，扩充利源；另一方面也是官督商办企业走向规范的现代化需要。

招商局筹划保险公局的消息，在 1874 年时已广为各界所知。

法国人法乐企图通过熟人关系到招商局或招商局保险行任总管。该年 4 月 8 日，左宗棠的属下、后曾任定海总兵的管带贝锦泉，曾致函时任招商局会办的盛宣怀，替他谋求这个保险职位。盛宣怀亲笔批示："招商局总管拟用华人，保险局事，须俟秋中方能就绪，届时再当奉闻。"这相当于委婉地拒绝了洋人到招商局和招商局保险行任职。

1875 年 4 月 1 日，轮船招商局的福星轮在黑水洋面被怡和洋行的澳顺轮撞沉，溺死 63 人，船货全部沉失。虽然事后法庭判招商局胜诉，获得赔银 4.2 万两，但因为澳顺轮船主脱逃，招商局最后追到的赔款连 4000 两都不到，余数尽由招商局自己承担，损失巨大。这一事件深深触动了招商局的神经，也促使其加快了创办保险企业的步伐。1875 年 11 月 4 日，轮船招商局在《申报》上刊登了《招商局告白》，落款则为"保险招商局公启"，标志着保险招商局的正式创办。

《招商局告白》不仅宣告了保险招商局将于光绪元年十二月初一（即公历 1875 年 12 月 28 日）开始营业，也向公众介绍了其管理体制、组织形式、资本额、业务种类、会计特点、营业网络及与轮船招商局的关系等。

《招商局告白》刊登的这天，《申报》一同发表了《华人新设保险局》的评论，文曰："阅今日本报所列之新告白，知华人有创议开设保险公司一举，取名保险招商局，欲集股一千五百份，每股规银一百两，计共合本银十五万两，主谋者则唐君景星是也。查华商装货保险为习者，已实繁有。徒而向设保险公司者，唯西人独擅其事。今见华人倡设此举，想华商无有不为之庆喜者。"

为了弥补保险招商局营业上保额过小的限制，轮船招商局又确定成立仁和保险公司，1876 年 7 月 3 日，《申报》刊登了《仁和保险公司公启》，即仁和保险公司的招股公告。保险招商局与仁和保险公司的创始，不仅拉开了中国新式金融业的帷幕，开启了新式保险业，也给投资者带来了回报。1882 年 7 月，招商局决定不再将两家保险公司分立，正式归并为一。自 1882 年 7 月始，仁和保险公司合

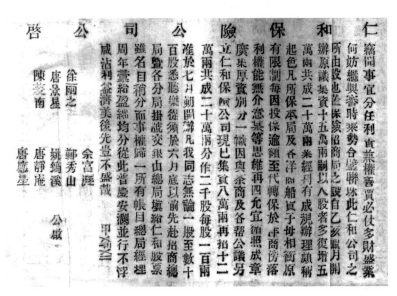

仁和保险公司的招股公告

并了保险招商局。保险招商局和仁和保险公司的业务是一样的，都是承保船壳和货物，但是随着轮船招商局业务的拓展，特别是1877年收购旗昌轮船公司后，各地堆栈码头火险业务的需要，直接推动了轮船招商局筹划组建新的保险公司。

济和船栈保险局，也称济和保险公司，其股本为20万两，以堆栈保险业务为重点，自1878年4月17日开始营业，因为背靠轮船招商局，开业一年就有不错的效益。1879年5月13日，在《申报》上刊登了《济和船栈保险局支利》公告："启者本局济和保险应支周年利息，今于四月初一日支取。请在股诸君届期持票来局补折取利可也。谨此布闻。"此后直至1884年，济和保险公司每年均登报发放官余利，未曾中断。

仁济和保险公司的章程

1885年4月，中法战争结束。8月1日，盛宣怀被任命为轮船招商局督办，推动招商局与旗昌洋行签订契约，购回原先卖给旗昌洋行的局产，包括仁和、济和这两家保险公司，使一切又重回轨道。

赎回两家保险公司时，合并的问题也摆上了台面。1886年初，仁和与济和两家保险公司召开董事会，经协商决定，将仁和、济和合并为"仁济和保险公司"，资本金为100万两，并重新推举8名董事。盛宣怀亲笔拟定了《重订仁济和保险章程》十条。1886年2月8日，这一天是上海传统的请财神的日子，仁济和保险公司正式开门营业。其开办公告刊登在第二天的各大报纸上，曰："招商局仁济和保险公司现定于本年正月初五日起仍归各埠招商局兼办，保

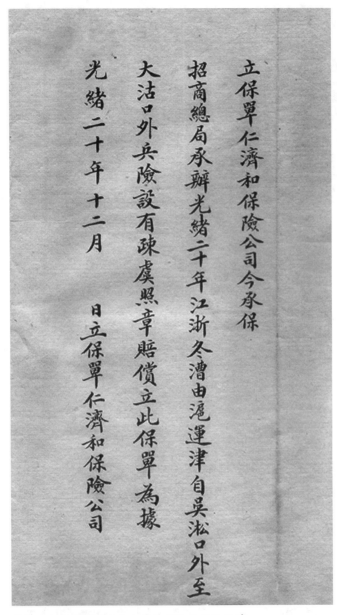

立保單仁濟和保險公司今承保

招商總局承辦光緒二十年江浙冬漕由滬運津自吳淞口外至

大沽口外兵險設有疎虞照章賠償立此保單為據

光緒二十年十二月　　　日立保單仁濟和保險公司

光绪二十年（1894 年）仁济和保险公司的保单
仁济和保险公司已经充分发挥了其对企业的投资功能

费悉照大例，务祈贵客商格外照顾，同沾利益为幸。招商总局保险处谨启。"

仁济和保险公司业务上"专保轮船装载之货，一切事宜悉照保险洋行章程办理"，其资本额为"规银一百万两"。在管理体制上，与前面的保险招商局、仁和时一样，仁济和保险公司仍依存于招商局体系内，"上海仍为总局，综理一切事宜，仍照向来皆由招商总局督会办专主，不另请派总办"。

仁济和保险公司成立后，业务范围已不再像以前一样，局限于轮船招商局自身，而是扩大到社会各企业。公司董事为轮船招商局的督办盛宣怀及会办马建忠、麦加利银行的买办韦华国、柯化威银行的买办郑秀山、汇丰银行的买办唐国泰、茶业界的巨商姚锟以及商人萧郁文和欧阳煌等人。1891年，晚清著名实业家经元善也成为公司董事。1896年10月，盛宣怀向光绪帝呈交《请设银行片》，很快得到朝廷批准。1897年5月27日，中国通商银行在上海外滩成立，这是中国人自己办的第一家银行。可见，仁济和保险公司的设立，比中国通商银行早了整整11年。

1886年6月，经盛宣怀批准，仁济和保险公司动用资金30万两，投资开平矿务局，限定分年带利归还。经盛宣怀裁定，开平矿务局自1887年至1891年分五年付清所借银两。每年周息8厘，本年暂以块煤1万吨作抵。轮船招商局遂将此决定函告上海招商局仁济和保险公司。这是中国保险业有史以来第一笔投资企业的实例。

1890年10月，仁济和保险公司拿出公积金30万两投资上海机器织布局。1891年5月3日，《申报》刊载的《仁济和保险公司第五届账略》记述了这件事情："查本公司章程，所收本银尽数并存银行，因奉北洋商宪札提银三十万存放织布局内，周年六厘行息。昨宣怀接建忠电报，布局借保险三十万，俟光绪二十五年还清官款后，接还保险，每年六万，至光绪三十年为止等语。容俟禀明，再行布告，此本项存拨大略也。"

1893年10月，上海机器织布局被大火焚毁。当年年底，盛宣怀奉李鸿章之命重建纺织厂，为了加快筹建新厂，他将筹款计划分为两个阶段，其中第二阶段所需资金主要通过仁济和保险公司和盛宣怀名下的钱庄来提供（仁济和保险公司"凑成三十二万附入"）。

4.9 盛宣怀与长三角的早期发展

长三角地区有着悠久的文化历史，加之发达的水系、丰饶的土地、优于中国其他地区的农业与手工业，其在中国封建社会的中后期就已经初步形成了一个可观的城市群。

清代，长三角地区已经形成了9座较大的城市：商业、手工业、纺织业及其交易中心南京、杭州、苏州、松江，粮食集散地扬州、无锡、常州，印刷及文具制作交易中心湖州，而上海此时已成为沿海南北贸易的重要商业中心。

鸦片战争后，上海等五个东南沿海城市被辟为商埠。上海由于独特的地理位置，迅速成为中国近代东南沿海的外贸中心，由此人口激增。1843年，上海仅有23万人，至1890年已超过100万人，增长超过3倍。太平天国、小刀会起义时，洋人放弃"华洋分居"的规定，房地产交易日益普遍。人口增长加上经济的繁荣，使得房地产在上海也得以快速发展。

这个时期是对外开放条件下商品经济初步大发展时期，外国商品涌入中国，中国原料型产品开始向外出口，外商贸易与金融机构也开始进入中国。1847年，英国丽如银行率先抢滩上海，随后一批外国的银行相继进入上海。此外，进口替代型的早期现代工业也开始出现和发展。

与此同时，中国一批思想先进的人士开始探索国家的富强与御敌之路。他们认为，只有加快发展实业，才能使国力强盛，才能抵御西方列强的侵略。盛宣怀就是抱着这种思想创业的。不仅如此，他通过经办实业，也直接或间接地为长三角、为苏锡常城市圈的早期发展做出了贡献。

1880 年秋，李鸿章批准筹备架设天津至上海的电报线，并成立天津电报总局，委派盛宣怀任总办。1881 年初，盛宣怀拟定了《开办自津至沪设立陆路电线大略章程二十条》。为了加快津沪电报线路的架设，他聘请丹麦洋监工霍洛斯制订了详细的工程进度计划。此时，盛宣怀将长三角的上海、苏州、常州、镇江等城市均设为津沪电报线架设的重要节点。

1881 年 4 月，在他的主持下，中国第一条长途公众电报线路架设工程从上海、天津两端同时开工。7 月 5 日，上海端第一根电线杆在南京路（近外滩）大北电报公司门前竖立，8 月电报线架至苏州，8 月中旬上海—苏州段完工，当即试行通报。9 月初电报线架至常州，9 月末南路即造至镇江。北路工程亦进展顺利，整个工程历经 250 多天，经过工程技术人员及施工人员的共同努力，至 12 月 24 日，全长 3075 华里的津沪电报线路全线竣工，并于 12 月 28 日正式开始营业，收发公私电报，这是中国自主建设的第一条长途公众电报线路。盛宣怀通过架设电报线，第一次在通信上将苏州、无锡（当时行政上隶属常州府管辖）、常州等地与当时长江下游最发达的上海联系在了一起。

随着电话技术传入中国，19 世纪 70 年代后期，上海轮船招商局为保持与码头的联系，从国外买回一台磁石电话，拉起了从外滩到十六铺码头的电话线，这是中国最早投入使用的电话。1903 年，湖南人马伯亥在盛宣怀的支持下，于苏州阊门创办电话公司，公司只有一部 24 门磁石式交换机。第一批用户是江苏巡抚衙门、藩司、臬司、织造府、苏州府、总捕府等 99 个中上级衙门以及苏州商务总会、电报局等。这是江苏省的第一个市内电话。

1908 年，在盛宣怀的关心下，常州官督商办的电信邮政业务机构正式设立，电话业务相应展开，其最早的邮电局设在第一大户庄氏的集居地庄家场。这为常州与外地，特别是与上海、苏州、无锡的通信联系创造了更便利的条件。

1872 年 12 月 23 日，李鸿章向清廷奏呈了《论试办轮船招商折》。鸦片战争之后，随着外国航运势力的入侵，原先国内承运漕粮的沙船业迅速衰落。漕粮运输事关国计民生，如何解决由沙船业衰落导致的漕运困难，成为清廷亟待解决的大难题。李鸿章认为必须将漕运的利权掌握在中国企业的手中，因此创办轮船招商局可以使漕运困难迎刃而解。

1873 年 1 月 14 日，轮船招商官局在上海正式营业。9 月 9 日，李鸿章任命 29 岁的盛宣怀出任轮船招商局的会办，兼管运漕、揽载业务。

轮船招商局在与西方列强和国内守旧势力的反复抗争中前行。1885 年 8 月 1 日，李鸿章委任盛宣怀为轮船招商局督办，于是盛宣怀成为轮船招商局的第一任督办。随着航运业务的迅速扩张，招商局在国内外重要港口设有分局，极大地扩展了招商局航运业务的范围，争回了被西方列强夺取的部分航运利权，使轮船招商局成为外商航运轮船公司有力的挑战者。

轮船招商局的发展给苏锡常地区的漕运以及客货航运也带来了大量的商机，"其时，轮船招商局设在上海的苏州河畔，同时在苏州、无锡、常州、镇江等地都设立了轮船分局"。

此外，轮船招商局的发展还使得小火轮船取代了以往的沙船、帆船、木船，新式航运进一步拉近了苏州、无锡、常州与上海的距离，加快了苏锡常与上海之间人流与物流的传递。这可以说是盛宣怀对长三角早期发展的又一重大贡献。

1895 年甲午战争失败后，清政府提出救亡图存的六项"力行实政"，并把修建铁路置于首位。1896 年 9 月 2 日，张之洞向清廷推荐"由盛宣怀督办铁路最为适当，因盛兼商业、官法、洋务三者之长"。10 月 20 日，光绪皇帝下旨：盛宣怀"以四品京堂候补督办铁路总公司事务"，并被授予"专折奏事特权"。

1897 年 1 月，中国铁路总公司成立于上海。盛宣怀向清政府奏明，"先造卢汉干路，其余苏、沪、粤、汉次第展造，不再另设立公司"。

1898 年，英国政府以最惠国待遇为由，向清政府索办沪宁铁路，最终由盛宣怀与英商怡和洋行签订了《沪宁铁路借款草合同》，准许英商出资承办沪宁铁路。1903 年，双方又正式签订了借款合同，先后共借款 290 万英镑。

1905 年 4 月 25 日，沪宁铁路分成上海—苏州、苏州—常州、常州—镇江、镇江—南京四段同时开工建造。盛宣怀作为铁路总公司督办，亲自主持了沪宁铁路的开工典礼。

1906 年 7 月 16 日，苏州、无锡两站同时举行通车典礼，两天后即开办营业。又经过不到两年的工程建设，沪宁铁路于 1908 年 4 月 1 日全线通车，线路全长 311 公里，由上海北站至南京下关站，沿途设上海、苏州、无锡、常州、镇江、南京等 37 座车站。

沪宁铁路的通车再次拉近了苏州、无锡、常州与上海的距离，为中国长三角的早期发展奠定了基础。

甲午战败后，在盛宣怀受到重用督办铁路、接棒汉阳铁厂之时，他询问自己：钱从哪里来？1896 年 11 月 12 日，盛宣怀提出："今因铁厂不能不办铁路，又因铁路不能不办银行。这就要铁厂、铁路、银行三者一手抓。"

当年 11 月 12 日，光绪皇帝下诏，命盛宣怀，着手筹办银行。盛宣怀随即就行动了起来。

由于事先对开办银行已有了较为成熟的考虑，盛宣怀在奉到上谕后，就召集了 8 位股商（后又增加两位）组成的董事会，并将银行定名为"中国通商银行"，简称"通商银行"。

盛宣怀筹组银行之路充满荆棘，但他并不为之动摇，经过艰苦卓绝的努力，1897 年 5 月 27 日，中国通商银行在上海外滩 6 号正式成立。这是中国人自办的第一家银行，也是上海最早成立的华资银行。

随着通商银行的设立，全国各大行省均先后设立分行，镇江、扬州、苏州等处也设有分行，业务盛极一时。

中国通商银行的诞生为上海开办新式银行做了先导。显赫一时的私人银行"南三行"，即总部都设在上海的浙江兴业银行、浙江实业银行以及上海商业储蓄银行，成为中国金融界极为耀眼的新生力量。"南三行"的后起之秀上海商业储蓄银行，其总经理陈光甫成为近代中国乃至世界金融市场上的焦点人物。1912 年，陈光甫为了拓展吸纳储蓄业务，在常州西瀛里开设上海商业储蓄银行常州分行，由于其经营灵活，管理严格，服务信誉高，很快名列常州各商业银行之首，为常州与上海资金的快速流通创造了条件。从此，苏锡常与上海之间的资金流被纳入了快速通道。

盛宣怀对长三角早期的重大贡献，是从产业基础上为苏锡常融入以上海为核心的长三角创造了条件，通过人流、物流、信息流、资金流与长三角的龙头上海紧紧地联系在一起，使苏锡常成为长三角核心城市圈中的重要成员。（见盛承懋：《盛宣怀与长三角的早期发展》，《新华路时光》，2022 年 3 月 2 日）

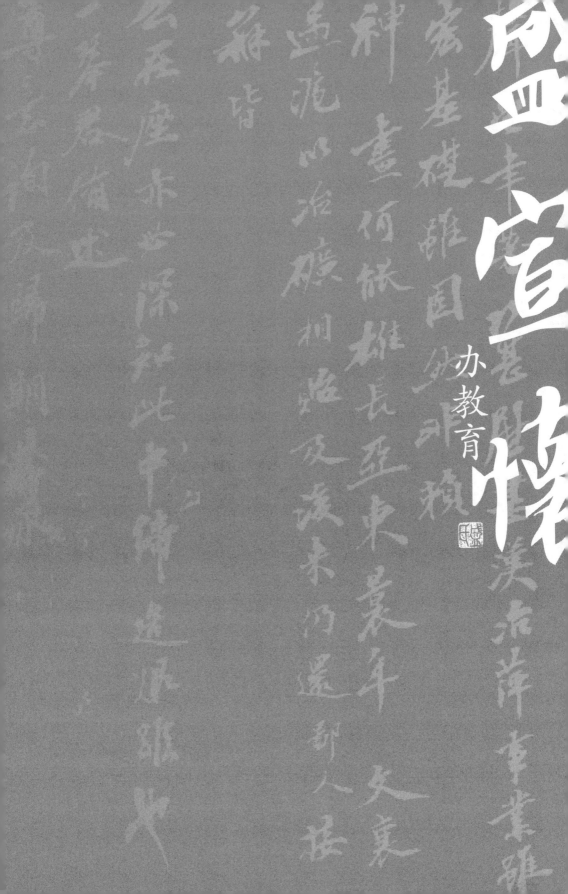

第 5 章　盛宣怀办教育

5.1 中国第一所正规大学

　　甲午战争前，盛宣怀在办洋务实业的过程中切身体会到，科举选拔的人才无法适应新式企业的需要，所以他在经营与管理企业的过程中，往往设置附属于企业的学堂，为企业培养急需的技术人才，如办电报局时，在天津、上海等地办有电报学堂；在勘矿与督办轮船招商局时，又开设矿务、驾驶等学堂。但这些学堂大多是迫于一时急用，属于非正规的训练班，培养的人才在知识的广度与深度上都还很不够。进入 19 世纪 90 年代初，他明确提出要办正规的商船学堂和矿务学堂等学校，希望培养的人才更有质量。随着时间的推移和实践经验的积累，盛宣怀进一步认为，教育要走在实业发展的前面，就要系统地学习理论知识和专业技术本领，这样培养的人才不仅可以掌握先进科技，而且能够从事创造性工作。

　　1892 年 6 月，盛宣怀被任命为天津海关道兼津海关监督，8 月正式到任。这使得他开始有条件来实现多年的愿望，即通过办学来培养合适的人才。他开始更多地从国家层面上来思考培养人才的问题，对培养人才的规格、标准和要求都更高了。这一夙愿终于在天津首先得以实现。

　　事实上，晚清时期一批西方传教士进入中国后，为当时开办新式学堂献计献策，并通过他们的办学活动为国人创办新式学堂，起到了启迪、引导、示范的作用，为中国教育现代化、培养新式人才和广开民智做出了突出的贡献。其中，美英两国寓华传教士的贡献尤为突出。他们把兴办新式教育和培养新式人才视为传教的手段和途径，并为此而付出了艰辛的努力。中国最早出现的新式小学、中学、大学、男塾、女学、扫盲识字班、专业培训、留学教育，甚至连简化汉字和拼音字母等，都是由传教士首先倡导和付诸实践的。
（以上见《丁家立：以哈佛为蓝本，为北洋育精英》，《天津大学报》，2014 年 12 月 30 日）

美国驻津副领事丁家立，出生于美国，后在德国柏林大学获神学硕士学位。最初他是以传教士的身份进入中国的，由于熟知西方大学，再加上 1886 年他在天津英租界创办了一所不带宗教色彩的"中西书院"，在社会上获得了一定的声誉，受到了盛宣怀的赏识。1892 年，盛宣怀上任天津海关道后，开始思考举办新式学堂，自然关注起丁家立在津的办学活动，并与之频繁接触，向他请教美国等西方国家的教育与办学模式。

甲午战败后，盛宣怀坚定了"自强首在储才，储才必先兴学"（见盛档，盛宣怀：《南洋高等商务学堂移交商部接管折》，光绪三十一年二月）的主张，通过开办新式学堂，为国家培养急需人才的心情与想法更加强烈了。1895 年，盛宣怀主持制订了一份颇具雄心的"全国设学计划"，规划在全国各地捐建大学堂 2 所、小学堂 23 所、时中书院（类似于时务人才培训班）3 所，所需办学经费每年 24 万两，全部由盛宣怀所管轮船、电报、金矿局捐出。准备创建的 2 所大学堂，分别设于天津、上海两地，称为北洋大学堂、南洋大学堂。（见王宗光：《盛宣怀与南洋公学新论（上）》，《上海交通大学学报》，第 1308 期）

为此，他更深入地向丁家立请教，一起细致地研讨拟开办的北洋大学堂的办学章程、方法、实施计划等，并仿照哈佛、耶鲁模式勾画出北洋大学堂的创办蓝图及具体实施方案。

1895 年秋，盛宣怀通过直隶总督王文韶向光绪皇帝奏《拟设天津中西学堂章程禀》，禀奏设立新式学堂。他在奏折中说："请就光绪十一年所建博文书院原有房屋，设头等学堂，又另设二等学堂一所，使学生递相推升，与曾充教习之美国驻津副领事丁家立商订课程，以切近易成、循序渐进为本旨，倡捐巨资，宽筹经费，禀请具奏立案，克期开办"，"拟订请美国人丁家立为总教习"。盛宣怀在上奏时，还一起呈上亲自草拟好的《创建北洋大学堂的章程》。

光绪二十一年（1895年），盛宣怀通过直隶总督王文韶呈奏《拟设天津中西学堂章程禀》（局部），获光绪皇帝亲笔朱批"该衙门知道"

北洋大学堂（今天津大学）是盛宣怀办理正规学堂之始（见夏东元：《盛宣怀传》，南开大学出版社，2021年）。

1895年10月2日，光绪皇帝御笔钦准，成立天津北洋西学学堂，盛宣怀任首任督办，校址在天津北运河畔大营门博文书院旧址。该校延洋教习，分教学员天算、舆地、格致、制造机器、化矿诸学。它是中国的第一所现代大学。

学校制定了严格的规章制度。盛宣怀为北洋大学堂订立的课程如下："第一年，几何学、三角勾股学、格物学、笔绘图、各国史鉴、作英文论、翻译英文；第二年，驾驶并量地法重学、微分学、格物学、化学、笔绘图并机器绘图、作英文论、翻译英文；第三年，天文工程初学、化学、花草学、笔绘图并机器绘图、作英文

北洋大学堂旧影

论、翻译英文；第四年，金石学、地学、禽兽学、万国公法、理财富国学、作英文论、翻译英文。"

从课程的设置可以看出，盛宣怀十分注重英文及基础课的学习，依照年级不同，循序渐进地安排课程。根据《北洋大学琐记》记载："课堂授课，除国文外，一律用英语教授，因此学生的英语水平都比较高。"而专门学的课程则各有侧重。

1896年，北洋西学学堂正式更名为北洋大学堂，是中国第一所命名为"大学堂"的高等学校。

1899年，天津北洋大学堂的第一届学员毕业。1900年元月，学堂颁发了中国历史上第一张大学文凭。由于成绩最优，香港学员王宠惠（1905年获耶鲁大学法学博士学位，1912年出任南京临时政府外交总长）成为"钦字第壹号"文凭获得者。北洋大学堂治学严谨，校风朴实，当时在国内与哈佛、耶鲁齐名，毕业生可免试进入美国

盛宣怀
我的曾祖父

一流大学攻读研究生，被誉为"东方的康奈尔"。

北洋大学堂按照美国近代模式办学，建立了一套较为完善的教育教学管理制度，设立头等学堂（大学本科）、二等学堂（预科），学制各为四年。头等学堂设专门学（即科系）四门：工程学、矿务学、机器学、律例学。1897年增设铁路专科，1898年又设铁路学堂。上述学门皆为当时中国社会所急需，体现了北洋大学堂"兴学救国"的创办宗旨。

1900年（光绪二十六年），八国联军入侵津京，学堂校舍为敌兵所霸占，设备、文档案卷遭毁坏，学校被迫停办，以后不容学堂复课。至1903年（光绪二十九年）4月，学堂方在西沽（今河北工业大学红桥校区东院）正式复课。

1903年北洋大学堂开学复课时，分设法律、土木工程、采矿冶金三个学门。后应外交需要，附设法文班、俄文班。1907年，又开办师范科。至此，北洋大学已成为包括文、法、工、师范教育诸科，初具综合性的新式大学。

5.2 设立南洋公学，选择何嗣焜出任首任校长

盛宣怀继在天津创设北洋大学堂之后，又决定在上海开设高等学府——南洋公学（即今上海交通大学、西安交通大学前身），这是极具远见的。

盛宣怀设立南洋公学，其着眼点是为了培养新型的从政人才，懂法律、外交、政治和理财的人才，同时与北洋大学堂形成互补。北洋大学堂是为了培养以工科、法科为主的人才，而建立南洋公学则是培养以文、理科为主，兼及政法、理财方面的人才，两校各有侧重，优势互补。

盛宣怀从筹备南洋公学开始，就在物色主持办学工作的人选，而他的老乡何嗣焜一向被誉为"学有本原，洞达时务"之人，经过再三思考，盛宣怀觉得"非该员不足当此选"，遂亲至其家竭诚相邀，讲明培养人才的重要意义，"以时局艰危，不当徒为洁身之

南洋公学首任校长何嗣焜

士"，请他出任校长。何嗣焜这才慨然就任南洋公学第一任总理（即校长）。

何嗣焜（1843—1901），字梅生（眉孙、枚生），江苏武进人，三品衔官员。他学有专长，勤勉旷达，饶有声名。盛宣怀在向朝廷奏报时称："查有奏调三品衔分省补用知府何嗣焜，学术湛深，不求闻达。臣与纵论西学为用，必以中学为体，考核程功次序，极为精邃，志气尤坚卓，不致始勤终惰。当经派委该员总理南洋公开事务。"（见盛档，盛宣怀：《筹集商捐开办南洋公学折》，光绪二十四年四月）

何嗣焜随即前往天津考察北洋大学堂的兴建情况，明晰南洋公学的办学思路，并产生了不少新的主张。他提出，与北洋相比，南洋尤其要强调中西结合，重视国粹和优秀文化熏陶，以厚植学子根柢。盛宣怀对此颇为欣赏，于是这成为南洋公学基本办学方针。（见贾箭鸣：《百年淬厉电光开——西安交大的历史脉络与文化传承》，西安交通大学出版社，2014年）

何嗣焜出任南洋公学总理后，一面在上海徐家汇购地、建房，一面先借民房招生，筹备办学事宜。他主持了南洋公学第一期师范班（中国第一个新学师范班）的开学工作。

1897年10月，校内显眼之处张贴了一份《南洋公学章程》，供众人悉知。它是由何嗣焜手书而成的，其内容共分15章，对南洋公学内部管理的各类负责人、管理人、办事人、教习的职责，课堂、卧室、整洁、休假、休息等纪律和相见仪节、程功和督过办法等做了明确的规定。

通读何嗣焜手书的《南洋公学章程》全文，可发现学校十分注

南洋公学校门

重学生品德的培养。比如，《章程》中的第六章《相见礼仪》共10节，第五节要求学生"师长有命，须肃立敬听"，第六节则要求学生"在堂见师长及前辈，均宜起立，遇事恭谨"等。在纪律方面的要求也是非常严格的，第十二章《休假》和第十三章《游息》共19条，内容细化了学生的日常管理，如"查得托词家居有意旷课者，议罚""不得入茶馆酒肆"等。这份章程明确了当时学校内部管理的各个方面。此外，第二章中写道："本公学但分学科，不立中西之名，唯章程内省文曰：华课、西课。"并对监华文学科教习和华文、西文课程管理有十分详细的规定。

有意思的是，南洋公学在办学过程中先后制定了两份《南洋公学章程》，一份是由总理何嗣焜于1897年10月制定并颁布的，一份是由学校创始人盛宣怀于1898年6月在向清廷呈奏《筹集商捐开办南洋公学折》时作为附奏而拟定的。两份《南洋公学章程》名称相同，内容却各有侧重。何嗣焜手书的这份章程，侧重于学校内部管理的各个方面；而盛宣怀拟定的那份章程，通篇阐明了创建南洋公学的宗旨、目标以及办学模式。（见康雨晴、史瑞琼：《南洋公学和它的两份章程》，《中国科学报》，2019 年 4 月 3 日）

　　南洋公学创办初期的经费依靠商捐，何嗣焜在筹建南洋公学任总理时曾捐出钱款以建校，并曾不领取薪金（月薪 100 两白银）。何嗣焜筹办南洋公学事无巨细，亲力亲为，盛宣怀曾称赞他"租房、招生、聘教习、开学日期以及拟定大略章程等事项，都极为周妥"。对何嗣焜在开办南洋公学的功绩，张謇曾著文曰："中国公学之兴，自南洋始。南洋公学之建，自何先生始。先生以清光绪二十三年丁酉，为公学总理，询咨擘画，造端经营，一涂一径，一甓一石，皆出先生之心之手。阅五年辛丑，校舍次第完成，规模粗具矣。"盛宣怀在与刘坤一会奏的《请将何嗣焜学行宣付史馆立传》奏折中曰："博求总理之人，非该员不足当此选。臣宣怀本与该员同里，乃诣其庐申论此意。……该员慨然褰裳相就。既至，先为经营公学房屋规模阓敞度支详核，首开师范院，次开外院、中院、上院。……日以持身行己之道，兢兢与诸生相勖勉。其教学也，始于西文西语，以渐及于各国法律政治之精，沿流溯源，务究其旨；其堂规整齐画一，以起居饮食致其爱护子弟之心，以藏修息游示其张弛之节，务俾诸生受范而不苦，知方而易从。……学行允乎，体用明白。正可举为总办学堂者劝。恭恳天恩将已……故……何嗣焜生平事迹宣付史馆立传。"此奏折奉朱批："着照所请。"

　　何嗣焜对教育事业的开拓不仅在南洋公学。他在逝世前写给盛宣怀的函中说："今之读书坏于科举，胜衣就傅，知为进取之计，故今之学堂当使知学问之可贵，而不可悬富贵利禄以为招，当使后生皆不为废材而不必高语人才，深思熟虑，尤不能不以多设小学堂为先务之急。此话看似迂远，而求富求强兴华保种之策舍此无由。去年劝得叶澄衷捐十万金设一小学堂，为定名曰澄衷学堂，颇可经久。"澄衷学堂即为现在的上海澄衷高级中学前身。

　　何嗣焜在南洋公学任职，经管经费巨额，却能持身行己，恪尽

职守，不谋私利，是一位讲求品节的校长。清光绪二十七年（1901
年）三月一日何嗣焜病逝于工作台上。盛宣怀为表彰他的功绩，特
奏请清政府为他在国史馆立传纪念。何嗣焜留下已 50 多岁的老妻
邵氏及 15 岁的儿子，张謇日记中记载："四月二十九日，謇过梅生
宅，闻其夫人饮泣之恸，悲感不能久坐。"可见其家属之悲。所幸有
何嗣焜之四女婿刘垣及好友张謇、沈曾植、汤寿潜等帮助，才于正
月十八日举行公祭，并得盛宣怀优恤千金，俾得营葬。营葬日"诸
生徒步会者数百人"。

在何嗣焜主持南洋公学的 4 年多时间中，先后招收各类学生 300
多名，派出留学生十余名。经过他几年的经营，南洋公学办学初具规
模。何嗣焜的办学功绩深得学生尊重，1917 年，交通大学学生制作
重约 30 公斤的何嗣焜铜像，并立纪念碑，纪念碑碑文由张謇所写。

5.3 洋为中用，聘请福开森担任南洋公学教务总长

盛宣怀办南洋公学，其目的是培养新式人才。鉴于其办北洋大
学堂，聘用美国驻津副领事丁家立担任总教习的经验，盛宣怀决定
聘请懂美国教育的福开森担任南洋公学监院一职，相当于后来的教
务总长，在校地位仅次于校长。盛宣怀认为，由福开森参与公学创
建工作，更有利于公学初创阶段的发展。

福开森（John Calvin Ferguson），1866 年出生于加拿大安大略省，
其父是教会牧师。福开森出生不久，便举家迁往美国定居。1886 年，
20 岁的福开森从波士顿大学毕业，获文学学士学位。当时美国基督
教新教兴起了所谓的"社会福音"的自由主义神学主张，即鼓励向
世界各地传扬改造社会的福音，新婚不久的福开森正是受此感召来
到中国。福开森来到中国后，先在镇江学习汉语，第二年赴南京，
在自己家中开课传授《圣经》。

1888 年，美国美以美会传教士傅罗在南京创办汇文书院，福开
森应邀担任院长。他对汇文书院的创建与发展做出了贡献，在苏南
地区有较大的影响。

1896 年，盛宣怀在上海创建南洋公学，为培养新式技术人才，开始寻觅具备西方教育理论与经验的专家来参与公学的创建工作。经过他人的推荐与亲自考核，盛宣怀认为福开森是合适的人选，正式延聘之。福开森在南洋公学致力于校舍建设、设备选定、课程设置、教师聘用等事宜。

南洋公学校址确定后，福开森便着手设计校舍。为降低房屋造价，福开森设计的中院摒弃了华丽的外表，力图朴实、坚固。他亲手设计的该校最早的两幢建筑物——中院（中学）和上院（大学），成为学校早期的标志建筑。

公学设立之初，有师范院、中院（中学）、外院（小学）。福开森上任之后，为加强学校的制度建设与教学管理，"规定学科，按班授课，一改师范院没有课程表，教员不知何时到校、何时授课的无序状况"。

为加强南洋公学的英语教学，福开森特意聘请了外国人薛来西、勒芬尔、乐提摩等人来校任教。

为方便师生出行，福开森又自费修建了一条马路。开始的时候，这条路并没有名字。后来因法租界与宁波同乡会"四明公所"发生冲突，又与英、美、俄等国发生矛盾，福开森居中协调，出力甚多，最终将矛盾妥善化解。为答谢并纪念福开森，当地民众给这条马路取名为"福开森路"。

此外，福开森主张学生全面发展，提倡学生参加体育运动。1898 年，南洋公学举行了第一次田径运动会，它是我国体育史上最早的运动会之一。福开森的办学主张与管理方式扩展了中国人办学的思路，有利于学生的健康成长。

为设立商务学堂，盛宣怀希望派人调查西方国家开办商务学堂的经验与不足，他认为福开森能胜任此事，于是在给福开森的信中说："商务一门为富强之本……商务学堂各国皆极注意，而日本尤为美备"，他要求福开森"折衷比较，不厌求详"，将各国商务学堂异同和办法，连同造屋图样等，带回来一并具报［见《交通大学校史》撰写组：《交通大学校史资料选编（第一卷）》，西安交通大学出版社，1986 年］。1902 年 3 月，福开森带回欧美各国商务学堂章程办法 1 件，课程表原文 1 件、图样 2 件。盛宣怀请公学黄斌、胡诒谷教习在一两个月内尽快翻译，以资参考；此外，盛宣怀咨请驻外使臣在国外觅购商学商律诸书，以备学堂使用。福开森为盛宣怀实现办商务学堂的心愿与目标做出了贡献。

从 1897 年到 1902 年，福开森担任南洋公学监院有五年之久。南洋公学创办不久即在国内拥有良好声誉，这与福开森的努力和贡献是分不开的。因福开森在公学任教做出重大贡献，盛宣怀给福开森授予二等"宝星奖"。

5.4 创造性地提出一套全新的学制体系

1896 年 11 月初，盛宣怀上奏的《请设学堂片》中表明，他原先想设立的并不是南洋公学，而是达成馆。他认为日本明治维新的成功，在于"藩士翘楚，厚其资装，就学外国"，因此应在北京和上海各设立一所官员（成材之士）在职进修的达成馆，"京官取翰林编检、六部司员；外官取候补候选；州县以上，道府以下，令京官四品以上，外官三品以上，各举所知，出具切实考语保送，特简专司学政大臣考取分发"，学制为三年，每馆学员三四十名，"专学英、法语言文字，专课法律、公法、政治、通商之学"，将毕业生作为出使大臣的随员。到外国后，至外国大学进修，三年后归国，可"内而总署章京，外而各口关道使署参赞"，在资望逐步累进中，即可备选为出使大臣或总署大臣。他认为，上海达成馆应设在南洋公学内。（见黄永泰、郭镇武、卢鸿兴：《盛宣怀与南洋公学史料汇编》，中国台湾"国立交通大学出版社"，2017 年）

盛宣怀考虑到北洋大学堂和正拟创办的南洋公学，"综厥课程，收效皆在十年之后，且诸生选自童幼，未有一命之秩，既不能变更科举，即学业有成，亦难骤膺显擢，予以要任。相需方殷，缓不济急"。也就是说，北洋大学堂与南洋公学培养的学生，由于还都是少年，至少还要十年左右才可能出来任职，而现在朝廷急需人才，远水解不了近渴。因此，他请求政府批准仿效日本的办法：在京师及上海两处各设一达成馆（见盛宣怀：《愚斋存稿》，中国台北：文海出版社，1963年）。他进一步认识到培养和使用人才的迫切性，既要办正规的大学，在国家急需人才的情况下，也可以变通地培养一批速成的人才。

盛宣怀本来建议在北京、上海设立两所达成馆，因为京师达成馆的设立遥遥无期，上海就先走一步，将达成馆与公学"相辅而行"。但是，南洋公学没有按照原定的设想去办达成馆，而是于1897年3月"考选成材之士四十名，先设师范院"，这就是中国近代史上第一所正规的师范学校。后来南洋公学的教师绝大多数是从中培养出来的。

盛宣怀办南洋公学有远大计划，并创造性地提出一套全新的学制体系。公学设立上院、中院、外院，即大学、中学、小学，从初级程度起步，循序渐进，逐级选拔，培养造就高级人才。此外，还首先开办师范院，从培养师资入手，奠定学府根基。后更有特班、政治班、铁路班、商务班之设，使南洋学子尽快娴熟"内政、外交、理财"三事。（见贾箭鸣：《百年淬厉电光开——西安交大的历史脉络与文化传承》，西安交通大学出版社，2014年）

众所周知，要办大学，必须有相应的中学、小学，为大学提供优质、足够的生源。当时我国新式教育刚刚起步，正规的中学、小学几乎没有，公学在"大学无从取材"的情势下，不求虚名，实事求是，先从小学、中学办起，规划在十年后建成大学。盛宣怀把师范和小学放在学堂的优先地位。他说："师范、小学尤为学堂先务中之先务。"因此，他在1897年招收师范生的同时，"复仿日本师范学校有附属小学之法，别选年十岁内外至十七八岁止聪颖幼童一百二十名设一外院学堂"。外院学堂就是小学堂，由师范生分班教习。接着于1898年开办二等学堂（亦称中院，即中学），待条件成熟再开设头等学堂（亦称上院，即大学）。盛宣怀说："外院之幼童荐升于中、上两院，则入室升堂，途径愈形其直捷。"（见盛档，盛宣怀：《筹集商捐开办南洋公学折》，光绪二十四年四月）这与他办北洋大学堂的"循序而进"和"不躐等"的思想是一致的。（见夏东元：《盛宣怀传》，四川人民出版社，1988年）盛宣怀设想大学办成后，全国中小学也将大量建立起来，到那时就将中学、小学裁停，专办大学。这是一种符合教育规律、切合我国教育实际情况的踏实做法。

盛宣怀的办学思想是很可取的。小学是学业基础的基础，师范班的学员是培养人才的人才，没有优秀的师资和优良的小学基础，学校是办不好的。

后来南洋公学的外院、中院和上院的教师，除一小部分为外籍教习外，绝大部分是师范院毕业的学员，而南洋公学中院和上院的学生，大部分也是从外院逐步递升上去的。

1899年，盛宣怀在南洋公学又办了一个"特班"，即"变通原奏速成之意，专教中西政治、文学、法律、道德诸学，以储经济特科人才之用"（见盛档，盛宣怀：《南洋公学历年办理情形折》，光绪二十八年九月）。这实际就是盛宣怀原来设计的达成馆办学模式。特班从应过科举的成年读书人中考试选拔，"为将来造就桢干大才之用"，"但望学成之后，能如曾李两星"。复试地点设在盛宣怀家中，以表特别重视。

盛宣怀创办的南洋公学陆续设立了师范院、外院（附属小学）、中院（中学）、上院（大学）和特班。它是我国最早兼具师范、小学、中学、大学，拥有较为完整教育体制的学校，为中国近代基础教育、高等教育奠定了基础。郑观应赞誉说："此乃东半球未有之事，其非常不朽之功业也。"

在中国近代教育发展史上，盛宣怀写下了浓墨重彩的一笔。

5.5 南洋公学的译书院

盛宣怀创办洋务实业，需要培养新型的人才，同时需要学习西方新的知识，而要学习西方新知识，"顾非能读西国之籍，不能周知西国之为"。然而"西国语言文字，殊非一蹴可几"（见盛档，盛宣怀：《南洋公学附设译书院片》，光绪二十四年四月）。然而要求所有人都去读西方国家的原版书籍是不可能的，只能将那些有用的书翻译过来，供大家学习、参考。为此，需要聘请专门的翻译人才，成立相应的翻译机构——译书院。

1898 年 5 月，盛宣怀在给朝廷的奏报中说："中国三十年来如京都同文馆、上海制造局等处所译西书，不过千百中之十一，大抵算、化、工艺诸学居多，而政治之书最少。且西学以新理新法为贵，旧时译述半为陈编。将使成名成材者皆得究极知新之学，不数年而大收其用，非如日本之汲汲于译书，其道无由矣！"（见盛档，盛宣怀：《南洋公学附设译书院片》，光绪二十四年四月）。盛宣怀办南洋公学，着重想培养外交、政法、理财方面的人才，所以他主张公学须附设译书院，要改变以往主要翻译科学技术方面的西书的局面，而要多翻译一些政治方面的书，即"新理新法"方面的书。盛宣怀的奏折上呈不到一个月，就得到清廷"着照所拟办理"的批示。他随即就成立了译书院，附设于公学。

译书院在盛宣怀与何嗣焜的领导下，翻译出版了多种关于西方军事、政治、法律的书籍，对西方民主、理财和商务等思想的传播起了较大作用。

张元济

1898 年 9 月，经李鸿章推荐，盛宣怀聘请张元济（1867—1959，浙江海盐人，字筱斋，号菊生，进士，翰林公，创办北京通艺学堂，后任商务印书馆董事长）出任筹建中的译书院主任。张元济是富有新思想的青年，他在创办通艺学堂的同时，认真研习西学，攻读英文，日臻精通。他先任职于刑部，有志于振兴外交，考入总理各国事务衙门。戊戌变法时，他与梁启超、严复、沈曾植等一批新潮人物频繁交往，并被变法人士推荐给光绪皇帝，被赞为"熟于治法，留心学校，办事切实，劳苦不辞""筹划新政，必能胜任愉快"等，从而受到光绪皇帝的特别召见。张元济就"统筹全局以救危亡"提出诸多对策，并向光绪皇帝推荐了不少西学新书。变法失败后，他受到"革职永不叙用"的处分。李鸿章赏识他的人品和才华，遂将他推荐给盛宣怀。（见贾箭鸣：《百年淬厉电光开——西安交大的历史脉络与文化传承》，西安交通大学出版社，2014年）

南洋公学译书院成立之后，大量购买日本与西方国家新出版的书籍，并且聘用了一批"中外博通之士"担任翻译，如日本的细田谦藏、稻田新六（曾任日本陆军大尉，担任兵书翻译顾问），国内人士中的郑孝柽、李维格、伍光建、陈诸藻、黄国英等人，回国留学生中的雷奋、杨荫杭、杨廷栋等人。张元济曾数番邀请严复担任译书院总校，虽因故未果，但严复仍然是译书院的知名投稿者。严复所翻译的亚当·斯密的《原富》（又名《国富论》，即《国民财富的性质和起源》）这部名著，就是南洋公学译书院印刷出版的。

据统计，至1901年8月，译书院所翻译的书，已出版的有13种（其中12种为兵事之书）；已译好，尚未出版的有15种（兵政8种、理财1种、商务2种、学校3种、税法1种）。其中最多的是军事书，其次是政法、理财、商务、学校方面的书籍。另据统计，从译书院成立到停办，约四年时间，共翻译出版13种40余部书，仅《原富》一部书就有22册。译书院所出版的书在当时风行一时，对社会的思想和舆论冲击不小，为中外文化与教育交流做出了贡献，对民主思想的传播也起到了积极的作用。南洋公学因之成为世纪之交社会大变动格局下，引领新思想、新文化的重镇。（见夏东元：《盛宣怀传》，四川人民出版社，1988年）。

在译介国外的中小学教材时，译书院所选的版本十分严格，既要符合"文部所定教员所授之本"，又要符合"经文证之正本"。译书院的这些见解及措施是对翻译实践的总结，也是对我国出版事业的贡献，即使以今天的观点来看，也不无启迪作用。

1901 年 2 月，盛宣怀聘请张元济接替病逝的何嗣焜，出任南洋公学总理。1901 年 7 月，张元济辞去公学总理一职，专心于译书和出版工作。

1908 年 9 月，盛宣怀东渡日本就医，兼考察钢铁厂矿和银行各业。从日本返沪后，他要求译书院编译日本明治财政史，但书稿完成后未正式出版。

通过译书院的翻译实践，盛宣怀提出了翻译工作的四条纲要：一是"先章程后议论"，二是"审流别而定宗旨"，三是"正文字以一耳目"，四是"选课本以便教育"。其中，盛宣怀还特别针对第三点说"译本要在同文"，才便于读者，然而"近来私译名字纷拿，官译为其所淆"，指出译文不统一的危害是很大的。为了统一翻译的译名，他在向皇帝上奏时说："臣今所译科学书夥多，不敢不致慎于斯。除随文勘整外，其人、地、国名，品汇名物"，统一规格，列表"附诸卷后"。他说，这样做"以期诸学浅深纲要，开卷了然。专门者借以溯洄，涉猎者亦可预知门径"（见盛档，盛宣怀：《南洋公学推广翻辑政书折》，光绪二十七年十二月）。统一翻译的译名，就保证了译书的质量。于是，盛宣怀建议清政府颁布统一的译名。这一建议随后得以实施，为中国自然科学与社会科学等各个领域、各个分支中的文字翻译工作的顺利展开奠定了基础，也为中外交流进一步创造了条件。他的这一贡献是历史性的！

5.6 盛宣怀孜孜以求的"商务学堂"

1896 年 11 月初，盛宣怀向清廷上奏《请设学堂片》，提出：拟以上年津海关道任内所办北洋大学堂为楷模，在上海筹办南洋公学。1897 年 4 月 8 日（农历三月初七日），南洋公学正式开学，盛宣怀的同乡何嗣焜出任南洋公学首任校长。

在何嗣焜的主持下，南洋公学设立了师范院、外院、中院、上院和特班，又附设了译书院，但是这还没有完全达到盛宣怀培养外交、政法、理财方面人才的目标，特别是商务、理财方面的人才，十分紧缺。

1903年，盛宣怀决定开设附属于公学的商务学堂。其实早在1898年5月，他上奏南洋公学办附设译书院时，就想通过译书院翻译介绍西方的理财、商务思想。7月7日，奉朱批："著照所拟办理。"随即成立了译书院。在盛宣怀与何嗣焜的领导下，译书院翻译出版了多种西方军事、政治、法律等书，对西方民主和理财、商务等思想的传播起了较大作用。（见夏东元：《盛宣怀传》，南开大学出版社，2021年）1899年，他更意识到设立商务学堂的重要性。他向朝廷建议："拟设商务学堂，学员学商律，培养商务人才。"他说，中国"一则无商学也，再则无商律也。无商学则识见不能及远，无商律则办事无所依据"。他向清廷建议，先于各省设华商公所，而后准华董们自己集资开设商务学堂，专教商家子弟，"以信义为体，以核算为用，讲求理财之道"。他认为，如能这样做，"数年后商务人才辈出，则税务司、银行、铁路、矿务，皆不患无管算之人矣"。他又说，有了商律，又有商务学堂，就"不致受衙门胥吏之舞弄，即不致依附洋商流为丛爵渊鱼之弊"（见盛档，盛宣怀：《商务事宜详细开具清单》，光绪二十五年）。

1901年，盛宣怀被授予办理商税事务大臣时，又向清廷上奏，请设商务学堂。他说："必须广商学以植其材，联商会以通其气，定专律以维商市，方能特开曹部以振起商战，足国足民。"他以亲身的体会禀告皇上："臣三十年来在通商口岸随同李鸿章办理洋务商务，仅稍知其事理所当然，而于泰西商学商律，何能识其窍要？"（见盛档，盛宣怀：《商务事宜详细开具清单》，光绪二十五年）总而言之，无论是从国家还是商民来看，都应该尽快设立商务学堂，培养商务人才。

1902年1月26日（光绪二十七年十二月十七日），盛宣怀附奏《请设商务学堂片》："拟在南洋公学之旁购地建造商务学堂一所，原拨天津学堂招商轮船局2万两、电报局2万元款，因天津学堂为德军所占，可将该款拨归上海商务学堂，如有不敷，由臣随时设法筹凑。"2月5日（十二月二十七日）奉皇帝朱批："知道了，钦此。"

招商轮船、电报两局拨给北洋学堂的银两全部转拨到南洋公学，此议被朝廷正式确认。事实上，从1900年夏季起，轮、电两局支付天津学堂经费就开始解往南洋公学。

盛宣怀一边向朝廷上奏，一边就行动起来。首先，他让南洋公学主管教务行政的提调刘树屏，将公学尚未开班的上院改为商务学堂。为了使商务学堂办学顺利，他对未来的毕业生做了"优与出路"的保证。盛宣怀说："商学卒业，不过二三年，本大臣即当分别擢用，优与出路，决不负各该生数年向学之苦心"，希望学生"勿遽以学业粗成，亟谋他就"（见盛档，盛宣怀：《拟改上院为商务学堂札》，光绪二十七年）；其次，他派遣南洋公学监院福开森赴美、英、比、法、德、奥、瑞七国考察商务学堂。

1902年3月，福开森按照盛宣怀的要求，结束了在欧美各国商务学堂的考察，并带回了欧美诸国经办商务学堂的经验与相关资料。1902年3月，盛宣怀又禀请驻德国大臣吕海寰为商务学堂购得31本有关各国商部制度章程及商律全书等，足见盛宣怀对办商务学堂之用心良苦。

1903年9月，盛宣怀重提设立商务学堂之事，并明确在商务学堂前面加上"高等"两个字。他说："时局既以商务为亟，而商学尤以储才为先。现在各省设立高等学堂，考求政艺，不患无人，独商学专门未开风气。"（见盛档，盛宣怀：《开办高等商务学堂片》，光绪二十九年八月）商务学堂于1903年9月6日正式开学。根据课程表安排，由薛来西教授理财、公法、商律，勒芬尔教授宪法、商务、历史，乐提摩教授商业、书札、法文，每周三小时，其余商业数学由陈教习讲授，实验化学由黄国英讲授。

1903年9月29日，盛宣怀又一次呈奏《南洋公学开办高等商务学堂折》："窃唯南洋公学款由商捐，地在商埠，若统称高等学堂，则与省会学堂不甚分别，且无所附丽。"故此，盛请将上院作为商务学堂，将本年毕业的中院生递升上院学商务，以尽早收效，并请颁给毕业生出身文凭。皇帝给予"管学大臣议奏"朱批。1903年10月，南洋公学改名为"高等商务学堂"。

盛宣怀所创设的商务学堂，堪称中国现代工商管理专业的鼻祖，现在我国高等学校的工商管理专业得到了蓬勃发展，但是管理学界不会忘记 120 年前盛宣怀最早在南洋公学创办的商务学堂。（见盛承懋：《盛宣怀与近代中国高等教育》，武汉大学出版社，2021 年）

5.7 为办学筹措经费

办北洋、南洋两所大学堂，在当时的情况下，最难的是校舍与日常的经费问题，盛宣怀通过集资从银行赎回了博文书院原校舍，利用该校舍开办北洋大学堂；而办南洋公学，他决定徐家汇"学堂基地由臣捐购"。这样就基本解决了学堂的校舍问题。

盛宣怀还决定，北洋大学堂、南洋公学办学的常年经费由他所经营的轮、电二局岁捐 10 万两。

年份	学校	北洋兵轮	商部	赈灾等
1890				20000
1891				100000
1894				55200
1896	80000			
1897	80000			
1898	80000			
1899	80000	60000		
1900	80000	60000		10000
1901	80000	60000		
1902	80000	60000		54800
1903	20000	60000		
1904	20000	60000	5000	25000
1905	20000	60000	5500	
1906	20000	60000	5500	20000
1907	20000	60000	5500	
1908	20000	60000	5500	
1909	20000	60000	5400	
1911				11000
合计	700000	660000	32400	296000

前表列出了晚清时期轮船招商局历年报效给政府、学校的资金数额。（统计数据见朱荫贵：《朱荫贵论招商局》，社会科学文献出版社，2012 年）

从统计表中可以看出，自 1890 年起至 1911 年止，轮船招商局对清政府、学校等总计报效了 168.84 万两白银，这相当于同期招商局资本总额的 42%。

从统计表中还可以得知，168.84 万两的报效中，给商部的仅为 32400 万两，占总额的 1.92%；用于赈灾等的为 296000 万两，占总额的 17.53%；给北洋兵轮的为 660000 万两，占总额的 39.09%；而报效给北洋、南洋两校的为 700000 万两，占总额的 41.46%。很明显，招商局提供给学校的经费在总额中的比重最大。这还仅是招商局一家给北洋、南洋两校提供的小学经费，再加上电报局提供的经费，总体就相当可观了。

从统计表中还可以看出，从 1896 年至 1902 年，招商局每年提供给学校的经费都为 80000 万两；而从 1903 年至 1911 年招商局每年给学校的费用仅为 20000 万两，为原先的四分之一。之所以如此，是因为 1902 年之前是盛宣怀担任招商局的督办，他深知办学经费对学校的重要性，再苦不能苦学校，因而提供给学校的费用远远超过了其他项目的费用。

1902 年，盛宣怀的父亲盛康去世，袁世凯借着盛宣怀丁忧，趁机以自己的亲信替代盛宣怀出任轮船招商局督办。在袁世凯亲信的掌控下，招商局成了袁世凯的提款机，而为了满足贪欲，他们将提供给学校的经费压到最低限。

其间电报局同样每年为学校提供了大量的经费。据有关资料表明，"电报局 1884 年—1902 年报效清政府的经费数额，按低限算也有 124 万墨西哥银元"（见朱荫贵：《朱荫贵论招商局》，社会科学文献出版社，2012 年）。其中，从 1896 年起，有相当部分是提供给学校的。

据电报局保留的每年收报费、业务支出、拨还借款、提取公积金、对清政府的报效与捐助、当年结存等账目资料，有学者整理出了自 1895 年至 1909 年的统计数据资料（拨还借款及提取公积金两项未在表中列出），如下表所示：

年份	收报费	业务支出	报效与捐助	结存
1895	1155825	961037	11647	2495
1896	1146671	863574	20000	3506
1897	1607602	1224152	73333	−3428
1898	1860400	1688900	168430	3070
1899	1773505	1403032	212810	9554
1900	2100000	2033300	309600	57100
1901	2352600	1953800	395000	3800
1902	2124806	1834087	202784	2650
1904	3176352	1903277	612072	1003
1905	3188575	2074058	220000	247670
1906	3371057	2426664	220000	209865
1907	3207435	2417235	132000	176464
1908	2835791	2596791		240000
1909	3807963	3165963		642000

上表中"报效与捐助"一栏的数字，就包括了每年提供给学校的经费。（表中数据摘自韩晶：《晚清中国电报局研究》，上海师范大学博士论文，2010 年）

当年，盛宣怀为培养商务人才，拟于南洋公学内添办商务学堂，经费却无处可筹，于是就从电报局给朝廷的报效中想办法。因轮、电两局报效二成之内又拨助天津学堂经费，轮船 2 万两、电报 2 万两。1900 年，德兵占据天津学堂，学生南逃，盛宣怀将其中头等班学生选派出洋，故天津学堂已暂无须支用经费。盛宣怀即将原本拨助天津学堂的经费改作商务学堂的用款，"以商人报効之资为振兴商务之用，于理至顺。况商学商律实为国家当务之急，他年富强之基"（见盛宣怀：《愚斋存稿》，中国台北：文海出版社，1963 年）。

5.8 积极派遣留学生出国深造

盛宣怀对培养人才是不惜成本、不遗余力的。他在办北洋大学堂和南洋公学的过程中，斥巨资派遣了一批又一批学生出国深造。

盛宣怀派留学生出国学习是为了让这些学生在科学技术先进的国家中，"躬验目治，专门肄习，乃能窥西学之精，用其所长，补我之短"（见盛档，盛宣怀：《资送学生出洋游学片》，光绪二十八年九月）。由于学生身处国外的环境中，较易"窥西学之精"，学习的效果与深度显然要优于国内。出国的学生"其学科则注重工商实业"，"学成回华任以路、矿、铁厂、银行各要政，渐可不借材异地，授柄外人。目前虽靡费巨资，将来可收实用"（见盛档，盛宣怀《南洋高等商务学堂移交商部接管折》，光绪三十一年二月）。盛宣怀派遣留学生，目的很明确，就是为了"不借材异地，授柄外人"。

1900年秋，八国联军攻占了天津，北洋大学堂被德军强占为兵营，学堂被迫停办。1901年，盛宣怀通过南洋公学资送北洋大学堂第一批学生赴美留学。这是中国首批出国留学的大学生，是中国高等学校留学教育之始。学堂教习丁家立兼任"留美学堂监督"，他亲自带领北洋大学堂第一批8名毕业生赴美留学。这8名毕业生是：陈锦涛、王宠惠、张又巡、王宠佑、严一、胡栋朝、陆耀廷、吴桂龄。他们在美分别取得了硕士或博士学位。（见王杰：《北洋大学堂与中国近代高等教育的缘起》，《高教探索》，2008年第6期）

出洋留学生除少数赴法国、德国、日本、比利时、英国外，绝大多数赴美入哈佛、耶鲁、布朗、康奈尔、麻省理工等著名学府。1901年至1907年，全国官费留美学生总计有100余人，其中北洋大学堂就占有半数以上（见王玉国：《丁家立与北洋大学堂》，《天津大学学报（社会科学版）》，2003年第1期）。另一份资料中说道："从1898年至1906年，这八年中，盛宣怀主持派遣到美、英、德、日、比五国的留学生，有章宗详、王宠惠、雷奋等共58人。"（见《交通大学校史》撰写组：《交通大学校史资料选编》，西安交通大学出版社，1986年）这些学生出国"或由公学筹给经费，或由该生自行筹集资斧"，大多为公学学生，亦有由盛宣怀"招致咨送赴英国肄业"者（见盛档，盛宣怀：《资送学生出洋游学片》，光绪二十八年九月）。

由于北洋大学堂、南洋公学还不能培养钢铁冶炼与生产专业的人才，1902年10月，盛宣怀开始资送这些专业的学生出洋游历，他认为："躬验目治，专门肄习，乃能窥西学之精，用其所长，补我之短。"从1902年至1918年，汉阳铁厂及汉冶萍公司先后送培的学生有吴健、卢成章、郭承恩、黄锡赓、杨卓、陈宏经、金岳祐、朱福仪、程文熙、赵昌迭等10名。

特别要提到的是，由盛宣怀亲自从南洋公学挑选、从汉阳铁厂送到英国谢菲尔德大学委托培养的留学生吴健，他是该校首批获得冶金专业学士学位和硕士学位的学生之一。1908年底，吴健从英国回到汉阳铁厂，成为汉阳铁厂第一位中国工程师。正是这一年，汉阳铁厂与大冶铁矿、萍乡煤矿合并成立汉冶萍公司。吴健挑起了汉冶萍公司的重任，1912年2月被委任为总工程师并先后任汉阳铁厂与大冶铁厂的厂长。1914年，留美学生王宠佑被委任为大冶铁矿矿长，留美学生黄锡赓被委任为萍乡煤矿总矿师。一批归国留学生担任了汉冶萍公司的要职，逐步替代了外籍冶金、矿山工程技术人员。

盛宣怀所派遣的留学生回国后，"或任京师大学堂教员，或充北洋译员，或办两广学务；此外各省府学堂教员所在多有"（见盛档，盛宣怀：《南洋高等商务学堂移交商部接管折》，光绪三十一年二月）。事实上，回国留学生在外交部门与工矿企业工作的不在少数。派遣留学生的成效是有目共睹的。

盛宣怀对留学生的要求很严格。除学业成绩标准有明确规定外，必须期满归国，不许躐等。例如，1903年粤督岑春煊拟调留学国外的陈锦涛回国办理学务。盛宣怀得知后，以该生已进入耶鲁大学，1904年即可取得博士学位为由，拒绝了岑春煊的要求。盛宣怀说："从前派出学生百余名，从未有一人毕业考得博士者。瓜不待熟而生摘，殊属可惜。"并电告岑督说："敝学堂立法，必欲期满考得毕业文凭，所以杜学生躁进之心，免浅尝辄止之诮。不徒为虚糜经费也。"（见盛档，盛宣怀：《寄粤督岑云帅》，光绪二十九年九月十一日）1904年冬，川督锡良请调留学生胡朝栋等回国派用。盛宣怀答

南洋高等实业学堂校长唐文治

复，胡朝栋等学生必须赴欧洲历练一年，即到1906年才能回国听调，"若令早回，所造尚浅"（见盛档，盛宣怀：《寄成都锡清帅》，光绪三十年十一月十四日）。

  1911年，在南洋高等实业学堂校长唐文治（1865—1954，字颖侯，号蔚芝，祖籍江苏太仓。上海交通大学第十一任校长。著名教育家、工学先驱、国学大师）的配合下，盛宣怀又利用他担任邮传部尚书之便，派留学生出国学电机、矿务等专业，培养人才的积极性从未降低。诚如唐文治所说，盛公"造就实业人才不遗余力"也（见盛宣怀：《愚斋存稿》，中国台北：文海出版社，1963年）。

第 6 章　盛宣怀做慈善

6.1 倾全力投入直隶、献县赈灾工作

1871 年夏秋间，直隶久雨不晴。永定河、海河、南北运河、草仓河及拒马河先后漫溢，大水冲得房倒屋塌，畿辅东南几成泽国，造成数十年未有之水灾。

直隶总督李鸿章得知灾情后，将身边的人员都打发到各地去劝捐，派官员前往灾区救灾，盛宣怀也在其列。那是盛宣怀刚进入李鸿章幕府不久，也是他第一次参加灾情这么重的赈灾活动。

盛宣怀与其他官员一起奔赴灾情严重的地区，面对直隶百年未有的大水灾，他亲眼见到了灾民的苦难，农田汪洋一片，颗粒无归，灾民房屋被冲走，只能流离失所，可谓损失惨重。回到天津后，他就请求李鸿章准予他回家乡去募集赈灾物资。

回到家乡后，他首先拜见了父亲盛康，将直隶的灾情禀告给父亲。当时盛康还在浙江杭州任上，听说这一情形后，立即慷慨解囊，带头捐赠了两万件棉衣，帮助灾民过冬，并让盛宣怀到上海去采购粮食，运往天津发放。

盛宣怀在家乡动员亲戚、朋友、乡绅捐钱捐粮捐物。盛康还让盛宣怀到淮南、苏南、上海等地去募捐，盛宣怀仗着父亲以前老同年、老同事的面子，很快就为直隶筹到了 30 万两白银、50 万石粮食。

秋天，盛宣怀带了从江南筹集到的银两、衣物、粮食到灾区去散发，他本人也捐助了赈米两千石。因为赈灾有功，盛宣怀被皇帝嘉奖二品顶戴。这是他第一次参与赈灾行动，从事社会慈善事业。

1877 年至 1878 年，我国北方的山东、山西、河南、直隶、陕西等省发生了十分严重的旱灾，受灾人口接近 2 亿，死亡人数高达

1000 多万，真正是"饿殍遍野"，触目惊心，史称"丁戊奇荒"，是中国近代的十大灾荒之一。

由于灾情严重，赈灾任务十分繁重，然而赈济工作却跟不上。此时，天津赈济灾民的粥厂接连失火，一家粥厂失火后，其收容的 2800 名灾民死了 2287 名，这大大震动了当时的清政府。于是，李鸿章专门成立直隶筹赈局，命人专职负责赈灾，其中就有被任命为筹赈灾局候补道的盛宣怀。

李鸿章将当时正在湖北主持煤铁勘矿开采的盛宣怀抽调到直隶，与吴大澂、李金镛等一起主持河间府献县、景州地区的赈灾工作，这是盛宣怀第一次负责一个地区的赈灾任务。

1878 年秋，盛宣怀奉命进入献县，下车所见饿殍载道，场景令人触目惊心，沿路看见灾民成群结队，扶老携幼，一路乞讨，个个骨瘦如柴，都是风吹就倒的悲惨景象。他在《义赈原起》中记录道："河间大灾，赤地千里，天津遍设粥厂，途为之塞。李督派余往视河间，先入献县境，即见饿民扶老携幼乞食于道，风吹即倒。"

当时赈灾的主要形式是"官赈"，即由地方政府上报受灾情况和灾民数量，朝廷调拨救济款以及粮食、棉衣等实物，再由当地政府按户核查发放。盛宣怀到献县后，经过调查发现，县衙门官僚作风盛行，村董保办事拖拉，灾粮发放十分缓慢。以献县为例，本应发放 3000 石粮食，一个月前要求各村董保查送户口册，可是检查时户口查了还不到一半。按照惯例，户口册还要送县里复查，才能按册散放粮食。赈灾粮下拨已一个多月，户口还没有查完，如此缓慢的进度，等到粮食发下，恐怕灾民都要饿死一半了。此外，由于不管各户家境如何、损失怎样，每家每户都得分给救济粮，这样真正困难的灾民却分不到多少救济粮，解决不了困难。

于是，盛宣怀要求县里尽快把粮食分运到各村，又出面向典当和钱铺借了一万串现钱，印制了一些赈票，亲自带了熟悉当地情况的官员和乡绅下乡，走村串户，了解灾民的真实情况，根据每户灾民的实际困难，当场发放赈票，灾民第二天就可以凭赈票就地领取粮食或救济款。这样，赈济的速度大大加快了。

盛宣怀在赈济工作中发现某些官吏营私舞弊时，就立即进行查处。他查到一户被董保列为"极贫"的人家时，发现这家情况不算差，根本用不着救济，显然是董保的关系户，他大为震怒，勒令那个谎报赈济户口的董保自己掏出钱来，"捐款"给真正的贫户，以示惩处。

经过挨户详查，盛宣怀给李鸿章写了两份报告，详细汇报了献县受灾的真实情形。他告诉李鸿章：政府赈灾款只有区区 6000 串，以每户 1000 文散放，只能救济 6000 户。他请求借库平银一万两，以满足救济"极贫之户"之需。由于这是计划外的要款，可能拨不下来，盛宣怀提出："此银如筹赈局无款核销，拟请代为转借，俟职道回南劝捐，如数归缴，绝不敢短少。"由于 1871 年直隶水灾时，盛宣怀曾到江苏、上海一带募捐钱物，收效颇大，因此他才有把握向李鸿章要求增加一万两赈款，等将来"回南劝捐，如数归缴"。

回到南方后，盛宣怀拿出积蓄带头捐赠，发动江苏、浙江、上海一带的亲友商绅捐粮捐钱，夫人不忍见他为劝捐辛苦奔走，拿出自己的首饰以补不足。

通过一个地区的赈灾工作，亲见灾民的痛苦，盛宣怀看到了自己肩上的责任，下决心要将"施济"和"救荒"作为重点，并尽快付诸行动。

6.2 盛宣怀与广仁堂

广仁堂的缘起

广仁堂最早由盛宣怀的祖父盛隆在江苏常州创设，据盛氏十七世、英国皇家蜜蜂研究学会会员、中国台湾人士盛承楠先生的《复兴盛氏广仁堂缘起》一文中所述："广仁堂为盛氏迁常祖十二世盛隆（惺予）公所手创，设于毘陵（常州），具二百余年悠久历史，属盛氏慈善事业之一部分。"

盛氏家族从九世祖盛时贤开始，经济上有了初步的实力，由于时贤善于经商，生活相对宽裕，在经商之余也喜欢读书，并且乐善好施，他担任其支的族长，组织和号召族人草修了盛氏宗谱，并激励子孙要奋发读书、获得科举功名。

时贤的孙子，十一世洪仁公、盛林公在家族兴旺过程中起了关键的作用。他们通过经营典当、钱庄积聚了一些钱财，在地方上修祠堂、置祠业、办赈捐。1797年，洪仁患病中风，家事归盛林主持，盛林承续洪仁的做法，"凡郡中敬节存仁、育婴赈济等事，为之悉尽力。里党有急告必曲应，常援人于危难中"。兄弟齐心协力，培植盛氏家族发达之根基。（见易惠莉：《盛宣怀评传》，江苏人民出版社，2012年）

盛氏十二世盛隆公生于1786年，字树堂，号惺予，于1810年（嘉庆庚午年）应顺天乡试考中举人。"盛隆公以科举入仕，历官剧县，乃于常邑广建第宅，庇荫寒素族人；立义庄，设义学，明定制度，族人咸遵。广仁堂为盛氏社会慈善事业之著者，施诊给药，惠及黎庶，尤以丙舍最具规模，建屋广达三十余亩，寄厝棺枢数逾四五千具，悉皆免缴费用，逝者后世子孙迎榇返归者，嘉其孝思不匮，更多资助。广仁堂义举，一时蔚为最难能可贵，慈善事业，惜因洪杨之乱，毁于兵燹，良可痛也。盛隆公长子盛应（彦人）公，以举人出宰浙江，时遭大乱，戍守杭城之南门，以身殉国，嗣奉旨追封太仆寺卿，世袭云骑尉，生平事迹，列入县志忠烈传。""盛隆公次子盛康（旭人）公，奉父居湖北，乱平返梓，复丁父忧，乃秉遗命重建拙园义庄，恢复广仁堂，并扩而大之，规模益宏。旭人公晚年颐养吴门时，经营寒碧山庄，易其名为留园，设留园义庄及留园赈会，办理社会救济事业，克绍先生遗志，是亦恫瘝在抱，慈善世家之余绪也。"（见盛承楠：《复兴盛氏广仁堂缘起》）

先祖的义举，祖父盛隆、父亲盛康的作为，这些都为盛氏十四世盛宣怀公做了榜样，对宣怀公起着潜移默化的影响。由此，广仁堂慈善事业陪伴了盛宣怀的一生，以至于盛宣怀对自己的一生如此评价："平生最致力者，实业而外，唯赈灾一事。"

天津广仁堂

在天津筹建慈善机构广仁堂

1871年，盛宣怀参与了直隶数十年未遇大水灾的赈灾工作；1877年至1878年，他又主持了一个地区的赈灾工作，从而认识到赈灾救荒在中国只能是权宜之计。他的目光更远了，认为灾民自谋生存的能力很低，这就需要政府和社会的救助。于是，他策划和筹建常设的慈善机构，自然而然地想到采用当年祖父盛隆公在家乡创设的"广仁堂"名号。

1878年，盛宣怀在天津东门外南斜街创设广仁堂。开办之初规模不大，经费主要来自社会捐助。1878年秋至1879年3月，共收到捐银10627两。1879年11月，盛宣怀正式成立广仁堂慈善机构，其创办者和董事多为"南省助赈绅士"，如王承基、吴大澂、经元善、郑观应、李金镛等。其中，王承基是上海人，吴大澂是江苏吴江人，经元善是浙江上虞人，李金镛是江苏常州人，郑观应是广东人，但也长期在沪经商。他们有着长期从事民间慈善事业的经历和经验。盛宣怀晚年回忆广仁堂时曾说："北省向无善堂。"广仁堂可称南方绅商在北方创设善堂的开山之举。广仁堂成立后，每月均有数百两至几千两不等的捐款，主要来自直隶、天津、上海的官员和士绅。

由于需要救养的难民数量太多，广仁堂想要扩建，但仅仅依靠社会捐助是不敷支用的。为了保证广仁堂的常年设置和正常运转，在盛宣怀的授意下，董事刘毓琳、盛钟歧起草了一份《拟筹广仁堂长年经费章程》，其中最主要的一条是要求按季度从进口弹药的税金中领取4000两经费。这一请求得到了李鸿章的支持。从1879年起，李鸿章管辖下的津海关、东海关、山海关三个海关按每箱（100斤）加捐税金一两的办法，拨交广仁堂作为经费，成为广仁堂最可靠的经费来源。1882年，李鸿章又上奏朝廷，筹到一定数量的经费后，令盛宣怀在天津西门外太平庄建造起新堂。新建的广仁堂是一座占地50多亩的建筑群，规模十分宏大，共有房屋269间，可以一次收养难民750人。

19世纪80年代，一部分在天津经商的江苏人建立了江苏会馆，地址在今天的古文化街附近。他们积极支持广仁堂的慈善活动，尽管后期会馆经历了坎坷，但是江苏的商人仍活跃在天津。20世纪80年代，天津在旧城改造过程中重新发现了江苏会馆的石碑，被热心人士收入了博物馆珍藏。

广仁堂开启了"以工代赈"的救灾模式

经过1877年至1878年那场大旱灾的赈灾活动，盛宣怀向李鸿章提出，以后由非官方委派的民间士绅来主持各县的赈灾工作，除了官府拨款之外，由民间人士开展募捐活动，以补充"官赈"的不足，他把这种形式称为"义赈"。在以后的几十年中，盛宣怀主要是以"义赈"的形式组织和开展赈灾救荒工作。

在清政府财力亏空之时，盛宣怀的劝捐将民间力量引入救灾，以义赈代替官赈，不得不说具有历史性的进步。而盛宣怀本人，一生为赈灾捐款一百几十万两白银，以今天的币制来计算，也至少有人民币上亿元了。

随后，盛宣怀又发现河间地区的纺织业较发达，就禀明李鸿章在当地设局购买。同时，派人在收容灾民儿童的抚幼局中教导年龄稍大一些的孩子学习纺织技艺，对此李鸿章称赞其"养民不若令民自养之为佳"。希望每一个院童都能学一门手艺的做法，被盛宣怀用在了其日后所创办的孤儿院当中，这也是盛宣怀"以工代赈"做法的雏形。

盛宣怀将自己在河间地区纺织业中首创的"以工代赈"的初级模式逐步完善，推广到政府投资建设的各项基础设施工程，让受赈济者参加工程建设，获得劳务报酬，这种扶持政策取代了以往直接救济灾民的办法。盛宣怀将这种赈灾方式称为"以工代赈"，这个模式的核心理念也与"助人自助"这个被当代慈善公益界推崇的观念相吻合，受到社会各界人士的赞赏。

1889年，盛宣怀将"以工代赈"之法用于"整治山东省自历城至寿光县历年泛滥成灾之小清河。殚三年之力，疏浚河道四百余里。两岸农田受益甚大"。首先，他提出了疏浚小清河的原则："不容泥守陈迹"，"规复小清河正轨，而不拘牵小清河故道"。接着，又提出疏浚小清河的具体方案：组织灾民"以工代赈"，从小清河下游入手，分段疏浚。首次疏浚河道从博兴县金家桥起，至寿光县海口止，全长约100里。

盛宣怀以上海等地绅商"所集赈款，招募附近灾民，分段挑挖，以工代赈"。经过灾民的挑挖，小清河的下游"水势归槽，畅行入海"，"糜金不及二十万，历时不过数月，而官免筹费，民获有秋，成效已著"。

1906年春夏，安徽、江苏发生特大水灾，受灾人口达730万。由于地方官吏对赈灾救济工作的漠视和拖延，造成大批灾民流离失所，清江、沭阳一带灾民每天饿死者数百人，情况非常紧急。鉴于盛宣怀在历年赈灾活动中的影响力和号召力，灾区绅民纷纷写信给他，甚至直接派代表到上海拜见他，呼吁他出面主持赈济工作。

上海广仁堂义赈会票据　　　　　疏浚后的小清河

　　盛宣怀负责此次赈灾任务后，一方面亲自出面向社会各界募集钱款与粮食，另一方面组织灾民以工代赈，较好地解决了灾区的困难。

广仁堂成了慈善事业的活动中心

　　广仁堂后来成了盛宣怀慈善事业的活动中心。他到山东做官时，又在烟台、济南等地设立了广仁堂。北京也有广仁堂的分号。1897年（光绪二十三年）以后，他的活动中心移到上海，广仁堂的活动重心也随之移到上海，并在上海成都路斜桥盛宣怀寓所附近的派克路（今黄河路）设立了广仁堂办事处。广仁堂的运作是十分规范的，堂中有一个常设董事会，处理日常事务，不仅收养孤寡幼童，还在堂中设立戒烟所,帮助吸食鸦片的烟民戒烟;又在堂中设立义诊所,免费为穷人治病,当时上海著名的中医陈莲舫曾长期在上海广仁堂坐诊,后来还担任广仁堂的医务总裁。

灾荒发生时期,广仁堂又转化为义赈机构,成为盛宣怀举办义赈的组织和活动中心。1916 年盛宣怀逝世后,按照他的遗愿,广仁堂作为盛氏家族的慈善机构,仍然在慈善事业中发挥着作用,一直到 20 世纪 30 年代。

6.3 疏浚小清河,造福山东人民

小清河是山东境内一条大干河,自历城、章丘县起,承接济河、漯河二水,流入黄海。它是古济水河道多次变迁后的下游残渠。自宋伪齐刘豫开通后,"海上之盐,傍河之洲县货物,皆得达于历下",有"盐运河"之称。而小清河流域既有山洪河道的特点,又有坡水河道的特点,一遇夏水盛涨,水泄不及,便洪涝成灾。到了明初,水患开始出现,由于治理无方,灾害愈演愈烈,平均三年一小灾,十年一大灾。明清两代先后治理了 20 余次,仍是时治时淤。每遇夏秋山洪暴涨,济南山水无以为泄,至城北数十村庄尽成泽国,小清河沿岸水患更甚,不仅不能通航,而且成了夺取百姓生命财产的祸害。

盛宣怀担任山东登莱青兵备道兼烟台东海关监督之后不久,1886 年夏季,黄河泛滥,河北、河南、山东、安徽等地均发生水灾,而小清河更是"沟河漫溢,高(高青县)、博(博兴县)、乐(乐安县)、寿(寿光县)一片汪洋",河面上则连船的踪迹也难以寻觅,政府还要以每年三五万银赈济灾民。

盛宣怀一方面积极组织各省绅商,特别是上海绅商捐助赈灾,同时针对"山东济阳、惠民等处黄水为灾,情形极苦,盛宣怀等就招商局与怡和、太古、麦边各洋行轮船公司议于搭客略增水脚,俾助赈款"(见夏东元:《盛宣怀传》,四川人民出版社,1988 年)。另一方面,他又向山东巡抚张曜递上《万言书》,提出要治理山东境内的黄河，疏浚小清河，发展内河航运业，以治本的方式来解决水患问题。

盛宣怀自小大部分时间生活在常州、苏州。苏南河网密布，河道经常疏浚，河流不仅很少出现泛滥的现象，而且为农业灌溉和交通运输创造了很好的条件。而他在山东任职辖区内的小清河却"愈淤愈短，旧址埋废，夷为民田，昔日河身，今且高于平陆"。这与他熟悉的苏南河网简直是天壤之别，他要疏浚小清河的想法得到了山东巡抚张曜的大力支持。

为了疏浚小清河，盛宣怀做了大量的调查研究。他亲自到沿河村镇，详细勘察度量，与当地官员、百姓研究施工方案。1889 年起，他开始"整治自历城至寿光县历年泛滥成灾之小清河。殚三年之力，疏浚河道四百余里。两岸农田受益甚大"（见夏东元：《盛宣怀传》，四川人民出版社，1988 年）。首先，盛宣怀提出了疏浚小清河的原则："不容泥守陈迹"，"规复小清河正轨，而不拘牵小清河故道"。接着，又提出疏浚小清河的具体方案：组织灾民"以工代赈"，从小清河下游入手，分段疏浚。首次疏浚河道从博兴县金家桥起，至寿光县海口止，全长约 100 里。

盛宣怀以上海等地绅商"所集赈款，招募附近灾民，分段挑挖，以工代赈"。经过灾民的挑挖，小清河的下游"水势归槽，畅行入海"，"糜金不及二十万，历时不过数月，而官免筹费，民获有秋，成效已著"（中国史学会主编：《洋务运动（第八册）》，上海人民出版社、上海书店出版社，2000 年）。

1891 年秋天，张曜不幸去世，继任山东巡抚福润希望盛宣怀继续把小清河上游的疏浚工作承担起来，经过商议，最终确定上游的疏浚方案："由金家桥向西取直，就支脉预备两河套内，择其洼区，接开正河，历博山、高苑、新城、长山、邹平、齐东六县，计长九十余里。又在金家桥迤下起，循预备河旧址，开浚支河，以承上游各湖河之水，引入新河，衔接归海。从此民田无漫溢之虞。"疏浚小清河上游的费用，仍由盛宣怀去募集，当地灾民则通过"以工代赈"来解决。

　　盛宣怀治理小清河尽心尽力，据相关资料记载，他"以历年兼营河务，往往累月驻工，或亲行履勘，风日不避。常从羊角沟棹小舟出海，遇暴风雨雹，舟几覆，衣履尽濡，饱受寒湿，返署而喘乃大作，由是遘寒辄发，过劳亦发，根株不可拔矣"［中国史学会主编：《洋务运动（第八册）》，上海人民出版社、上海书店出版社，2000年］。《清史稿》也记述了盛宣怀治理小清河的事迹，说盛宣怀"因讨测受灾之故，益究心水利，其治小清河利尤溥"。

　　小清河上下游工程历时三年，征调民工数十万，耗支白银70多万两。从此，小清河两岸农民安居乐业，再不用受水灾之祸害。1893年12月，山东巡抚上奏："小清河全功告成，推盛首功，传旨嘉奖。是河工程阅时三载，用镪七十余万。皆盛筹集。"（见夏东元：《盛宣怀传》，四川人民出版社，1988年）小清河自济南至章丘段开浚新河百里，仍以济南诸泉为源；下游开挖金家桥以下新河百余里至海口，新改入海处在羊角沟，废弃原入海河道。全河一律展宽至十丈，开深一丈至一丈三尺；出河之土夯筑成堤，使河两岸成各宽十丈之马道。这是一次较为成功的治理，不仅免除了水患，人们还借水行舟，恢复并发展了航运。100多年来，全国最大的羊角沟盐场之盐，溯河源源不断地运抵济南，一度转运供应鲁、豫、苏、皖4省98县，极大地促进了沿河城乡经济发展。疏浚小清河，为小清河开通内河航运创造了条件。山东省的内河航运，原先是小火轮在烟台、龙口、登州之间通航，之后又延伸到了小清河，乃至整个山东。

　　盛宣怀主持治理小清河之事，在1893年11月工程完工之时，由他本人亲自撰写并书于碑石之上。此碑原立于小清河航运局，现移立于新整治的小清河岸边，碑题为《修浚小清河记》。碑文的大意为："我去年已奉命调至天津任海关监督，但绝不能因为离开这个地方便丢掉原先的志向，现在幸喜这桩事成功了，很喜欢为它写一篇记。至于多开涵洞，以畅通支流，多设渡船，以方便行人，凡今后对该河能有所改善的，尤其希望当时参与这项工程和主管这方面工作的有关人员多给些关注。"在碑文中，盛宣怀指出了治理的不足

山东小清河纪念碑

之处以及他对后人，尤其是对曾参与过这项工程管理人员所寄托的期望。

盛宣怀尽职尽责治理小清河，造福沿岸百姓、惠及山东的善举，后人不会忘记。

6.4 盛宣怀与中国红十字会

国际红十字会最初是一家医疗慈善机构，1863 年 2 月 9 日，由瑞士慈善家杜南（Henry Dunant）先生首创，初名为"伤兵救护国际委员会"。1864 年 8 月 22 日，多国在瑞士日内瓦签订了第一个改善战地陆军伤者境遇的《日内瓦公约》，概括性地把 1863 年国际会议决议用国际公约的形式固定了下来，国际红十字会从此正式成立。1880年，更名为"红十字国际委员会"。

1900年，为了救助北方难民，在李鸿章的支持下，曾祖父盛宣怀领导上海慈善家发起成立了东南济急善会，开展了大规模的救助行动。同时，浙江湖州著名绅商陆树藩，也联络江浙人士在上海发起成立了中国救济善会。虽然这些还不是真正意义上的红十字会组织，但却遵照国际红十字会的基本精神，组织救护伤兵难民，所以这也可以说是国人自办红十字会的开端。当时，陆树藩曾高举红十字旗帜，亲自前往京津地区救援，把难民通过海路载回上海，而所用的爱仁号、安平号、公平号、协和号、泰顺号、新裕号、普济号等轮船，都是由曾祖父的轮船招商局派出的，而且全部免费。在盛宣怀看来，这是人道盛举，他义不容辞。正是有了盛宣怀的支持，中国救济善会才救回了落难同胞5000余人、灵柩136具，取得了巨大的成功。而通过那次救援行动，盛宣怀对红十字会有了许多新的认识。

而促使中国正式成立红十字会的真正动因，则是1904年发生在中国领土上的日俄战争。当时的东北大地，炮声轰鸣，硝烟四起，懦弱无能的清政府不但无力阻止在中国国土上展开的那场帝国大战，而且在日俄的蛮横威逼下被迫宣布"局外中立"，放任日俄两军在我国国土上肆意厮杀践踏。战争中，日本、俄国的红十字会救护队可以穿梭往来，救护伤兵，可是我们的东北难民却无人救助，无法救助，因为清政府已宣布"局外中立"，不能直接插手。中国传统的慈善组织根本没有资格进入战地，因为在战争状态下，只有红十字会这一中立性人道救援组织才能得到交战双方的认可、尊重与保护。而中国没有红十字会，那该怎么办呢？在这种情况下，为了救助陷于战区的民众，上海的一些慈善事业活动家就仿效西方红十字会的章程和办法，于1904年3月10日创设了上海万国红十字会。这是一个与中国传统慈善机构完全不同的组织，目的是让交战的两国军队都能按红十字的国际惯例，为他们的救援提供方便。所以，上海万国红十字会可以看作中国红十字会的前身，但当时它还不是国际红十字会的正式成员。上海万国红十字会的创始人之一沈敦和

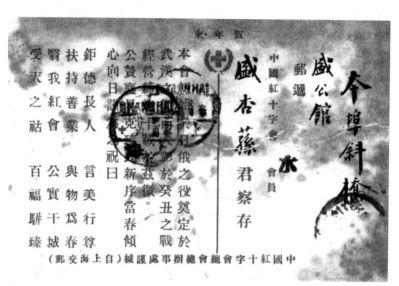

中国红十字会给盛宣怀的明信片（收件地址：本埠斜桥盛公馆）

先生曾说："红十字会之设始于瑞士，遍于环球。独吾国向不入会。以不入会之国而欲设红十字会，外人必不承认。不承认，则不允入战地以救民。事亟矣！"这为中国红十字会的正式成立起到了先导作用。

为了让这个中国土生土长的组织能尽快得到国际上的认可，盛宣怀说动了自己的老朋友英国传教士李提摩太（Timothy Richard）先生，并游说多国加入，这样可让这个组织的架构看起来更为洋气一些。这个组织的最高权力机构是董事会，由45名董事组成，集中了当时上海租界当局、海关、金融、工商界的政企著名绅商。在35名洋人董事中，除了英国传教士李提摩太先生外，还有上海英租界总董、法租界总董、美国圣经会格雷普、老公茂行老板德贞、怡和洋行老板克思惠枢、太古洋行老板而澜脱、《字林西报》主笔立德禄、

日俄战争中被日军役使的中国百姓

工部局文案濮兰德和哈华托、瑞记洋行老板伦基、美最时洋行老板美洁兰、礼和洋行老板雷纳、同孚洋行老板傅密生、中法报馆薄露纳脱、汇丰银行经理别维思、祥生船厂总理伯伦脱司、前英国领事璧礼南、海关副总税司信藤等。而在 10 名华人董事中，除了身为上海海关道的沈敦和以及直隶候补道的施则敬外，集中了沪上华界著名的绅商，如严信厚、朱佩珍、徐润、周金箴、曾少卿等。该组织还从这 45 名董事中推出 9 人为办事董事，其中西董 7 人，包括李提摩太先生、上海英租界总董、法租界总董等；华董 2 人，即沈敦和与施则敬，后来又增加了前四川川东道任锡汾。盛宣怀当时虽不在这份董事名录中，但他却与此会密不可分。首先在这 10 名华人董事中，其中有 4 人是盛宣怀创建的中国第一家银行——通商银行的董事，分别是沈敦和、施则敬、严信厚和朱佩珍，他们参加上海万国红十字会，当然要向盛宣怀通报，征得盛宣怀的首肯。所以，上海万国红十字会一成立，沈敦和、施则敬等人就联名致函盛宣怀，将募捐启事和募捐公函稿呈请盛宣怀核定，并附上上海万国红十字会的捐册，请盛宣怀"将所拟上海万国红十字会捐启、公函两稿迅赐核定，克日掷还"。从此函可见，沈敦和与施则敬等人不仅向盛宣怀通报了组织成立上海万国红十字会一事，而且针对有关章程内容征求和听取盛宣怀的意见。可见盛宣怀不仅参与了上海万国红十字会的筹建，而且对上海万国红十字会捐启做过修改。两天后，上海万国红十字会的办事董事就开会正式通过了由盛宣怀亲自核定的筹款办法八条。除此之外，上海万国红十字会在实际运作过程中，也得到了曾祖父盛宣怀的大力扶持，他所办的许多企业都参与了这些活动。上海万国红十字会救济灾区的物资药品统统由盛宣怀的轮船招商局免费运输。上海万国红十字会成员、医生以及难民乘坐招商局的轮船一律免费。上海万国红十字会还经常无偿借用招商局的轮船前往受灾地区赈济灾民。为了救灾，还可在其创办的电报局里免费拍发电报等。而那时的清政府，由于"局外中立"的立场，还没有正式出面。上海万国红十字会成立后，立刻在东北开展人道主义救援，取得了很好的实际效果。此时清政府才从幕后走到台前，公开表示支持上海万国红十字会，命出使英国的大臣张德彝赴瑞士补签《日内瓦公约》，使中国取得了创办红十字会的资格。

1910 年（宣统二年正月十八日），中国红十字会宣告成立。1910 年 2 月 27 日，清政府颁布上谕："吕海寰等奏酌拟中国红十字会试办章程请立案一折，着派盛宣怀充红十字会会长，余依议。"这是迄今为止最早一份确认清政府下谕委派盛宣怀担任中国红十字会会长的原始文献。

我的曾祖父盛宣怀之所以被朝廷钦定为中国红十字会首任会长，主要有以下三个方面的原因：

其一，盛宣怀本身在民间就是可以信赖的慈善家。当时全国各地若有灾荒，总会有人写信或者游说，请盛宣怀出面来主持赈灾。甚至在华的外国人士创办的华洋义赈会，也要邀请他出席，聘他担任董事，希望通过他的影响力来做好筹款济民的善事。他一生组织和参与了数十次大型赈灾活动，1897年以后，更是多次担负起组织领导全国性的赈灾救荒工作。他在赈灾救助方面既有号召力，又有丰富的实战经验。

其二，盛宣怀在工商界是颇有号召力的企业家。红十字会救助的通常都是大批的难民、灾民或伤兵，而不是小打小闹做慈善救济，因而需要大量的赈灾经费来支撑，而这些经费主要靠的是从企业家中募捐。随着盛宣怀所从事的实业越做越大，他已成为一个很有号召力的企业家，在实业界，他的地位几乎无人可以比肩。因而由他出面在企业家中劝募，是众望所归，并且容易获得成功。在主持官赈和义赈的过程中，他往往首先调动自己所管辖的大型企业里的资金，并常常采用先垫款散赈，再募捐归还的办法，所以由他出面主持的散放赈银赈粮的效率往往比官赈高得多、速度快得多。

其三，盛宣怀在朝廷中是很有影响力的大臣。中国红十字会正式成立后，它的会长不同于原先上海万国红十字会的由董事会选举产生，而是由朝廷直接任命，这就表明它已不再是一个普通的民间慈善组织了。况且清政府还时不时地拨些官银来扶持中国红十字会赈灾，因而中国红十字会至少可以看作一个半官方的政府机构。在这种情况下，若请一位民间人士来担任会长，无论他的声望有多大，都已不太合适。另外，中国红十字会已是一个全国性的组织，而不再像上海万国红十字会那样仍然带着浓厚的地方色彩。所以，每遭大灾，往往需要所在地的巡抚、知府等官员的大力支持和协助，因而若没有一名有声望的朝廷命官来主持和协调，那就根本无法推动和做好这项工作。早在1896年，盛宣怀就被晋升为太常寺少卿，拥有专折奏事权，具备与皇帝直接对话的机会。此时，盛宣怀正担任邮传部右侍郎，管摄路、电、航、邮四政，在朝廷上下极具影响力，所以由他出任中国红十字会的首任会长就成了顺理成章之事。

中国红十字会于1912年1月15日加入红十字国际委员会，正式成为这一国际组织的成员。

6.5 行义积德，捐助寺庙

盛氏家族信奉佛教，热心于佛学的传播与佛教的发展，家族中的曾祖母、祖母辈的妇人都烧香拜佛。历史上记载着，盛宣怀及家族成员初建与兴建了上海的玉佛寺，并对多处名刹寺院，如常州天宁寺、苏州西园寺、普陀山慧济寺、杭州灵隐寺、常熟赵园（天宁寺下院）、苏州报恩寺等的修缮予以捐助。这些寺庙也是家族成员常去的地方。

佛家思想教育人们要行善积福，行义积德，为社会多做点好事，给自己留点好名声。盛宣怀对佛学思想的传播十分自觉，他留下的墨迹中写道："积善余庆贞固干事，永锡难老美意延年。"他对行善有着执着的追求和认识，晚年他有一个名号叫"止叟"，并解释这个名号是从《礼记·大学》中"止于至善"这句话引申来的，他把行善作为自己的归宿，至死也要做善事，追求人生的完美。

常州天宁寺

常州城里有个传说，有一年天宁寺要翻建大殿，大兴土木，正要动工之际，遭地方乡绅反对，认为寺庙不能超过附近县学的高度，超过后常州就出不了状元了。双方争执，最后还是盛宣怀出面，在朝廷面前说了话，为天宁寺争理，才使得天宁寺胜诉，使天宁寺的大殿得以重建。

在佛教寺院中，大雄宝殿就是正殿，是整座寺院的核心建筑，也是僧众朝暮集中修持的地方。"大雄"是对释迦牟尼佛的尊称。大者，是包含万有的意思；雄者，是摄伏群魔的意思。因为释迦牟尼佛具足、圆觉、智慧，能雄镇大千世界，因此佛家弟子尊称他为"大雄"。宝殿的"宝"，是指"佛法僧"三宝。

天宁寺经太平天国"洪杨之乱"的兵灾，建筑受到严重损毁。冶开法师从 1900 年（光绪二十六年）开始到处化缘后，着手重建。

常州天宁寺

修建工程委托杨源兴营造木作铺业主杨名泉承建。大雄宝殿面阔
26.4米，高达25.9米，如此高大巍峨的殿宇，需要10米多长、两
人合抱不过来的立柱，方能与大殿的高度相称，而国内一时难以
觅取，工程遇到了阻碍。正当僧俗各方焦虑之时，事为盛宣怀所
悉。当时的美商大来洋行意欲在上海经营洋松木材，从申领执照到
选址建房等一切手续都有求于盛宣怀，盛当即委托美商在国外为
天宁寺选购木材。要取如此巨木，难度很大。美商大来先生通过多
方努力，不久运来了花旗松（一说名叫"铁力木"），长度还超过了
原定要求，终于解决了这一难题。

天宁禅寺大雄宝殿以其高大宏伟著称于世，其高大雄伟为国内
罕见。此殿复建于光绪年间，为重檐歇山顶式的仿宋建筑，殿高达
25.9米，面阔26.4米，进深28米，面积1038.61平方米。其飞檐戗
角，巍峨宏竣，气势非凡。殿内12根铁力木柱，为质地坚硬、稀有

苏州西园寺

珍贵的树种，每根高 18.35 米，直径 80 厘米，高大巍峨，支撑殿顶大梁，这些木柱就是盛宣怀捐助的。

苏州西园寺

苏州西园寺，又名戒幢律寺，东近以古典园林闻名的留园，西邻幽寂的寒山古寺，北倚美丽的虎丘风景区，南临阊门运河，地理位置得天独厚，是巧妙融合佛教殿堂与苏州园林为一体的寺院。

清同治年间，盛宣怀的父亲盛康还在浙江任上，他与吴郡士绅共同倡议修复西园寺。1869 年至 1892 年（同治至光绪年间），盛康、盛宣怀邀紫竹林寺方丈荣通及其徒广慧来此重兴。广慧法师自承担大任之后，托钵四方，化缘重建戒幢律寺。从 43 岁到 73 岁，在 30 年中先后主持修建了大雄宝殿、天王殿、观音殿、罗汉堂、神堂及藏经楼等 200 余间，又辟西花园广仁放生池，并完成了内部塑像。到 1903 年（光绪二十九年），西园寺已成为一座融园林和佛教风格于一体的苏州最大规模的庙宇。

西园寺内古木幽深，梵宇重重，绿茵曲水，鸟语花香，经声梵乐中俨然使人感觉步入了清净庄严的伽蓝圣地。临闹市而无喧嚣，近尘寰而不污染。钟鱼梵呗，涤除烦恼之扰；绿荫亭阁，缓解人生辛劳；白云流水，怡然漫步，于身于心，都是一种美的享受。在这里，可以目睹五百罗汉的各异神态，又可领略曲径通幽的悠闲情趣；寺院的最外围照壁，黄墙黛瓦，顶上有双龙盘绕，可以说是寺院的屏障。正面写着"戒幢律寺"四个大字。照壁的两边就是福德桥和智慧桥，横跨于上塘河上，成为西园寺接引信众、游人的第一步。走下福德桥、智慧桥，便是御赐牌楼，它建于 1903 年（光绪二十九年），广慧老和尚 50 岁时亲自到北京恭请《龙藏》（佛教《大藏经》的一种），光绪皇帝敕赐"紫衣沙门，震国戒幢"匾额。

山门前，广植古树名木。林场的南端，建有一座花岗岩石牌坊，两侧镌刻着一副对联："佛日增辉重开阊阖；宗风振律大启丛林。"横额为光绪年间盛宣怀题写的"敕赐西园戒幢律寺"八个大字。"敕赐"，即这一石牌坊是奉皇帝之命所建也。当时盛宣怀任清廷工部左侍郎、邮传部尚书，他经手创办了多个大型官办、商办企业，已是时代的风云人物，由此可见西园戒幢律寺在十方丛林中的地位。

上海玉佛寺

1882 年（光绪八年），浙江普陀山僧人慧根去印度礼佛，途经缅甸，见缅甸盛产美玉，乃在缅甸国王的赞同下，又得当地华侨全力资助，开山采玉，磨琢刻镂，得大小玉佛 5 尊。待其回国途经上海，由盛宣怀父亲盛康、叔父盛赓提议，将一尊坐像大玉佛及一尊卧佛像留在上海，供善男信女瞻仰、礼拜，其余 3 尊由慧根护送回普陀山。1899 年（光绪二十五年），慧根得到盛宣怀与庄夫人的捐助，募款建玉佛寺于江湾镇车站附近。时有寺基 3 亩余，寺屋四进 72 间，毗连余地共 33 亩，颇为壮观。不久，慧根去世，法嗣本照

上海玉佛寺大雄宝殿

继任住持。本照进京请得乾隆版《大藏经》(即《龙藏》)一部,珍藏于寺内,从此粗具丛林规模。

辛亥革命期间,寺庙被毁,住持宏法和尚将玉佛移奉麦根路(今淮安路)别院。盛宣怀去世后,1918年庄夫人让出公共租界槟榔路(今安远路)土地10余亩,用于重新建玉佛寺,可成和尚负责修建事宜,经10年之久寺庙方落成。该寺属禅宗临济宗,定名为玉佛禅寺。全寺占地11余亩,共三进殿堂,分别为天王殿、大雄宝殿、方丈室。方丈室楼上为玉佛楼,楼中供奉玉佛坐像,并藏有清乾隆版《大藏经》一部,右侧卧佛堂内供玉佛卧像。

普陀山慧济寺

该寺为明朝僧人圆慧初创，名慧济庵，位于普陀山佛顶山上。1793 年（清乾隆五十八年），僧人能积扩庵为寺，建圆通殿、玉皇殿、斋楼等，现为普陀山三大寺之一。原有石亭，供石佛，俗称佛顶山寺。

1882 年（光绪八年），普陀山僧人慧根去印度礼佛，途经缅甸，在当地华侨的资助下，得到大小玉佛 5 尊，其中 3 尊在盛宣怀父亲盛康的支持下由慧根护送回普陀山。

1907 年（光绪三十三年），僧人德化请得《大藏经》。慧济寺又大加修建，并经朝廷批准获得《大藏经》及仪仗、钦赐景蓝龙钵、御制玉印等。从此，一切规制与普济、法雨鼎峙。全寺建筑别具一格，依山就势，横向排列，殿堂宽敞壮丽，整座寺院深藏于森林之中，以幽静称绝。大雄宝殿盖彩色琉璃瓦，阳光之下光芒四射，形成"佛光普照"奇景，煞是壮观。

杭州灵隐寺

灵隐寺，又名云林寺，位于浙江省杭州市，背靠北高峰，面朝飞来峰，始建于公元 326 年（东晋咸和元年），占地面积约 87000 平方米。灵隐寺开山祖师为西印度僧人慧理和尚。南朝梁武帝赐田并扩建。五代吴越王钱镠命请永明延寿大师重兴开拓，并赐名"灵隐新寺"。宋宁宗嘉定年间，灵隐寺被誉为江南禅宗"五山"之一。清顺治年间，禅宗巨匠具德和尚住持灵隐寺，筹资重建，仅建殿堂时间就前后历 18 年之久，其规模之宏伟跃居"东南之冠"。1689 年（清康熙二十八年），康熙帝南巡时，赐名"云林禅寺"。

灵隐寺主要以天王殿、大雄宝殿、药师殿、法堂、华严殿为中轴线，两边附以五百罗汉堂、济公殿、华严阁、大悲楼、方丈楼等建筑。

灵隐寺大雄宝殿几十根高耸入云的柱子，每根都要两人手牵手环着才可以抱住，它们全部来自遥远的美国。

灵隐寺跟中国所有寺庙一样，三番五次地被战火吞没。最近一次被毁成一片灰烬是在 1860 年，太平军攻打杭州期间。太平天国军队把灵隐寺以及附近的上中下三天竺全部用火烧了一遍。

盛宣怀的父亲在太平军败退后，曾在杭州为官，灵隐寺狼藉一片，一直未能修复，直到 1910 年，盛宣怀出资 15 万两，重建灵隐寺大殿，但这么高的大殿需要寻觅粗壮有力的柱子。盛宣怀把目光投向了在中国搞国际轮船运输的美国商人大来先生，听说他家乡俄勒冈的红松长得五大三粗。大来听到盛宣怀要的是红松后，当即说："所有的红松我送给你们，而且负责运到杭州灵隐寺大雄宝殿门口。明天我就叫伐木工人翻山越岭找遍美国山头，把全美国最高大的 28 棵红松，一一砍了，跨越太平洋送到杭州灵隐寺大雄宝殿，我们不见不散。"

于是，这批全美国最大的 28 棵红松，乘坐大来先生自己家的轮船来到了上海。随后，红松又被编成木筏，顺着京杭大运河来到杭州，又从京杭大运河来到了西湖。

现今，这 28 柱红松密密麻麻地站在释迦牟尼前后左右。

西泠印社

说到杭州西湖，不得不顺便提一下西湖边上以"保存金石，研究印学，兼及书画"为宗旨的西泠印社，1904 年（光绪三十年），由浙派篆刻家丁辅之、王福庵、吴隐、叶为铭等召集同人发起创建，吴昌硕为第一任社长。

1905 年（光绪三十一年）阴历十月，西泠印社丁仁等人联名上书官府，集资在孤山南麓购买荒地，建造房舍。出乎意料的是，荒地竟然有主，而且是清末洋务运动核心人物盛宣怀。1912 年，盛宣怀因保路运动被清廷革职流亡日本，等回到上海后，听说有人占据了自家的地，当即派管家赴杭州打官司。好在有人及时将西泠印社的缘起告诉了盛宣怀，此时盛宣怀正全力以赴筹备上海愚斋图书馆的对外开放，他感佩西泠印社传承文脉的义举，不但撤诉，还慷慨捐献地产。西泠印社因祸得福，邀请盛宣怀为西泠印社"赞助社员"，成就了一段印坛佳话。

常熟赵园

西泠印社有别于寺庙，但是在它的发展历程中充满中国士大夫"义""士""禅""侠""隐"等遗世独立的境界。更值得称颂的是弘一法师李叔同先生，他39岁时，在杭州虎跑寺剃发为僧。这一善果的背后，有着西泠印社的善因。

常熟赵园（天宁寺下院）

常熟城区西南隅翁府前有一座赵园，与曾园相邻。原为明万历年间御史钱岱所筑"小辋川"部分遗址。清嘉庆、道光间为邑人吴峻基所有，初名水壶园，又名水吾园。清同治、光绪间，园归阳湖赵烈文，门额"静圃"，俗称赵吾园。时赵宦游易州，由夫人、邓廷桢之女邓嘉祥及内弟邓家缉襄其园事。

赵园园门东向，傍临九万圩。全园以水景取胜，景点皆环池而筑，参差错落，布置得宜。能静居南向为居室，是一座三进院落。西行贯长廊，名"先春"。廊中有榭北向，设石制几案。又西侧北面有经堂五间。直西长廊名"殿春"，折而向北，依围墙而筑，中置八角及方形水榭各一。

临园墙处老柳盈堤，偃卧波上，远望虞山峰峦亘绵，蔚然深秀。廊北端建桥名"柳风"，城河之水自柳风桥入，名"静溪"。溪之北有楼，名"天放楼"，南向，为赵烈文藏书处。溪南有假山耸立，暗岚挺秀，掩映波光。山西麓有石梁与柳风桥通；山南有九曲石桥跨水面，中设石台，绕以石凳，南达"似舫"石船。舫后有老柳数株，名"舫楼柳浪"。涧溪曲折萦回，旁有湖石假山一座，玲珑剔透，俊秀挺拔。折而东又有黄石假山，平岗小坂，上置石井栏一，镌赵烈文书题"梅泉"。

园内有桧柏三株，虬枝参天，盘根嵌石，为钱岱小辋川遗物。赵园将园外活水引入园内池中，以较辽阔的水面与回廊、平冈相配合，并以园外虞山为借景，引山色入园，使之俯仰皆得。园周围长廊，间以漏窗，园外景物，自多生意。

民国初年，盛宣怀购得赵园，之后盛家将赵园赠予常州天宁寺，赵园即成为常州天宁寺的下院，故又更名"宁静莲社"。

苏州报恩寺

报恩寺是苏州最古老的佛寺，而报恩寺塔也被称为"北寺塔"，是中国现存最高大的砖木结构古塔，距今已有 1700 多年。始建于公元 238 年至 251 年（三国吴赤乌年间），相传是孙权母亲吴国太夫人舍宅而建，古称"通玄寺"。

南朝梁代大通年间，通玄寺僧正慧通过募捐在寺中建造了 11 层宝塔，后被焚毁。1084 年（北宋元丰七年）重建，诗人苏轼舍铜龟盛放舍利供奉塔中。1130 年（南宋建炎四年），金兵南侵，焚掠平江（苏州），塔与寺同时毁损。现存之塔为 1153 年（绍兴二十三年）

苏州报恩寺塔，俗称"北寺塔"

行者金大圆主持募建的九级塔。明清几度修葺，1965 年至 1967 年又全面整修。

据梁简文帝《吴郡浮海石象铭》称，该寺始名"通玄寺"，建于公元 247 年至 252 年（三国吴赤乌十年至十五年）。公元 738 年（唐代开元二十六年），玄宗诏命天下各大郡置寺，以年号为寺名。苏州地方官绅应诏，将通玄寺易名为"开元寺"。

1104 年（北宋崇宁三年）端阳节，报恩寺迎请佛牙舍利，徽宗赵佶写《佛牙舍利赞》一文，并赐寺号"万岁"，寺遂易名"报恩万岁寺"。1245 年（南宋淳祐五年），奉名为"报恩万岁贤首教寺"。

报恩寺在历史的长河中兴废多次，饱经沧桑。隋朝灭陈时，寺内刻经石壁和殿堂废毁；南宋金兵南侵时，殿塔俱损；明朝正德年代，宝塔遭雷击起火，殃及卧佛大殿，一夜之间殿塔尽焚坏；清咸丰、同治年间，太平军攻占苏州及李鸿章部下进攻苏城，两次战祸过后，仅宝塔和寥寥数殿残留在废墟之中，围墙损坏，山门改为经道，寺内一度被驻军占据，作为弹药仓库。直到 1898 年（清朝光绪二十四年）天台宗敏曦高僧来住持寺院时，他的弟子们相继募捐修理，收回被占用的殿阁，把报恩寺称作"报恩讲寺"。

1919 年，报恩寺围墙修葺，但墙内面积只有 60 多亩，仅为昔日全盛时的一半。在墙外东西存有散殿四处，塔后还有二山门。在盛宣怀的妻子庄夫人和李朴诚的资助下，大雄宝殿得以重建，到 1924 年才竣工。

庄夫人对佛事十分尽心，她在上海静安寺路（南京西路）的老公馆里常年雇着十几个裁缝和绣工，主要任务就是为上海、苏州和常州的寺庙制作绣品，如椅披、台布、帐幔、坐垫、门帘等。

庄夫人一生与佛为缘，盛宣怀去世后，她更专注于佛事，修葺报恩寺为她在苏州留下了佛名。（见盛承懋：《盛氏家族·苏州·留园》，文汇出版社，2016 年）

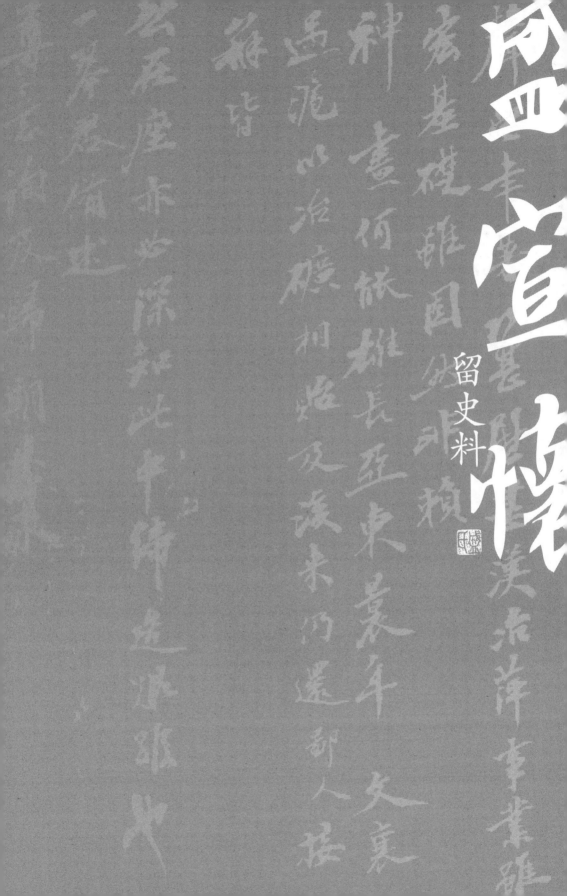

第 7 章　盛宣怀留史料

7.1 编刻《常州先哲遗书》

　　盛宣怀一生忙于经办实业，没有太多时间著书立说，晚岁闲居，选新旧养生家言，刊成卫生丛书若干种。自著有《奏议》20卷、《电报》60卷、《公牍书函》若干卷，定为《愚斋存稿》，在世时编刻未能完成。1919年，盛宣怀三子盛同颐等人编刻了100卷《愚斋存稿》，这是一部体量堪比吴汝纶所编《李文忠公全书》、许同莘所编《张文襄公全书》的大部头文献。

　　《愚斋存稿》100卷，起自1895年（光绪二十一年），终于1911年（宣统三年），包括奏稿20卷、电奏3卷及朋僚电稿77卷。卷首为《愚斋遗像》一幅，神道碑、墓志铭、行述各一篇及序6篇，卷末附有碑文5篇、吕景端跋2篇、选编者后记1篇及《愚斋东游日记》，为客观地研究盛宣怀提供了具有价值的原始资料。《愚斋东游日记》记载了盛宣怀在日本养病的86天间，带病考察了东京、神户多家企业，以对比的方法研究了中日两国工业发展与管理方面的经验教训，主张采日本之所长，补自己之所短，希望扩大中日实业方面的合作关系，并思考了中国立宪、工业化和货币金融等问题。

　　盛宣怀在著述与编辑的过程中发现，家乡的藏书家有刊刻家乡先贤文献的传统。在缪荃孙（1844—1919，字炎之，又字筱珊，晚号艺风老人，江苏江阴申港镇缪家村人。中国近代藏书家、校勘家、教育家、目录学家、史学家、方志学家、金石家。我国文化教育科技界尊称他为"中国近代图书馆鼻祖"）的建议下，盛宣怀组织人员搜辑《常州先哲遗书》前后集，多为罕见之本。

　　盛宣怀秉承着"中学为体，西学为用"的思想，在大办实业的同时，为了薪火传承，保存地方文献，"萃前辈之精神，为后人之模

藏书家、校勘家缪荃孙

范"，毅然决定要为"江山代有才人出""江南无与常匹俦"的家乡常州编辑一部前无古人的《常州先哲遗书》，将曾经在历史上大放异彩的常州先哲大师的著作汇集起来，让常州的子子孙孙传承先哲"究天人之际，通古今之变"的精神内涵。该书从校勘到抄校到刻字，全由名家负责，刊刻极精雅，堪称近代郡邑丛书之冠。

《常州先哲遗书》是一部"地方性丛书"，由盛宣怀出资主编，缪荃孙担任执行主编，刊刻于1895年—1911年，距今已有100多年。《常州先哲遗书》分为前后编，共77种，745卷，11004页，约770万字。其中，前编46种，除《附》为清人著作外，其余多为宋明人作品，刊刻于光绪二十一年至二十三年（1895—1897）；后编则多为明清人著作，有光绪二十五年序，光绪三十四年至宣统三年（1908—1911）刻成。每书后皆有盛宣怀的跋文，仿《四库》体例，介绍作者、版本、内容等情况。全书版式整齐划一，出自湖北陶子麟之手，刊刻精良。

《常州先哲遗书》的面世，在清末学术界、出版界曾引起过很大的反响，被喻为出版界的"师资"。清末大儒叶德辉，在其被誉为中国版本目录学"里程碑式的作品"的《书林清话》中，批评了许多滥刻书籍后，盛赞："唯《常州》（《常州先哲遗书》），出自缪艺风老人手定，抉择严谨，刻手亦工。后有作者，当取以为师资也。"（《刻乡先哲之书》）

由于盛宣怀出巨资、缪荃孙花费很大精力编撰刻印《常州先哲遗书》，很多常州地方珍贵文献免于失传，流传至今，所以后人才得以一睹古人的风采，了解古人的思想、艺术和科技成果。

此外，刻字的好坏关系到书的形式美，缪荃孙所刻书多出于湖北陶子麟和南京李义和之手。两人均是当时较有名气的刻字工人，其中陶子麟尤善仿宋体，最为古雅。缪荃孙刊刻的丛书文质并美，当时备受好评。

《常州先哲遗书》印出来后，好评如潮，在民间广为流传，文化教育人士往往将这套丛书作为珍贵礼物赠送给亲友。可以说，在文献学上，《常州先哲遗书》刻本在一定程度上就是善本和精品的代名词，具有极高的艺术价值和审美价值。

2006年，常州市文化部门将盛宣怀出资主编的《常州先哲遗书》重新出版的计划列为常州文化"十一五"发展重点项目，全书于2010年3月正式出版。

7.2 愚斋图书馆，中国最早的私人图书馆

人们都知道，中国最早的两所大学——北洋大学堂（今天津大学）与南洋公学（今上海交通大学、西安交通大学前身），是由近代著名实业家盛宣怀所创办的，但是很少有人知道，中国最早的私人图书馆——愚斋图书馆，也是由盛宣怀所创办的。

盛宣怀年轻时虽然前后三次乡试榜上无名，但是并未泯灭读书进取的信念。事实上，他自幼入塾读书，攻读孔孟经书外，还学习了《常州先哲遗书》、祖父编纂的《人范须知》等书。通过读书他增长了知识，懂得了不少做人的道理，并且养成了喜爱图书、认真向

书本请教的习惯。

　　盛宣怀一生办实业，涉足的领域方方面面，处处遇到自己不懂的知识与技术，他深知欲争取由外行变为内行，除了向有经验的人士、有真才实学的洋人学习请教之外，很重要的是要向书本学习。如在湖北广济、大冶勘矿时，他告诉李鸿章，自己虽然对"地学化学，格致门类，一名一物，绝无所知，然犹欲勉力考究其近似，冀不为人所蒙蔽"（见盛档，《盛宣怀致李鸿章函》，光绪二年十一月二十二日）。为此，他到处寻觅矿书。通过学习，他大致了解了开矿的专业知识和方法，并对矿事提出一些见解。他还请在福建工作的张鸿禄帮他找一本斯米德翻译的《五金矿论》，1876 年 10 月下旬，当得到该书的第一卷时，他就喜出望外地学习起来。盛宣怀还十分注意学习报上有关矿学知识的文章，逐渐掌握了不少矿学理论（见盛档，《张鸿禄致盛宣怀函》，光绪二年十一月二十二日）。1881 年冬至 1882 年秋，盛宣怀督办津沪电报线路架设工程，他除向丹麦工程师霍洛斯与对电报有经验的郑观应请教之外，也找了有关电报的书籍学习。他不仅自己这样做，而且要求工程技术人员认真读书学习。为了便于工程技术人员掌握新技术，他在购买国外技术设备的时候，除了引进相关的技术文本、图纸之外，还会让经办人员购买一些相关的图书，供大家学习。

　　在办实业中，盛宣怀认真地读书学习；在治国理政上，他更加认真读书学习，比如，1895 年他读了郑观应所著的《盛世危言》，思想上十分震动，4 月 8 日致函郑观应，感谢郑所赠《盛世危言》四部，说："乞再寄赠二十部，拟分送都中大老以醒耳目。"该书甚至触动了光绪皇帝，6 月 7 日，盛宣怀又致书郑观应，告以"《盛世危言》一书蒙皇上饬总署刷印二千部，分送臣工阅看"（见夏东元：《盛宣怀传》，四川人民出版社，1988 年）。

　　1895 年和 1896 年，盛宣怀先后创办北洋大学堂和南洋公学，首先遇到的是学生的课本问题。在当时的情况下，他不得不根据北洋大学堂总教习、美国教育家丁家立以及南洋公学监院、加拿大人福开森的意见，先引进美国大学的教材，让新入学的学生来学习。

他清楚要培养新型的人才，必须学习西方的新知识，"顾非能读西国之籍，不能周知西国之为"。然而"西国语言文字，殊非一蹴可几"（见盛档，盛宣怀：《南洋公学附设译书院片》，光绪二十四年四月），因此要求大家都去读西方国家的原版书籍是不可能的，只能将那些有用的书翻译过来，供大家学习。为此，需要聘请专门的翻译人才，成立相应的翻译机构——译书院。

1898年7月，盛宣怀在给朝廷的奏折中说："中国三十年来如京都同文馆、上海制造局等处所译西书，不过千百中之十一，大抵算、化、工艺诸学居多，而政治之书最少。且西学以新理新法为贵，旧时译述半为陈编。将使成名成材者皆得究极知新之学，不数年而大收其用，非如日本之汲汲于译书，其道无由矣！"（见盛档，盛宣怀：《南洋公学附设译书院片》，光绪二十四年四月）。他主张译书院要改变以往主要翻译科学技术方面的西书，而要多翻译一些政治方面的书、"新理新法"方面的书。

1898年9月，盛宣怀聘请张元济（著名出版家，商务印书馆创办人）出任筹建中的译书院（隶属于南洋公学）主任。译书院成立之后，大量购买日本与西方国家新出版的书籍，并且聘用了一批"中外博通之士"担任翻译。译书院成立的三年中，翻译了西方与日本的大量书籍，其中最多的是军事书，其次是政法、理财、商务、学校方面的书籍。

江浙一带的先贤历来就有修建藏书楼，征集书法名画、善本古籍的嗜好。盛宣怀早年在苏州与顾文彬父子合开典当的时候，就闻知顾氏居住的铁瓶巷内有一座过云楼，藏有大量珍贵的书籍。顾氏家族示有家训：过云楼藏画可任人评阅，而家藏善本古籍不可轻易示人。故此，过云楼藏书终年置于密室，秘而不宣，亦不许人登楼一观。这引起了青年盛宣怀的兴趣，但是他始终没能登上过云楼翻阅顾家的藏书。

清代，苏州藏书在全国是首屈一指的。清乾隆三十七年（1772年）开四库馆，搜罗全国遗书。由两江总督、江苏巡抚、两淮盐院呈进的有4666种，占第一位，而苏州地区又在其中占了很大的比重。

苏州藏书家对所藏的图书大多进行过整饬、修补、装潢以至于分类、编目和标签，有一定保管利用规则。他们大多精于校雠，所以往往皆有善本。许多藏书家还对藏书进行了批阅、提要、校勘和考证。盛宣怀对苏州的藏书家十分尊重与钦佩，对苏州的藏书楼也十分关注，并且很注意收购苏州藏书家的藏书。

1904 年以后，盛宣怀由于宦途浮沉，加上丧子之痛，在治事之余，颇寄情于图书、金石、书画，亟以此道遣怀。他托人四处打听收购图书，数年中大有收获，包含苏州江标灵鹣阁的不少旧藏，以及常熟赵氏旧山楼等的藏书。

江标，亦被称为灵鹣阁江氏，字建霞，元和（今苏州）人，生于 1860 年，死于 1899 年，年仅 39 岁。1889 年取得进士，被任命为翰林院编修，做过湖南学政，是戊戌维新变法运动的重要人物。江标是版本目录学家，著有《宋元行格表》《黄荛圃先生年谱》《沅湘通艺录》等。清光绪年间江标汇辑经说、书画、目录、地志、传记、笔记等著作，以金石书为最多。此外，还有 8 种介绍西洋的政治、学术、风俗的书籍，被藏书界称为"新旧兼收"的丛书。江家的藏书十分丰富，死后唯留藏书十橱，后为盛宣怀所得。

赵宗建，清末藏书家，字次侯，一字次公，一作次山，号非昔居士，常熟人。他文采斐然，然而与盛宣怀一样，数次考试均未中，后以太常博士就试于京兆，独居野寺，不与人来往。他居于北山之麓，造园林，建藏书楼名"旧山楼"。赵宗建广购博收，他的藏书日益繁富，大多为抄校稿本、仿宋刊本、明刊本、汲古阁本、殿本及清代精刻本，有大量稀有版本，文献价值极高，如司马光《资治通鉴》草稿，朱子《大学章句》草稿，徐霞客的手书游记底稿，钱曾手写的藏书目录，钱谦益日记、信稿、《红豆山庄杂录》手笔以及大量的宋元珍籍、名人日记、信札，等等。赵宗建去世后，藏书多被盛宣怀等人购得。

盛宣怀收集藏书有三个鲜明的特点：一是主张藏书要古今兼收，中外并蓄；二是主张藏书要注重实用；三是主张藏书要向社会

苏州过云楼

开放。这些于今仍有借鉴意义。

　　盛宣怀在与丁家立、福开森等西方人士的交往中，对泰西国家所设的国家图书馆、私人图书馆十分赞赏。他从办实业、办教育的实践过程中体会到，自己不必像苏州藏书家那样去建一座藏书楼，而应该去建一座图书馆，供社会各界人士读书学习。

　　1906 年，盛宣怀考虑到上海作为当时全国第一大城市，却没有一所公共图书馆，与上海大都市的地位不相符，于是与时任两江总督的端方相约在上海合建淞滨金石图书院，将各自所藏的图书公布天下。为此，盛宣怀特刻就一方"贻之子孙不如公诸同好"的印章。后因端方对盛宣怀的几度催促践约都没有下文，盛宣怀只好自行其志，将在上海建造图书馆作为自己的一项重要事业。这比 1909 年 9 月 9 日开始筹建的京师图书馆早了差不多三年。

盛宣怀很想亲自到泰西国家去，看看他们的图书馆是什么样的。1908 年，他东渡日本就医，在考察日本的实业之外，最主要的内容就是考察日本的图书馆。到达日本一个星期之后，即 8 月 21 日，就去参观日本私立大桥图书馆，该馆将章程、书目、年报等资料赠送给盛宣怀。8 月 23 日，时在东京养病的出版家张元济专程访问盛宣怀，盛宣怀与他谈道："此来欲观览图书馆、博物院章程，以便在沪仿行。"9 月 10 日（以上皆为农历），盛宣怀参观考察日本的帝国图书馆，他在《东游日记》中写道："帝国图书馆，大楼二层，规模宏敞。藏书楼共八层，每层高仅七尺，书架称是便于取携，每日看书者约七八百人。据接待员云：'所藏宋板及钞本不少，唯不付阅。'其阅览室分特别、寻常、妇女三处，入阅须先购券，特别券纳资五十钱，寻常三十，卷帙浩繁不可细观。购取其书目一部，并留题游日以志鸿雪。"盛宣怀不枉此行，回国后就着手筹建自己的图书馆。

1909 年 3 月 28 日，盛宣怀又去函委托但少村（湘良）赴日求读的侄孙但焘代为考察帝国图书馆，该馆馆长嘱司书官太田氏接待了但焘。当太田氏询问盛宣怀是想建国家图书馆还是私家图书馆时，"焘告以由宫保（盛宣怀）独立创办，期为全国楷模"。1909 年 4 月 25 日、4 月 28 日，但焘连发两函将考察详情禀告盛宣怀，并附手绘书架草图。但焘还考察过早稻田大学图书馆，将该馆章程翻译后寄给盛宣怀。盛宣怀亲笔批语："阅过原文，请寄一份其房屋式样，请绘示。"这些都说明盛宣怀对建馆已筹划很久。

盛宣怀的藏书，除了平时收集以及托人到江南等地的藏书楼收购之外，另一来源是东瀛书市。盛宣怀到日本就医那年，除考察日本现代图书馆外，还亲自逛书肆，选购图书，他在 9 月 12 日的日记中写道："向闻日本颇有旧书，因赴神田各书肆购求。惜维新以后，讲究新学者多，旧书寥如星辰，书贾专事营运，亦不收买。过十数家不得一部……只选购日本理财等书数十种而归。"正当盛宣怀无所收获之时，在日本留学的沈祚延与但焘听说他要购书，就主动拜访，并介绍说日本东京求文堂旧书最多。于是，9 月 14 日即

愚斋图书馆藏书书目

由但焘陪同赴求文堂购书。盛宣怀在当日的日记中写道："中国书籍不少，而精本标价极昂。内有钞本《钦定西清砚谱》一部，计二十五卷，乾隆四十三年奉敕撰，凡陶之属六卷、石之属十五卷，共砚二百，为图四百六十有四，附录三卷。则今松花、紫金、驼基、红丝、仿制澄泥诸品，共砚四十有一，为图百有八。每砚正背二图，亦间及侧面。凡御题及诸家铭识，一一钩摹，精好绝伦。称系内府藏本，问其价二千元。"从日记中可见盛宣怀在日本购书之用心。次日，求文堂的主人就送书上门求售了。盛宣怀一次就买下几百种书的消息在东京传开后，日本书肆听说有大主顾到来，纷纷送书上门求售。盛宣怀在日本除大量收购中国古籍外，还购买了日本出版的科技、政法、经济类图书。他在日本短短三月余，先后购得各类图书1500部以上，并收到一些日本朋友赠送的图书。盛宣怀回国后，依然随时注意图书的购置、收藏，注意根据自己的特定需要补充图书。

1910年，盛宣怀在上海斜桥盛公馆的东面拨出6亩5分地，建造中国首家私人公共图书馆——愚斋图书馆。图书馆建筑与场址由盛宣怀亲自规划，布置庭园，工程由通和洋行承办。1910年10月（宣统二年九月），仅用了半年的时间，图书馆就落成了，题名"上海图书馆"（以盛宣怀别号"愚斋"冠名是后来的事）。

图书馆分普通看书处、特别看书处、女客看书处、售票处、办事处。阅览区域为二层楼，藏书区域为四层楼。另筑图书馆马路，从白克路（今凤阳路）出入，并扎篱笆与盛公馆隔开。工程验收后仍由通和洋行照看，以应付各处洋人前来参观。

1910 年 10 月，清朝末代皇帝溥仪赏赐"惠周多士"的匾额。欲将盛宣怀费历年心血收购的数十万卷古旧图书有序编目，不是一件容易的事。此项工程于 1911 年 4 月 1 日正式开工，由首任上海图书馆总纂罗榘主持。近世著名藏书家陶湘，在致盛宣怀的条陈中对罗榘颇有微词，认为他"所编两年，毫无头绪"，竭力向盛宣怀推荐一向在图书馆内的员工王冠山，担保王"一年之内，大功告成"。罗去世后，盛宣怀延请名家缪荃孙继任总纂。缪费时一年三个月将书目编成，其所编的《愚斋图书馆藏书目录》有两种书目：一是《愚斋藏书目录》31 册，一是《盛氏图书馆善本书目》1 册，再由盛宣怀聘请的文案吕景端复校。

盛宣怀藏书迁入新建成的馆址后，于 1913 年（民国三年）着手筹备图书馆对外开放。

寓居在上海，但对文化事业仍一如既往地热心，这次筹建图书馆就是盛宣怀最后的文化事业活动了。尽管由于后来的波折，盛宣怀创建的"上海图书馆"并没有向上海市民开放，但他的这种文化意识，对文化公益事业尽力之精神，是永远值得后人称道的。（见盛承懋：《愚斋图书馆与苏州藏书》，《苏州日报》，2017 年 2 月 17 日）

7.3 盛宣怀的世界博览会情结

中国是最早参加世界博览会的亚洲国家，比日本还早了 16 年。盛宣怀作为实业家，对世博会的性质与作用有着某种职业的敏感，因而对参加世博会有着浓厚的兴趣。他把各国送展产品交流的场所，同样当作文化教育、社会习俗等交流沟通的场所。

1878 年，他还在轮船招商局与湖北煤铁局普通道员的职位上时，就对参加世博会十分热心。也许是他听说 1876 年美国费城世博会上，中国送展的物品如丝绸、茶叶、瓷器、景泰蓝、雕花器等，很受参会国家商人的欢迎，特别是"其中瓷器被抢购一空"。于是，当得知 1878 年的世博会在法国巴黎举办时，他认为这是一次机会，十分热心，并且跃跃欲试。

当时中国参加世博会的事宜由海关负责，为此还专门设立了大清特派办理法国竞赛公会事务司这样一个机构。盛宣怀通过友人结交了当时在海关税务司任职的名叫吉罗福的美国人，在吉罗福的介绍下，盛宣怀与大清特派办理法国竞赛公会事务司德璀琳取得了联系。德璀琳同意他送展品参展。不过当时盛宣怀的事业刚刚起步，拿不出自己的产品参展，只能从市场上购买一些物品送到法国，主要目的还是尝试打开对外贸易的途径。至今"盛档"中，还保存着一封朱砂色的信笺，这是当时吉罗福写给盛宣怀的介绍信。

盛宣怀参展的物品从上海起运。从巴黎世博会结束后大清特派办理法国竞赛公会事务司开具的一份清单看，盛宣怀送展的物品有瓷器、铜器和绸缎等物。但是应该说盛宣怀出师不利，除了绸缎外，其他货品多数被退了回来。"盛档"中同样保留了一份世博会物品退回的清单，59 件瓷器和铜器几乎都完璧归赵，只售出了一件瓷器，还有两件瓷器遗失了，另有两件因破损而降价处理。

盛宣怀并未因为巴黎世博会出师不利而退缩，"盛档"中多份与外国来往的信函表明，盛宣怀在他事业顶峰时期，以各种方式参加了 1904 年的美国圣路易斯世博会和后面几届世博会。他把世博会当作展示中国经济与教育文化成果的平台。

1915 年巴拿马世博会是中国取得成绩最为辉煌的一届世博会，共获 1211 项大奖，在全部 31 个参展国家中独占鳌头。

值得一提的是，一些颇具现代工业水平的中国产品也在这届世博会上崭露头角：山东张裕酿酒公司生产的白兰地，以西方产品的面貌获得了金奖。盛宣怀是直接促成并极力支持张振勋创办张裕公司的功臣。张裕葡萄酒成为西方世界中的名牌酒种，盛宣怀如愿以偿。

在文艺馆中，从南洋公学译书院离任后的张元济所创办的商务印书馆，最受与会者的欢迎，张元济每年出版各类图书 801 册，让商务印书馆一跃成为中国最大的出版印刷企业，商务印书馆的图书

1904 年圣路易斯世博会中国馆

在世博会上大出风头。

　　在交通馆中，参赛展品达百余件，有铁路模型、招商局模型等，最有特色的是卢汉铁路（即京汉铁路）黄河大桥的模型。

　　在采矿冶金馆中，陈列着中国汉冶萍煤铁厂矿有限公司的产品和制造钢铁的说明书，这些都与盛宣怀所创办的实业息息相关。

　　1915 年 4 月 22 日，中国馆开馆。一万人涌入馆内，争相目睹变革后的中国。据《巴拿马太平洋万国大赛会游记》记载，中国展品分布在美术、教育、文艺、工业、农业、食品、矿物、交通、园艺等 9 个展馆，盛况空前。

　　特别是这届世博会还向盛宣怀颁发了奖牌和奖品，遗憾的是，奖品送达时他已经离开了人世。

7.4 "盛档"是一座呕待挖掘的史料宝库

　　终其一生，盛宣怀都十分注重文档的留存，各种文稿、信札、账册甚至宴客菜单，吉光片羽，无不悉心收藏。

《盛宣怀档案选编》书影

　　盛宣怀的祖父盛隆晚年虽在家养病，但仍每日潜心读书，笔耕不辍，并潜心编纂《人范须知》一书，收录了大量前人的格言和事迹，其中卷五中有《施济》《救荒》两节，既是教育子女，也是规劝世人。这为盛宣怀树立了勤勉好学的榜样，也让盛宣怀从小就关注祖父是如何读书、如何编书的，使他初步掌握了读书的要领。盛宣怀的父亲盛康，晚年在盛宣怀和孙子盛昌颐的协助下，仿照著名思想家魏源编著的《皇朝经世文编》，编辑出版了《皇朝经世文续编》，从吏政、户政、兵政、工政等八个方面收录文选120卷。在编辑过程中，盛宣怀逐渐养成了留存各种文稿、信札的习惯。随着事业越做越大，涉及的领域越来越多、越来越广，盛宣怀意识到要把事情做好，必须注重各类档案的整理与保存。

　　盛宣怀更是一个仔细认真的聪明人，每一封书信、每一笔钱款、每一次活动，事无巨细，均会记录在案，久而久之，这样大量的资料，加之许多珍贵的藏书，就需要有一个妥善安置的地方。这个地方既要安全，又不能离自己居住的地方太远，于是他便选择了离自家住宅不过百米的位置，建造自己的愚斋图书馆。

盛宣怀在世共 26106 天，目前仅上海图书馆收藏的"盛档"就有 1 亿余字，178633 件，笼统一算，平均每天要保存 6.8 件档案。如果加上目前流散在海外的"盛档"，数字就更为惊人了。

上海图书馆收藏的盛宣怀档案约 17.8 万件，是盛宣怀家族自1850 年至 1936 年间的记录，包括日记、文稿、信札、账册、电文等，内容涉及政治、经济、社会、军事、外交、金融、贸易、教育等各方面。中国近代史上的重大历史事件，如洋务运动、甲午中日战争、中日商约谈判、义和团运动、东南互保、中英等十一国商约谈判、四川保路运动、辛亥革命等，都一一涉及；近代史上众多历史人物，如李鸿章、左宗棠、沈葆桢、张之洞、翁同龢、袁世凯、王文韶、吕海寰、郑观应、曾国荃、丁汝昌、辜鸿铭、唐廷枢、胡雪岩、虞洽卿、李维格、张赞宸、何嗣焜、张元济、唐文治、缪荃孙、马相伯、谭嗣同、梁启超、詹天佑、黄兴等，都与之有往来，留下了大量书信、文札等史料。

如果读者有机会认真看看这些信件，一定会对诸多已经"盖棺论定"的近代名人有既新鲜又直观的认识，他们可能跟人们观念里已经固化的形象不太一样，而盛宣怀的形象也会更加清晰，毕竟他是中国资本主义近代化的奠基人，学界也公认"盛档"是一座亟待挖掘的史料宝库。

著名学者、思想家王元化先生，对盛宣怀档案的价值，以及上海市政府有关部门拨巨款并组织专家队伍整理出版盛宣怀档案，给予了极高的评价。

王元化先生说："西方外来文明对中国文化发生较重大的影响，彼此融合，在历史上有过两次。这个'外来文明'里面，是包括了印度的，以往说这样的融合，开始萌发在东汉的时候，根据现在的资料研考，似可以向前推到西汉了，比如佛教传过来，中国就接受了这个释迦牟尼。中国以往的文化中，形而上的思维、抽象逻辑的内容相对要少。这一次外来文化的影响，到魏晋、唐时期，这一文化表现的特征就明显了；第二次，就是从明末清初开始的近代启蒙，通过传教士的传播，到近代更有中国翻译家的努力，将西方的大量著作翻译过来，如严复翻译的《天演论》等等"，"这样的西方的启蒙思潮，实际是现代思潮对中国的影响。鲁迅、胡适、梁漱溟等，都在这次文化融合影响的里面"。

王元化先生又说："盛宣怀所处的年代，是一个'转换'的年代，他所做的那么多事情，是近代中国政治、经济、社会形态发生变化的典型缩影，那么，今天我们正在挖掘、整理的盛宣怀档案里，是否能够做这样的推测和希望，我们会发现西方的文化思潮，对近代中国发生冲击的各类实证。"

王元化先生称："盛宣怀档案的价值，是其他档案不可比的。其存世数量之大、内容之丰、涉及面之广，罕有匹配。更重要的是，它对近代中国史和近代上海史，具有填补空缺的作用。"他还为研讨盛宣怀会议题词："补史之阙，纠史之偏，正史之讹。"

此外，王元化先生还表示，盛宣怀档案的全面出版、研究工作的启动是一项具有现实意义与历史意义的文化工程，可以使我国近代史研究进入新的阶段。

参考文献

1. 常州市地方志办公室：《常州史稿》，凤凰出版社，2018 年。

2. 易惠莉：《盛宣怀评传》，江苏人民出版社，2012 年。

3. 盛隆等：《逸帆公行状》，《龙溪盛氏宗谱》，2011 年。

4. 盛康等：《惺予公行状》，《龙溪盛氏宗谱》，2011 年。

5. 盛同颐等：《杏荪公行述》，《龙溪盛氏宗谱》，2011 年。

6. 盛承懋：《我的祖父盛昌颐》，《苏州日报》，2019 年 10 月 30 日。

7. 盛承懋：《父亲和他的"毓常地产经理处"》，《新华路时光》，2022 年 1 月 13 日。

8. 盛承懋：《盛氏家族·苏州·留园》，文汇出版社，2016 年。

9. 夏东元：《盛宣怀传》，四川人民出版社，1988 年。

10. 刘绪义：《历史给谁来酿酒》，当代中国出版社，2008 年。

11. 盛承懋：《他们因园结谊》，《苏州日报》，2016 年 6 月 10 日。

12. 盛承懋：《他们在这儿参悟人生》，《苏州日报》，2016 年 8 月 6 日。

13. 盛承懋：《留园盛景长留天地间》，《新华路时光》，2022 年 1 月 22 日。

14. 盛承懋：《曾祖父盛宣怀在苏州的故居》，《苏州日报》，2016 年 7 月 4 日。

15. 盛佩玉：《盛氏家族·邵洵美与我》，人民文学出版社，2004 年。

16. 盛承懋：《曾祖父盛宣怀与北京"竹园"》，《苏州日报》，2015 年 10 月 27 日。

17. 盛承懋：《盛宣怀与晚清招商局和电报局》，社会科学文献出版社，2018 年。

18. 盛承懋：《盛宣怀与津沪电报线的架设》，《新华路时光》，2022 年 1 月 16 日。

19. 方一兵：《汉冶萍公司与中国近代钢铁技术移植》，科学出版社，2011 年。

20. 尚平、张强：《第二届汉冶萍国际学术研讨会论文集》，武汉出版社，2018 年。

21. 盛承懋：《盛宣怀与汉冶萍》，武汉大学出版社，2019 年。

22. 陈明杰：《盛宣怀与华盛纺织总厂》，《长春工业大学学报（社会科学版）》，2007 年 12 月。

23. 盛宣怀：《愚斋存稿》，中国台北：文海出版社，1963 年。

24. 盛承懋：《盛宣怀与沪宁铁路》，《苏州日报》，2019 年 11 月 1 日。

25. 盛承懋：《盛宣怀与近代中国铁路建设》，武汉大学出版社，2022 年。

26. 金延铭：《盛宣怀在烟台》，《烟台文史》，2016 年 10 月。

27. 盛承懋：《盛宣怀与近代中国金融和保险》，武汉大学出版社，2022 年。

28. 盛承懋：《盛宣怀与长三角的早期发展》，《新华路时光》，2022 年 3 月 2 日。

29. 康雨晴、史瑞琼：《南洋公学和它的两份章程》，《中国科学报》，2019 年 4 月 3 日。

30.《交通大学校史》撰写组：《交通大学校史资料选编》，西安交通大学出版社，1986 年。

31. 黄永泰、郭镇武、卢鸿兴：《盛宣怀与南洋公学史料汇编》，中国新竹："国立交通大学出版社"，2017 年。

32. 贾箭鸣：《百年淬厉电光开——西安交大的历史脉络与文化传承》，西安交通大学出版社，2014 年。

33.朱荫贵：《朱荫贵论招商局》，社会科学文献出版社，2012 年。

34. 王杰：《北洋大学堂与中国近代高等教育的缘起》，《高教探索》，2008 年第 6 期。

盛宣懷
我的曾祖父

35. 王玉国：《丁家立与北洋大学堂》，《天津大学学报（社会科学版）》，2003 年第 1 期。

36. 盛承懋：《盛宣怀与近代中国高等教育》，武汉大学出版社，2021 年。

37. 盛承懋：《愚斋图书馆与苏州藏书》，《苏州日报》，2017 年 2 月 17 日。

图书在版编目（CIP）数据

我的曾祖父盛宣怀 / 盛承懋著. -- 上海 : 文汇出版社, 2024. 9. -- ISBN 978-7-5496-4325-7

Ⅰ. K825.3

中国国家版本馆CIP数据核字第2024JE9263号

我的曾祖父盛宣怀

著　　者 / 盛承懋
责任编辑 / 许　峰
特约编辑 / 鞠　俊
装帧设计 / 周　丹

出版发行 / **文匯**出版社
　　　　　　上海市威海路755号
　　　　　　（邮政编码200041）
印刷装订 / 镇江文苑制版印刷有限责任公司
版　　次 / 2024年9月第1版
印　　次 / 2024年9月第1次印刷
开　　本 / 787×1092　1/16
字　　数 / 233千
印　　张 / 17.25

ISBN 978-7-5496-4325-7
定　　价 / 58.00元